Anna und Lorenz JARASS

Integration von erneuerbarem Strom

Stromüberschüsse Stromdefizite

mit Netzentwicklungsplan 2025

Dieses Buch widmen wir unserem akademischen Lehrer und Freund
Prof. Dr. Gustav M. OBERMAIR,
der wesentliche Grundlagen für die Energiewende erarbeitet hat.

Zu den Autoren

Anna JARASS
Dipl. Volkswirtin (Universität Regensburg)
ATW-Forschung GmbH, Wiesbaden

Prof. Dr. Lorenz JARASS
Dipl. Kaufmann (Universität Regensburg)
Master of Science (School of Engineering, Stanford University, USA)
Hochschule RheinMain, Wiesbaden

c/o Dudenstr. 33, D - 65193 Wiesbaden
T. 0611 / 54101804, Mobil 0171/3573168
mail@JARASS.com, http://www.JARASS.com

Die Autoren haben im Energiebereich über 80 Aufsätze und 8 Bücher veröffentlicht (häufig zusammen mit Prof. Dr. Gustav M. OBERMAIR), zuletzt

- Welchen Netzumbau erfordert die Energiewende? MV-Verlag, 2012.
- Windenergie – Zuverlässige Integration in die Energieversorgung, Springer-Verlag, 2009.

Viele dieser Veröffentlichungen können unter www.JARASS.com, Publikationen, Energie abgerufen werden.

Die Deutsche Nationalbibliothek verzeichnet diese Publikation in der Deutschen Nationalbibliografie (http://dnb.dnb.de)

© 2016 Anna und Lorenz JARASS

Umschlagbild: fotolia.com, venclav

Herstellung und Verlag: BoD – Books on Demand, Norderstedt

ISBN: 9783743102149

Integration von erneuerbarem Strom

Stromüberschüsse Stromdefizite

mit Netzentwicklungsplan 2025

Übersicht	4
Inhaltsverzeichnis	7
Teil I : Stromverbrauch und Stromproduktion	12
1 Zukünftige Stromversorgung in Deutschland	13
2 Wachsende Stromüberschüsse und Stromdefizite	25
3 Ausgleich von Stromverbrauch und Stromproduktion	43
4 Reservekraftwerksbedarf gemäß Bundesnetzagentur	65
Teil II : Stromtransport	78
5 Stromnetz	79
6 Ausgleich von Stromtransportbedarf und zulässigem Stromtransport	93
7 Regionale Netzplanung	110
8 Überregionale Netzplanung: Netzentwicklungsplan 2025	120
Anhang	140
Fußnoten	156
Quellen	163

Übersicht

Schon heute übersteigt die momentane Stromproduktion immer häufiger den Stromverbrauch im nördlichen Deutschland, zukünftig sogar deutschlandweit:
- Wie kann dieser Stromüberschuss vernünftig genutzt werden?

Es gibt aber auch Zeiten ohne Wind- und Sonnenstrom:
- Wie können diese Dunkelflauten überbrückt werden, damit die Lichter nicht ausgehen?
- Benötigen wir für eine gesicherte Stromversorgung weiterhin auch Kohlekraftwerke?

Der aktuelle Netzentwicklungsplan mit Zieljahr 2025 fordert fast 10.000 km neue Stromleitungen bei Investitionskosten von über 25 Mrd. €:
- Sind diese Leitungen tatsächlich für erneuerbaren Strom erforderlich?

Ausgangspunkt der Untersuchungen zur Beantwortung dieser Fragen ist der grundlegende Umbau der deutschen Energieversorgung, den die deutsche Bundesregierung beschlossen hat:
- Bis 2023 soll das letzte Kernkraftwerk vom Netz gehen.
- Deutschland soll 2050 nur noch halb so viel Energie wie 2008 verbrauchen.
- Ab 2050 sollen mindestens 80% des Stromverbrauchs mit erneuerbarem Strom gedeckt werden.

(▶ Kap. 1)

Die erneuerbare Stromproduktion ist von der aktuellen Wettersituation abhängig und schwankt deshalb sehr stark mit manchmal extremen Anstiegen und Rückgängen:
- Es gibt Tage und sogar Wochen ohne nennenswerte Wind- und Sonnenstromproduktion.
- An windstarken und sonnigen Tagen hingegen ist zukünftig die momentane erneuerbare Stromproduktion immer häufiger höher als der momentane Stromverbrauch.

Deshalb sind sowohl momentane Stromüberschüsse als auch momentane Stromdefizite zu erwarten.

(▶ Kap. 2)

Zur Synchronisierung von Stromverbrauch und Stromproduktion ist ein Maßnahmenmix erforderlich zur wechselseitigen Anpassung von konventioneller Stromproduktion und Stromverbrauch. Hierfür werden folgende Maßnahmen vorgeschlagen und mit Beispielen erläutert:
- Anpassung der konventionellen Stromproduktion,
- Ausgleich durch Stromspeicher,
- Ausgleich durch Stromhandel,
- Anpassung des Stromverbrauchs.

(▶ Kap. 3)

Übersicht

In der Öffentlichkeit wird der Eindruck erweckt, dass Reservekraftwerke insbesondere für die Absicherung der süddeutschen Stromversorgung bei Dunkelflauten erforderlich seien. Untersuchungen der Bundesnetzagentur zum Reservekraftwerksbedarf zeigen aber, dass in den nächsten Jahren Reservekraftwerke nicht bei niedriger erneuerbarer Stromproduktion erforderlich sind, sondern vielmehr ausschließlich zur Absicherung des Kohlestromexports bei einem Stromüberschuss.(▶ Kap. 4)

Es muss geprüft werden, ob für den Ausbau der erneuerbaren Stromproduktion ein Netzausbau erforderlich ist. Dieser Netzausbau muss optimiert werden nach dem Motto: Nicht zu viel und nicht zu wenig. (▶ Kap. 5)

Zum Ausgleich von Stromtransportbedarf und zulässigem Stromtransport werden folgende Maßnahmen vorgeschlagen und mit Beispielen erläutert:

- Maßnahmen zur Reduzierung des Stromtransportbedarfs,
- Maßnahmen zur Erhöhung des zulässigen Stromtransports **ohne** Leitungsneubau,
- Maßnahmen zur Erhöhung des zulässigen Stromtransports **mit** Leitungsneubau. (▶ Kap. 6)

Für eine konkrete 110-kV-Netzplanung werden Maßnahmen zum Ausgleich von regionalem Stromtransportbedarf und zulässigem Stromtransport erläutert. Es wird untersucht, inwieweit bei einem weiteren regionalen Zubau erneuerbarer Kraftwerke tatsächlich neue Leitungen erforderlich sind.

(▶ Kap. 7)

Der aktuelle Netzentwicklungsplan mit Zieljahr 2025 fordert einen Netzausbau für den Export von Kohlestrom zeitgleich zu hoher erneuerbarer Stromerzeugung. Wenn man aber die erneuerbare Stromproduktion ausbaut und die konventionellen Kraftwerke auch bei hoher erneuerbarer Stromproduktion weiter einspeisen lassen will, ist offensichtlich ein massiver Netzausbau erforderlich:

- Der aktuelle Netzentwicklungsplan von Februar 2016 verlangt einen Leitungsneubau von 9.700 km.
- Davon waren im Bundesbedarfsplangesetz von 2013 nur gut 6.700 km Leitungsneubau enthalten.
- Der Netzausbaubedarf hat sich also innerhalb von knapp 3 Jahren um fast 3.000 km erhöht.

Dieser Netzausbau ist nach den im Netzentwicklungsplan gemachten Angaben ganz überwiegend **nicht** für die Integration von erneuerbarem Strom erforderlich. Durch den dort vorgeschlagenen weit überhöhten Netzausbau würde die Energiewende behindert sowie Umwelt und betroffene Anlieger unnötig belastet. Die deutschen Stromverbraucher müssten diesen überhöhten Netzausbau, der über 25 Mrd. € kosten wird, durch weitere Strompreiserhöhungen bezahlen.

Das Stromnetz sollte nur für die Integration von erneuerbarem Strom ausgebaut werden. Erst nach einer entsprechenden Neuberechnung des Netzentwicklungsplans 2025 wissen wir, ob und in welchem Umfang neue Stromleitungen für die Energiewende erforderlich sind. (▶ Kap. 8)

Wer Genaueres über die harten Fakten und die daraus resultierenden Ergebnisse erfahren will, findet diese Informationen in den entsprechenden Kapiteln. Für kritische Kommentare, Fehlerhinweise und Verbesserungsvorschläge an MAIL@JARASS.COM sind wir dankbar.

Wiesbaden, 15. März 2016

Anna und Lorenz JARASS

Nachtrag:
Ab 2017 wird das Buch durch den BoD-Verlag, Norderstedt, in etwas geändertem Format verlegt.

Inhaltsverzeichnis

Übersicht 4

Inhaltsverzeichnis 7

Teil I : Stromverbrauch und Stromproduktion 12

1 Zukünftige Stromversorgung in Deutschland 13
1.1 Grundlegender Umbau der Energieversorgung geplant 13
1.1.1 Energiepolitische Ziele der deutschen Bundesregierung 13
1.1.2 Geplanter Ausbau der erneuerbaren Stromproduktion 14
1.2 Derzeitige und zukünftige Stromproduktion 15
1.2.1 Installierte Leistung und momentaner Stromverbrauch 15
1.2.2 Stromproduktion und Stromverbrauch 20
1.2.3 Auslastung einzelner Kraftwerksarten 22

2 Wachsende Stromüberschüsse und Stromdefizite 25
2.1 Starke Fluktuationen der erneuerbaren Stromproduktion 25
2.1.1 Stündliche Fluktuationen 25
2.1.2 Tägliche, wöchentliche und monatliche Fluktuationen 30
2.1.3 Extreme Fluktuationen 34
2.1.4 Prognosen nur für maximal einige Tage zuverlässig 36
2.2 Problemfälle Stromüberschuss und Stromdefizit 37
2.2.1 Stromverbrauch versus Stromproduktion 37
2.2.2 Tages- und Jahresgang des Stromverbrauchs 39
2.2.3 Entwicklung von Stromüberschuss und Stromdefizit 39

3 Ausgleich von Stromverbrauch und Stromproduktion 43
3.1 Anpassung der Stromproduktion 43
3.1.1 Konventionelle Reservekraftwerke dauerhaft erforderlich 43
3.1.2 Grundlastkraftwerke ungeeignet als Reservekraftwerke 45
3.1.3 Bau von Reservekraftwerken in Süddeutschland in jedem Fall sinnvoll 47
3.1.4 Ausgleich von Windstromschwankungen 48
3.2 Ausgleich durch Stromspeicher 49
3.2.1 Ausgleich durch Kurzzeitstromspeicher 50
    (1) Pumpspeicher   50
    (2) Batteriespeicher   54
3.2.2 Ausgleich durch Langzeitstromspeicher: Power to Gas 54

3.3 Ausgleich durch Stromhandel 55
3.3.1 Stromexport kann Stromüberschuss reduzieren 56
3.3.2 Stromimport kann niedrige erneuerbare Stromproduktion nicht ausgleichen ... 56
3.4 Anpassung des Stromverbrauchs 58
3.4.1 Nachfragemanagement 58
3.4.2 Nutzung von Stromüberschüssen zur Wärmeerzeugung: Power to Heat 59
3.4.3 Elektrofahrzeuge als abschaltbare Stromverbraucher 61
3.5 Weitere Maßnahmen 63
3.5.1 Dezentrale Stromversorgung 63
3.5.2 Virtuelles Stromversorgungssystem 63

4 Reservekraftwerksbedarf gemäß Bundesnetzagentur 65

4.1 Reservekraftwerke gemäß Bundesnetzagentur nur für Stromüberschuss erforderlich.. 65
4.1.1 Tatsächlicher Einsatz von Redispatch und Reservekraftwerken im Winter 2014/15 66
4.1.2 Geplanter Einsatz von Redispatch und Reservekraftwerken bis Winter 2019/20 66
    (1) Reservekraftwerke wegen Stromexport erforderlich   67
    (2) Beschränkung des Stromexports reduziert erforderliche Reservekraftwerke deutlich   68
4.1.3 Stromverbrauch und Stromproduktion bei Stromüberschuss 69
4.1.4 Stromexport bei Stromüberschuss 70
4.2 Reservekraftwerke gemäß Bundesnetzagentur bei niedriger erneuerbarer
Stromproduktion nicht erforderlich 71
4.2.1 Für niedrige erneuerbare Stromproduktion keine Reservekraftwerke erforderlich 72
4.2.2 Stromverbrauch und gesamte Stromproduktion bei niedriger erneuerbarer Stromproduktion 72
4.2.3 Stromimport bei niedriger erneuerbarer Stromproduktion 73
4.3 Stromüberschuss versus Stromdefizit 74
4.3.1 Warum sind Reservekraftwerke nicht für Stromdefizit erforderlich, sondern nur für
Stromüberschuss? 74
4.3.2 Stromdefizit könnte langfristig zum Problemfall werden 75
    (1) Defizitfall 1: Zu wenig Stromleitungen   76
    (2) Defizitfall 2: Zu wenig Reservekraftwerke   76
4.3.3 Fazit 77

Teil II : Stromtransport 78

5 Stromnetz 79

5.1 Verbundnetz 79
5.1.1 Regelzone 79
5.1.2 Unterschiedliche Stromspannungen 81
5.2 Optimierung des Netzausbaus: Nicht zu viel und nicht zu wenig 82
5.2.1 Nutzen und Kosten eines Netzausbaus 82
5.2.2 Bestimmung des optimalen Netzausbaus 83
5.3 Optimierung des Netzausbaus durch kostenoptimierten Kraftwerkseinsatz 84
5.3.1 Niedrige Stromproduktionskosten können hohe Strompreise verursachen 84
5.3.2 Kostenoptimale Stromversorgung durch kostenoptimierten Netzausbau 84

5.4 Optimierung des Netzausbaus durch Spitzenkappung 85
5.4.1 Wie funktioniert Spitzenkappung? 85
5.4.2 Spitzenkappung bei konventionellen und bei erneuerbaren Kraftwerken erforderlich 86
    (1) Spitzenkappung bei konventionellen Kraftwerken   87
    (2) Spitzenkappung bei erneuerbaren Kraftwerken   87
5.4.3 Fallbeispiele für die optimale Spitzenkappung bei Windstrom 88
    (1) Netzanschluss eines Onshore-Windparks mit 110-kV-Drehstromleitungen   89
    (2) Netzanschluss eines Offshore-Windparks mit 320-kV-Gleichstromleitungen   90
    (3) Ferntransport von Windstrom mit 380-kV-Drehstromleitungen   91

6 Ausgleich von Stromtransportbedarf und zulässigem Stromtransport 93

6.1 Reduzierung des Stromtransportbedarfs 94
6.1.1 Spitzenkappung 94
    (1) Spitzenkappung bei erneuerbarem Strom   94
    (2) Spitzenkappung bei konventionellem Strom   94
6.1.2 Stromspeicher 95
    (1) Kurzfristige Stromspeicherung   95
    (2) Langfristige Stromspeicherung   96
6.1.3 Nachfragemanagement 96
6.1.4 Dezentrale Stromversorgung 97
6.2 Erhöhung des zulässigen Stromtransports ohne Leitungsneubau 97
6.2.1 Leiterseiltemperaturmonitoring 98
    (1) Wie funktioniert Leiterseiltemperaturmonitoring?   98
    (2) Leiterseiltemperaturmonitoring erfordert Reservekraftwerke in Süddeutschland   99
    (3) Leiterseiltemperaturmonitoring für Windstromtransport besonders interessant   100
6.2.2 Hochtemperaturleiterseile 100
    (1) Gesicherte Erhöhung des zulässigen Stromtransports durch Hochtemperaturleiterseile   100
    (2) Hochtemperaturleiterseile (bis 150°C) sind Stand der Technik   101
6.2.3 Großes Potenzial von Leiterseiltemperaturmonitoring und Hochtemperaturleiterseilen 101
    (1) Deutliche Erhöhung des zulässigen Stromtransports   101
    (2) Leiterseiltemperaturmonitoring und Hochtemperaturleiterseile deutlich kostengünstiger als Leitungsneubau   102
6.2.4 Technische Randbedingungen 102
    (1) Thermische Grenzleistung   102
    (2) Dynamische Netzstabilität   104
6.3 Erhöhung des zulässigen Stromtransports durch Leitungsneubau 105
6.3.1 Neubau von Freileitungen 105
6.3.2 Neubau von Erdkabeln 107
6.4 Vergleich der Maßnahmen zum Ausgleich von Stromtransportbedarf und zulässigem Stromtransport 108

7 Regionale Netzplanung 110

7.1 Regionaler Stromtransportbedarf 110
7.1.1 Maßnahmen zur Verringerung des regionalen Stromtransportbedarfs 111

7.1.2 Resultierender Stromtransportbedarf 113
    (1) Realisierung von 50% des Zubaupotenzials (Referenzszenario)   113
    (2) Realisierung von 75% des Zubaupotenzials (Alternativszenario)   114

7.2 Zulässiger Stromtransport 114

7.2.1 Maßnahmen zur Erhöhung des zulässigen Stromtransports einer bestehenden 110-kV-Leitung 115

7.2.2 Resultierende Erhöhung des zulässigen Stromtransports einer bestehenden 110-kV-Leitung 117
    (1) Erhöhung der zulässigen Übertragungsleistung durch Leiterseiltemperaturmonitoring um 50% (Referenzszenario)   117
    (2) Erhöhung der zulässigen Übertragungsleistung durch Leiterseiltemperaturmonitoring um 100% (Alternativszenario)   118

7.3 Vergleich von Stromtransportbedarf und zulässigem Stromtransport 118

8 Überregionale Netzplanung: Netzentwicklungsplan 2025 120

8.1 Leitungsprojekte 120
    8.1.1 Vom Szenariorahmen zum Planfeststellungsverfahren 120
    8.1.2 Geplanter Leitungsneubau steigt jährlich an 122

8.2 Netzentwicklungsplan 2025 hat gravierende Defizite 125
    8.2.1 Kohlebedingter Netzausbau konterkariert Energiewende 125
        (1) Beispiel: HGÜ-SuedostLink erforderlich für Kohlestromexport zeitgleich zu hoher erneuerbarer Stromproduktion   125
        (2) Keine Spitzenkappung bei konventioneller Stromproduktion   127
        (3) Kohlebedingter Netzausbau behindert sozialverträgliche Stilllegung von Kohlekraftwerken   127
        (4) Zusätzliche deutsche CO_2-Abgaben erhöhen ausländische Kohlestromproduktion   128
        (5) Zusätzliche deutsche CO_2-Abgaben erhöhen deutschen Netzausbaubedarf   129
    8.2.2 Kostengünstige Alternativen werden unzureichend berücksichtigt 130
        (1) Leiterseiltemperaturmonitoring und Hochtemperaturleiterseile unzureichend berücksichtigt   130
        (2) Neubau von Reservekraftwerken in Süddeutschland unzureichend berücksichtigt   131
        (3) Spitzenkappung von erneuerbarem Strom unzureichend berücksichtigt   132
    8.2.3 Netzentwicklungsplan führt zu überhöhten Stromkosten 132
        (1) Kosten des Netzausbaus bleiben unberücksichtigt   132
        (2) Netzentwicklungsplan führt zu überhöhtem Netzausbau   133

8.3 Seit 2014 wachsende Zweifel an der Notwendigkeit des geplanten Netzausbaus 135
    8.3.1 Parteienübergreifender Konsens zum Netzausbau schwindet 135
        (1) Bis 2013 parteienübergreifender Konsens zum Netzausbau   135
        (2) Bayern will Belege für die Notwendigkeit neuer Leitungstrassen   136
    8.3.2 Regierungs-Eckpunkte vom 01. Juli 2015 137
        (1) Beschlüsse zu Trassenänderungen   137
        (2) Beschlüsse zu Erdkabeln   137
        (3) Beschlüsse zu Reservekraftwerken   138

8.4 Gesamtwirtschaftliche Optimierung der Netzplanung erforderlich 138
    8.4.1 Gravierende Defizite machen den Netzentwicklungsplan untauglich 138

8.4.2 Grundlegende Neuberechnung des Netzentwicklungsplans erforderlich 139

Anhang **140**

A1 Konventionelle Kraftwerke in Bau und in Planung, 2015 bis 2035 140

A2 Leitungsplanungen gemäß Netzentwicklungsplan 2025 146

A3 Liste der Abbildungen, Tabellen und Kästen 154

    A3.1 Liste der Abbildungen 154

    A3.2 Liste der Tabellen 155

    A3.3 Liste der Kästen 155

Fußnoten **156**

Quellen **163**

Teil I : Stromverbrauch und Stromproduktion

Ausgangspunkt der Untersuchungen ist der grundlegende Umbau der deutschen Energieversorgung, den die deutsche Bundesregierung beschlossen hat:
- Bis 2023 soll das letzte Kernkraftwerk vom Netz gehen.
- Deutschland soll 2050 nur noch halb so viel Energie wie 2008 verbrauchen.
- Ab 2050 sollen mindestens 80% des Stromverbrauchs mit erneuerbarem Strom gedeckt werden.

(▶ Kap. 1)

Die erneuerbare Stromproduktion ist von der aktuellen Wettersituation abhängig und schwankt deshalb sehr stark mit manchmal extremen Anstiegen und Rückgängen:
- Es gibt Tage ohne jede Wind- und Sonnenstromproduktion.
- An windstarken und sonnigen Tagen hingegen ist zukünftig die erneuerbare Stromproduktion immer häufiger höher als der momentane Stromverbrauch.

Deshalb sind sowohl momentane Stromüberschüsse als auch momentane Stromdefizite zu erwarten. (▶ Kap. 2)

Zur Synchronisierung von Stromverbrauch und Stromproduktion werden folgende Maßnahmen vorgeschlagen und mit Beispielen erläutert:
- Anpassung der konventionellen Stromproduktion,
- Ausgleich durch Stromspeicher,
- Ausgleich durch Stromhandel,
- Anpassung des Stromverbrauchs.

(▶ Kap. 3)

In der Öffentlichkeit wird der Eindruck erweckt, dass Reservekraftwerke für die Absicherung der süddeutschen Stromversorgung erforderlich seien. Untersuchungen der Bundesnetzagentur zum Reservekraftwerksbedarf zeigen aber, dass in den nächsten Jahren Reservekraftwerke nicht bei niedriger erneuerbarer Stromproduktion erforderlich sind, sondern vielmehr ausschließlich zur Absicherung des Kohlestromexports bei einem Stromüberschuss. (▶ Kap. 4)

1 Zukünftige Stromversorgung in Deutschland

1.1 Grundlegender Umbau der Energieversorgung geplant

Die deutsche Bundesregierung hat einen grundlegenden Umbau der deutschen Energieversorgung beschlossen.[1] Durch diese Energiewende soll Deutschland eine der energieeffizientesten und umweltschonendsten Volkswirtschaften der Welt werden und gleichzeitig sollen Wohlstand und Wettbewerbsfähigkeit Deutschlands gestärkt werden.

1.1.1 Energiepolitische Ziele der deutschen Bundesregierung

Im Einzelnen hat die deutsche Bundesregierung in ihrem Energiekonzept[2] folgende Ziele festgelegt:
- Reduzierung der Treibhausgasemissionen (gegenüber 1990) bis 2020 um 40%, bis 2030 um 55%, bis 2040 um 70% und bis 2050 um 80% bis 95%.
- Senkung des Primärenergieverbrauchs (gegenüber 2008) bis 2020 um 20% und bis 2050 um 50%, indem durch sorgsamen Umgang mit Energie die Energieeffizienz[3] deutlich erhöht wird.
- Deckung des Stromverbrauchs ab 2050 mit mindestens 80% erneuerbarem Strom.
- Reduzierung des Stromverbrauchs (gegenüber 2008) bis 2020 um 10% und bis 2050 um 25%.
- Ausstieg aus der Nutzung der Kernenergie bis 2023.

Aus dem Energiekonzept der Bundesregierung können die in der folgenden Tab. 1.1 gezeigten CO_2-Reduktionsziele für die Stromproduktion abgeleitet werden.

Tab. 1.1 : Strombedingte CO_2-Emissionen bis 2014 und Reduktionsziele bis 2050

	1990	2014	2020	2025	2030	2035	2040	2050
(1) Politisches Reduktionsziel gegenüber 1990		20%	40%	48%	55%	63%	70%	80% bis 95%
(2) CO_2-Emissionen der Stromproduktion [Mio. t]	357	287	214	187	161	134	107	71 bis 18

Hinweis: Bis 2014 tatsächliche Entwicklung der CO_2-Emissionen, ab 2020 offizielle CO_2-Reduktionsziele für die Stromproduktion.
Quelle: [NEP 2025/2, Tab. 9, S. 37].

Abb. 1.1 zeigt eine grafische Darstellung der CO_2-Emissionen von 1990 bis 2014 und die Reduktionsziele für die Stromproduktion bis 2050.

Abb. 1.1 : Strombedingte CO_2-Emissionen bis 2014 und Reduktionsziele bis 2050

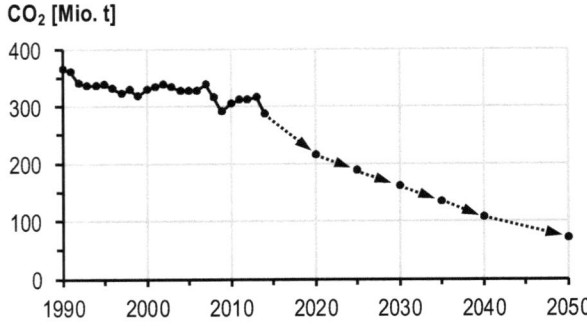

Hinweis: Bis 2015 tatsächliche Entwicklung, ab 2015 Reduktionsziele.
Quellen: [NEP 2025/2, Abb. 5, S. 38]; [UBA 2015, Tab. 1, S. 2].

Von 1990 bis 2014 konnten die strombedingten CO_2-Emissionen von 357 Mio. t auf 287 Mio. t, also um rund 70 Mio. t reduziert werden.

Bis 2020 sollen die CO_2-Emissionen um weitere gut 70 Mio. t auf 214 Mio. t reduziert werden.

In den folgenden beiden Jahrzehnten sollen die CO_2-Emissionen jeweils um weitere gut 50 Mio. t auf 107 Mio. t reduziert werden, bis 2050 sogar auf unter 71 Mio. t, und damit weniger als 20% der CO_2-Emissionen in 1990, die damals 357 Mio. t betrugen (vgl. Tab. 1.1).

1.1.2 Geplanter Ausbau der erneuerbaren Stromproduktion

Abb. 1.2 : Ausbau der erneuerbaren Stromproduktion, 2015 bis 2050

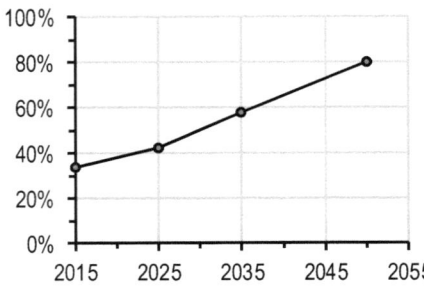

Quellen: 2015: Tab. 1.5;
ab 2025: [BNetzA 2014a, S. 109].

Abb. 1.2 zeigt die Ausbauziele der deutschen Bundesregierung bis 2050. Der Anteil der erneuerbaren Stromproduktion am Stromverbrauch betrug 2015 bereits 34%. Der Anteil soll weiter erhöht werden, und zwar

- bis 2025 auf 40% bis 45%,
- bis 2035 auf 55% bis 60%,
- bis 2050 auf mindestens 80%.

Für erneuerbare Kraftwerke wurden folgende Zubaukorridore festgelegt[4]:

- Windkraftwerke onshore[5]: 2,5 GW pro Jahr ohne Gesamtdeckelung. 2015 waren onshore insgesamt 41,7 GW Windkraftwerke installiert (Tab. 1.2, Z. (2.1)).

- Windkraftwerke offshore[6]: 1,1 GW pro Jahr bis 2020 und 0,8 GW pro Jahr bis 2030. 2015 waren offshore insgesamt 3,3 GW Windkraftwerke installiert (Tab. 1.2, Z. (2.2)).

- Photovoltaikanlagen[7]: 2,5 GW pro Jahr bis maximal insgesamt 52 GW. 2015 waren insgesamt 39,7 GW Photovoltaikanlagen installiert (Tab. 1.2, Z. (2.3)).

- Biomasse[8]: 0,1 GW pro Jahr ohne Gesamtdeckelung. 2015 waren insgesamt 6,9 GW Biomassekraftwerke installiert (Tab. 1.2, Z. (2.4)).

Abb. 1.3 zeigt beispielhaft fertiggestellte und geplante Offshore-Windparks in der deutschen Nordsee.

Abb. 1.3 : Offshore-Windparks in der deutschen Nordsee, 2016

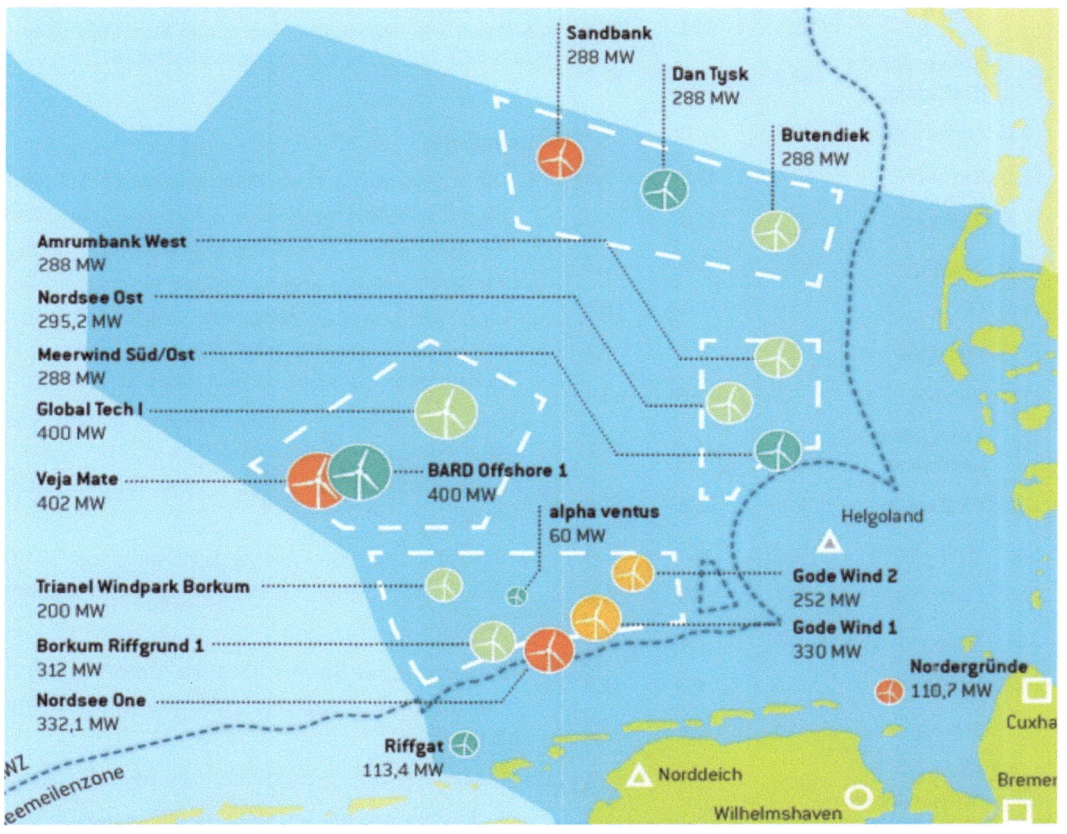

Quellen: [Windguard 2016]; vgl. auch [BSH 2016].

1.2 Derzeitige und zukünftige Stromproduktion

1.2.1 Installierte Leistung und momentaner Stromverbrauch

Tab. 1.2 zeigt die installierten Leistungen des deutschen Kraftwerksparks für 2015[9] sowie die Prognosen für 2025 und 2035 gemäß dem Basisszenario des Netzentwicklungsplans mit Zieljahr 2025.

Tab. 1.2 : Installierte Kraftwerksleistung 2015 und Prognosen für 2025 und 2035

* Netto-Engpassleistung:

	Installierte Leistung* [GW]	(1) 2015	(2) Prognose 2025	(3) Prognose 2035
(1)	Konventionelle Kraftwerke	**98,5**	**77,3**	**77,5**
(1.1)	Kernenergie	10,8	0,0	0,0
(1.2)	Braunkohle	21,1	12,6	9,1
(1.3)	Steinkohle	27,1	21,8	11,0
(1.4)	Erdgas	25,8	29,9	40,7
(1.5)	Öl	3,9	1,1	0,8
(1.6)	Pumpspeicher	6,3	8,6	12,7
(1.7)	Sonstige	3,5	3,1	3,1
(2)	Erneuerbare Kraftwerke	**96,4**	**141,4**	**181,0**
(2.1)	Wind onshore	41,7	63,8	88,8
(2.2)	Wind offshore	3,3	10,5	18,5
(2.3)	Photovoltaik	39,7	54,9	59,9
(2.4)	Biomasse	6,9	7,4	8,4
(2.5)	Laufwasser	3,5	4,0	4,2
(2.6)	Sonstige	1,4	0,8	1,2
(3)	Alle Kraftwerke	**194,9**	**218,7**	**258,5**
(4)	Momentane Stromverbräuche ('Last')			
(4.1)	Maximal	82,8	84,0	84,0
(4.2)	Durchschnittlich	68,2	64,6	65,6
(4.3)	Minimal	37,0	37,0	37,0

Quellen:
IST-Werte 2015: Z. (2.1): [Windguard 2016b, S. 1]; Z. (2.2): [Windguard 2016a, S. 1]; Z. (2.3): [Quaschning 2016]; restliche Werte: [BNetzA 2016a, Tab. 7, S. 45, Stand 09/2015]; ab 2025: [NEP 2025/2, Tab. 2, S. 31, mittleres Szenario B1].

Ergebnis:

- Die konventionelle Kraftwerksleistung soll von 98,5 GW in 2015 auf 77,3 GW in 2025 reduziert werden[10] (Tab. 1.2, Z. (1)), also um 21%.
- Ab 2025 soll die konventionelle Kraftwerksleistung nicht weiter reduziert werden, um die Stromnachfrage auch bei geringer Wind- und Sonnenstromproduktion abdecken zu können.[11]
- Die erneuerbare Kraftwerksleistung soll von 96,4 GW in 2015 auf 141,4 GW in 2025 ausgebaut werden (Tab. 1.2, Z. (2)), eine Erhöhung um 47%.
- Bis 2035 ist eine weitere Erhöhung auf 181,0 GW geplant, gegenüber 2025 also um weitere 28%.

Der momentane Stromverbrauch (siehe Tab. 1.2, Z. (4)) wird gemäß Prognose zukünftig in etwa konstant bleiben:

- maximaler Stromverbrauch rund 84 GW (Jahreshöchstlast),
- durchschnittlicher Stromverbrauch rund 66 GW,
- minimaler Stromverbrauch 37 GW.

Abb. 1.4 vergleicht die insgesamt installierte Kraftwerksleistung mit dem durchschnittlichen Stromverbrauch.

Kap. 1 : Zukünftige Stromversorgung

Abb. 1.4 : Stromverbrauch versus installierte Kraftwerksleistung, 2015 bis 2035

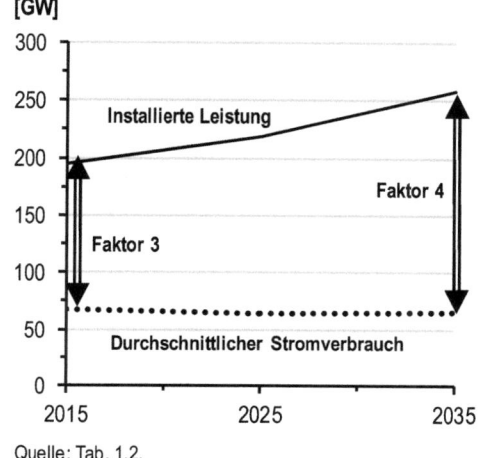

Quelle: Tab. 1.2.

Ergebnis:

Die insgesamt installierte Kraftwerksleistung war 2015 dreimal so groß wie der durchschnittliche Stromverbrauch, 2035 wird sie schon viermal so groß sein. Zum Vergleich: In 2005 war sie erst doppelt so groß.

Tab. 1.2 zeigte in Zeile (1) die Prognosen der Bundesnetzagentur für die installierte konventionelle Kraftwerksleistung. Tab. 1.3 zeigt hingegen die entsprechenden Beschlüsse und Planungen der Kraftwerksbetreiber als Summe folgender Größen:

- 2014/2015 fertiggestellte konventionelle Kraftwerksleistung[12],
- bis 2025 geplanter Neubau von konventioneller Kraftwerksleistung[13],
- bis 2025 geplante Stilllegung von konventioneller Kraftwerksleistung, soweit die Stilllegung bereits in 2015 bekannt war[14].

Tab. 1.3 : Neubau minus Stilllegung von konventioneller Kraftwerksleistung, 2015 bis 2025

Installierte Leistung* [GW]	(1) Kern-energie	(2) Braun-kohle	(3) Stein-kohle	(4) Erd-gas	(5) Spei-cher	(6) Summe	(6a) Anteil
(1) Norden	-4,1	-	1,8	0,5	-	-1,8	25%
(2) Osten	-	0,0	-0,1	0,0	1,5	1,3	-18%
(3) Westen	-	-1,3	-0,2	3,3	-	1,8	-25%
(4) Süden	-8,0	-	0,1	-1,3	0,8	-8,3	118%
(5) Summe	-12,1	-1,4	1,6	2,5	2,3	-7,1	100%
(5a) Anteil	171%	20%	-23%	-35%	-32%	100%	
(6) zusätzlich Erdgas** < 10 MW insgesamt				3,0		3,0	

* Netto-Engpassleistung; Norden: SH, HH, HB, NI; Osten: Ostdeutschland; Westen: NRW; Süden: HE, RP, SL, BW, BY;
** kleine dezentrale Erdgaskraftwerke mit jeweils weniger als 10 MW installierte Leistung;

Quellen: [NEP 2025/2, Begleitdokumente, NEP und O-NEF 2025, Kraftwerksliste zum Entwurf Szenariorahmen NEP/O-NEP 2025]; siehe hierzu Tab. A1.1, A1.2 und A1.3 im Anhang dieses Buchs.

Ergebnis:

Insgesamt übersteigen die Stilllegungen den Neubau um 7,1 GW (Tab. 1.3, Z. (5), Sp. (6)):

- Zwar steigt im Osten die installierte Leistung um 1,3 GW und im Westen um 1,8 GW.
- Aber im Norden sinkt die installierte Leistung um 1,8 GW und im Süden sogar um 8,3 GW, und zwar wegen des endgültigen Ausstiegs aus der Kernenergie.

Zusätzlich wird von der Bundesnetzagentur mit dem Bau von kleineren dezentralen Erdgaskraftwerken in beträchtlichem Umfang gerechnet. Inwieweit die anvisierten 3,0 GW realisiert werden können, scheint wegen der fehlenden Rentabilität für diese Investitionen sehr zweifelhaft.

Die in Tab. 1.3 gezeigte Stilllegung von 12,1 GW Kernkraftwerksleistung und der Neubau von 2,5 GW bei Erdgaskraftwerken sowie von 2,3 GW bei Speicherkraftwerken passen gut mit den in Tab. 1.2 gezeigten Veränderungen der installierten Kraftwerksleistung von 2015 bis 2025 zusammen. Aber sowohl bei Braunkohle- als auch bei Steinkohlekraftwerksleistung gibt es erhebliche Differenzen:

- Für **Braunkohle** sehen die in Tab. 1.3 gezeigten tatsächlichen Planungen der Kraftwerksbetreiber nur einen Rückgang um 1,4 GW vor. Darauf gestützt haben auch die Übertragungsnetzbetreiber in ihrem im Herbst 2014 erstellten Entwurf für den Szenariorahmen für den Netzentwicklungsplan 2025 ebenfalls nur einen Rückgang von 21,2 GW in 2013 auf 19,6 GW in 2025, also um nur 1,6 GW eingeplant.[15] Die Bundesnetzagentur hat diesen Entwurf nicht akzeptiert und eine Reduzierung der installierten Leistung von 8,5 GW vorgegeben, sodass laut diesen Vorgaben in 2025 nur noch 12,6 GW (Tab. 1.2, Z. (1.2), Sp. (2)) Braunkohlekraftwerksleistung installiert ist.

  Selbst wenn man zu den von den Kraftwerksbetreibern geplanten Reduzierungen von 1,4 GW die in den Regierungs-Eckpunkten vom 01. Juli 2015 beschlossene "schrittweise Stilllegung von Braunkohlekraftwerksblöcken in einem Umfang von 2,7 GW"[16] berücksichtigt, resultiert nur ein Rückgang von insgesamt 4,1 GW. Ist der in Tab. 1.2 gezeigte, von der Bundesnetzagentur vorgegebene Rückgang der installierten Braunkohlekraftwerksleistung von insgesamt 8,5 GW politisches Wunschdenken?

- Für **Steinkohle** sehen die in Tab. 1.3 gezeigten Planungen der Kraftwerksbetreiber eine Erhöhung der installierten Leistung um 1,6 GW vor. Die Übertragungsnetzbetreiber gingen in ihrem Entwurf von einer Reduzierung um 1,3 GW (von 25,9 GW in 2013 auf 24,6 GW in 2025[17]) aus, da sie offensichtlich glaubten, dass ein Teil der geplanten Kohlekraftwerke wegen fehlender Rentabilität von den Kraftwerksbetreibern nicht weiter verfolgt werden würde. Die Bundesnetzagentur hat dies nicht akzeptiert und ab 2013 eine Reduzierung der installierten Leistung von 4,1 GW vorgegeben, sodass laut diesen Vorgaben in 2025 nur noch 21,8 GW (Tab. 1.2, Z. (1.3), Sp. (2)) Steinkohlekraftwerksleistung installiert sein soll.

Tab. 1.4 zeigt den erwarteten Neubau von konventioneller Kraftwerksleistung ohne Berücksichtigung von Stilllegungen im Zeitraum 2025 bis 2035.

Ergebnis:
- Im Süden Deutschlands sollen mit 9,2 GW (Tab. 1.4, Z. (4), Sp. (6)) rund zwei Drittel der insgesamt geplanten Neuinstallationen von 14,2 GW errichtet werden. Dort werden Reservekraftwerke besonders dringend benötigt.

  Vom Kraftwerksneubau müssen die in diesem Zeitraum erwarteten Kraftwerksstilllegungen abgezogen werden, über deren Größenordnung in 2016 nur Vermutungen angestellt werden können. Falls die Stilllegungen in der Größenordnung des in Tab. 1.4 angegebenen Neubaus von 14,2 GW liegen, würde insgesamt die installierte Kraftwerksleistung unverändert bleiben.

- Nach Realisierung der Speicherplanungen in Süddeutschland von 2,9 GW (Tab. 1.4, Z. (4), Sp. (5)) könnten Leistungsspitzen der erneuerbaren Stromproduktion zukünftig besser genutzt und gleichzeitig die Versorgungssicherheit in Süddeutschland verbessert werden. Es scheint allerdings sehr fraglich, ob die in Tab. 1.4 gezeigten Kraftwerksplanungen in nennenswertem Umfang umgesetzt werden können, da sowohl neue Gas- als auch Speicherkraftwerke nicht rentabel betrieben werden können, obwohl genau derartige Kraftwerke dringend für die Energewende benötigt werden.

Tab. 1.4 : Neubau von konventioneller Kraftwerksleistung ohne Berücksichtigung von Stilllegungen, 2025 bis 2035

Installierte Leistung* [GW]	(1) Kernenergie	(2) Braunkohle	(3) Steinkohle	(4) Erdgas	(5) Speicher	(6) Summe	(6a) Anteil
(1) Norden	-	-	-	0,5	0,2	**0,7**	5%
(2) Osten	-	-	-	0,9	0,3	**1,2**	8%
(3) Westen	-	-	-	2,4	0,7	**3,2**	22%
(4) Süden	-	-	-	6,2	2,9	**9,2**	65%
(5) Summe	0,0	0,0	0,0	10,1	4,1	**14,2**	100%
(5a) Anteil	0%	0%	0%	71%	29%	100%	
(6) zusätzlich Erdgas** < 10 MW insgesamt				2,0		**2,0**	

* Netto-Engpassleistung;
** kleine dezentrale Erdgaskraftwerke mit jeweils weniger als 10 MW installierte Leistung.

Quelle: [NEP 2025/2, Begleitdokumente, NEP und O-NEP 2025, Kraftwerksliste zum Entwurf Szenariorahmen NEP/O-NEP 2025]; siehe hierzu Tab. A1.3 im Anhang dieses Buches.

Abb. 1.5 gibt einen Vergleich der konventionellen mit der erneuerbaren installierten Kraftwerksleistung (Netto-Engpassleistung) für den Zeitraum 2015 bis 2035

Abb. 1.5 : Konventionelle versus erneuerbare installierte Kraftwerksleistung, 2015 bis 2035

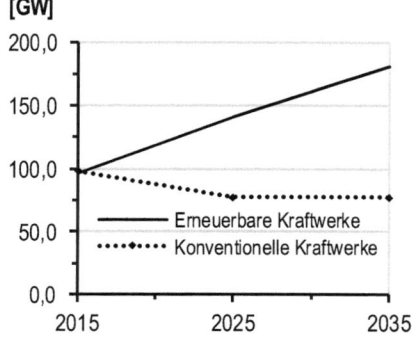

Quelle: Tab. 1.2.

Ergebnis:

2015 waren erneuerbare und konventionelle installierte Kraftwerksleistung etwa gleich groß. 2035 wird die erneuerbare installierte Kraftwerksleistung mehr als doppelt so groß sein.

1.2.2 Stromproduktion und Stromverbrauch

Abb. 1.6 zeigt die durch die Stromproduktion resultierende CO_2-Belastung **ohne** und **mit** CO_2-Begrenzung für den Zeitraum 2010 bis 2035.

Abb. 1.6 : CO_2-Emissionen durch Stromproduktion, 2010 bis 2035, ab 2015 ohne und mit CO_2-Begrenzung

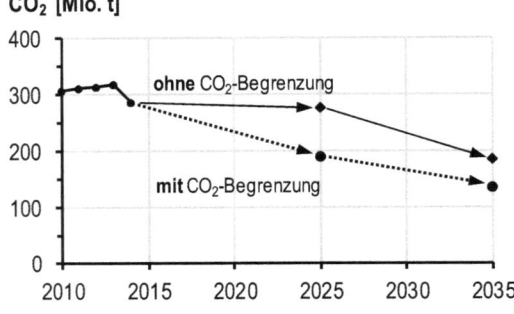

Hinweis:
Bis 2014 tatsächliche Entwicklung der CO_2-Emissionen. Nur mit CO_2-Begrenzung werden die CO_2-Reduktionsziele der Bundesregierung gemäß Abb. 1.1 erfüllt.

Quellen:
Bis 2014 Ausschnitt aus Abb. 1.1; ab 2014 [NEP 2025/1, Abb. 29, S. 78].

Die CO_2-Reduktionsziele der Bundesregierung gemäß Abb. 1.1 werden ohne CO_2-Begrenzung bei Weitem nicht eingehalten.

Deshalb hat die Bundesnetzagentur für den Netzentwicklungsplan 2025 für die beiden Zieljahre 2025 und 2035 ein Alternativszenario vorgegeben, in dem die CO_2-Reduktionsziele der Bundesregierung eingehalten werden. Die deutschen Steinkohlekraftwerke werden durch zusätzliche, rein innerdeutsche CO_2-Abgaben in ihrer Wettbewerbsfähigkeit eingeschränkt, weshalb sie immer häufiger ihre Produktion reduzieren und den fehlenden Strom durch Stromimporte, häufig wohl durch ausländische Kohlekraftwerke, abdecken.[18]

Die CO_2-Reduktionsziele der Bundesregierung werden nun zwar formal eingehalten, aber letztlich nur, indem die deutsche Kohlestromproduktion überwiegend durch ausländische Kohlestromproduktion ersetzt wird. Außerdem bleibt völlig unklar, ob und wann die für dieses Szenario vorgesehene drastische Erhöhung der deutschen CO_2-Zertifikatspreise umgesetzt wird.

Statt einer isolierten Erhöhung der deutschen CO_2-Zertifikatspreise wäre als rein national umsetzbare Maßnahme leichter und kostengünstiger eine Beschränkung des deutschen Netzausbaus umsetzbar, wodurch eine schrittweise Reduzierung der konventionellen Stromproduktion sichergestellt wäre.[19]

Tab. 1.5 zeigt die Stromproduktion für 2015 sowie Prognosen bis 2035[20] **ohne** und **mit** CO_2-Begrenzung.

Tab. 1.5 : Stromproduktion, 2015 bis 2035, ab 2025 ohne und mit CO₂-Begrenzung

	Stromproduktion* [TWh]	(1) IST-Werte 2015	(2) Prognose ohne CO₂-Begrenzung 2025	(3) Prognose ohne CO₂-Begrenzung 2035	(4) Prognose mit CO₂-Begrenzung 2025	(5) Prognose mit CO₂-Begrenzung 2035
(1)	Konventionelle Produktion	424	354	271	248	199
(1.1)	Kernenergie	87	0	0	0	0
(1.2)	Braunkohle	144	93	60	77	51
(1.3)	Steinkohle	108	137	61	58	17
(1.4)	Erdgas	57	65	81	55	63
(1.5)	Öl	5	1	1	1	1
(1.6)	Pumpspeicher	6	7	11	6	10
(1.7)	Sonstige**	18	51	57	51	57
(2)	Erneuerbare Produktion	192	286	384	286	384
(2.1)	Wind onshore	79	127	178	127	178
(2.2)	Wind offshore	9	47	81	47	81
(2.3)	Photovoltaik	39	52	56	52	56
(2.3)	Biomasse	42	41	46	41	46
(2.4)	Laufwasser	19	15	16	15	16
(2.5)	Sonstige	5	5	6	5	6
(3)	Gesamte Produktion	616	640	654	534	583
(4)	Verbrauch Inland***	-565	-569	-577	-566	-575
(5)	Stromimportsaldo	-50	-71	-77	32	-8
(5.1)	Stromexport	-85	-124	-144	-64	-104
(5.2)	Stromimport	34	53	66	96	96

* Stromproduktion nach Abzug des Kraftwerkseigenverbrauchs
** v.a. KWK < 10 MW
*** inkl. Netzverluste und Pumpstromverbrauch

Quellen:
IST-Werte 2015: [Schiffer 2016, Tab. 11, S. 73], basierend auf BDEW-Statistiken; Prognosewerte ab 2025: [NEP 2025/2, Abb. 21, S. 68, Szenario B1 bzw. B2].

Ergebnis:

- **Ohne** CO₂-Begrenzung wird die konventionelle Stromproduktion von 424 TWh in 2015 (Tab. 1.5, Z. (1), Sp. (1)) um 16% auf 354 TWh in 2025 reduziert, bis 2035 um weitere 23% auf 271 TWh.
- **Mit** CO₂-Begrenzung wird die konventionelle Stromproduktion von 424 TWh in 2015 sogar um 41% auf 248 TWh in 2025 reduziert, bis 2035 um weitere 20% auf 199 TWh.

- Die erneuerbare Stromproduktion soll laut diesen amtlichen Planungen sowohl ohne als auch mit CO_2-Begrenzung stark erhöht werden: Von 192 TWh in 2015 um 49% auf 286 TWh in 2025, bis 2035 um weitere 34% auf 384 TWh.
- **Ohne** CO_2-Begrenzung steigt der Netto-Stromexport von 50 TWh in 2015 um 42% auf 71 TWh in 2025 (Tab. 1.5, Z. (5), Sp. (2)). **Mit** CO_2-Begrenzung wird Deutschland in 2025 zum Netto-Strom**importeur** mit 32 TWh (Tab. 1.5, Z. (5), Sp. (4)). Die Differenz von gut 100 TWh entspricht in etwa der durch die CO_2-Begrenzung bewirkten Reduzierung der konventionellen Stromproduktion in Deutschland. Letztlich wird **mit** CO_2-Begrenzung deutlich weniger Kohlestrom exportiert und zu Zeiten geringer erneuerbarer Stromproduktion werden Stromdefizite durch Importstrom ausgeglichen.

Abb. 1.7 gibt einen Vergleich der erneuerbaren Stromproduktion mit der konventionellen Stromproduktion ohne und mit CO_2-Begrenzung für den Zeitraum 2015 bis 2035.

Ergebnis:
- 2015 war die konventionelle Stromproduktion gut doppelt so groß wie die erneuerbare Stromproduktion.
- Von 2015 bis 2025 wird die konventionelle Stromproduktion deutlich sinken und bei einer CO_2-Begrenzung schon etwas niedriger sein als die erneuerbare Stromproduktion.
- Bis 2035 wird die konventionelle Stromproduktion weiter sinken und bei einer CO_2-Begrenzung nur noch halb so hoch sein wie die erneuerbare Stromproduktion.

Abb. 1.7 : Stromproduktion, 2015 bis 2035, ab 2025 ohne und mit CO_2-Begrenzung

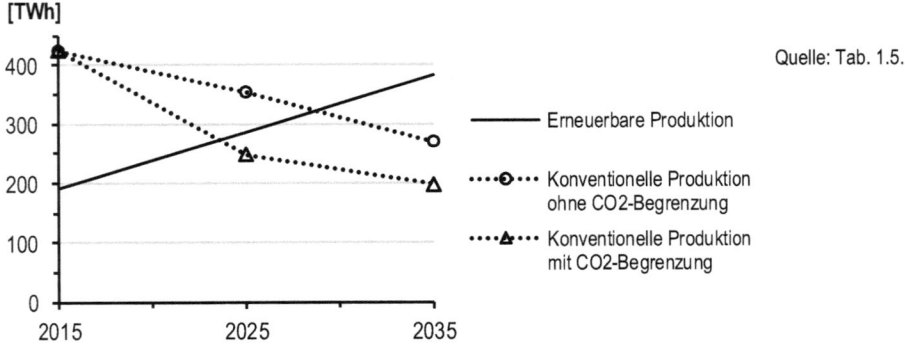

1.2.3 Auslastung einzelner Kraftwerksarten

Tab. 1.6 zeigt die durchschnittliche Auslastung von erneuerbaren und konventionellen Kraftwerken für den Zeitraum 2015 bis 2035. Die jeweilige Auslastung ergibt sich als jährliche Stromproduktion (Tab. 1.5) dividiert durch die installierte Leistung (Tab. 1.2).

Kap. 1 : Zukünftige Stromversorgung

Tab. 1.6 : Auslastung einzelner Kraftwerksarten, 2015 bis 2035

Auslastung [%]		(1) IST-Werte 2015	(2) Prognose ohne CO_2-Begrenzung 2025	(3) Prognose ohne CO_2-Begrenzung 2035	(4) Prognose mit CO_2-Begrenzung 2025	(5) Prognose mit CO_2-Begrenzung 2035
(1)	Konventionelle Kraftwerke	49%	52%	40%	37%	29%
(1.1)	Kernenergie	92%	-	-	-	-
(1.2)	Braunkohle	78%	**84%**	75%	70%	64%
(1.3)	Steinkohle	46%	**72%**	63%	**30%**	18%
(1.4)	Erdgas	25%	25%	23%	21%	18%
(1.5)	Öl	14%	11%	10%	11%	10%
(1.6)	Pumpspeicher	10%	9%	10%	8%	9%
(2)	Erneuerbare Kraftwerke	23%	23%	24%	23%	24%
(2.1)	Wind onshore	22%	23%	23%	23%	23%
(2.2)	Wind offshore	50%	51%	50%	51%	50%
(2.3)	Photovoltaik	11%	11%	11%	11%	11%
(2.3)	Biomasse	70%	64%	62%	64%	62%
(2.4)	Laufwasser	62%	43%	43%	43%	43%

Hinweise:
Sp. (1): Auslastung = jährliche Stromproduktion [TWh] laut Tab. 1.5 dividiert durch installierte Leistung [GW] laut Tab. 1.2.
Die Werte der Auslastung werden für 2015 etwas unterschätzt, weil die Werte für die installierten Leistungen in Tab. 1.2 nicht Jahresdurchschnittswerte, sondern Jahresendwerte sind.[21]

Quellen: Tab. 1.2 und 1.5.

Auslastung von konventionellen Kraftwerken:

- **Kernkraftwerke** hatten 2015 eine Auslastung von 92% (Tab. 1.6, Z. (1.1), Sp. (1)). Bis 2023 werden alle Kernkraftwerke stillgelegt sein, deshalb werden für 2025 und 2035 keine Werte angegeben.
- Die Auslastung von **Braunkohle**kraftwerken steigt laut Prognose der Bundesnetzagentur **ohne** CO_2-Begrenzung bis 2025 von 78% auf 84% und geht dann bis 2035 wieder auf 75% zurück. **Mit** CO_2-Begrenzung liegen die prognostizierten Werte mit 70% und 64% deutlich niedriger.
- Die Auslastung von **Steinkohle**kraftwerken soll laut Prognose der Bundesnetzagentur **ohne** CO_2-Begrenzung von 46% in 2015 auf 72% in 2025 steigen (Tab. 1.6, Z. (1.3), Sp. (2)).
  Dieses sehr unplausibel erscheinende Ergebnis resultiert aus der von der Bundesnetzagentur vorgegebenen starken Reduzierung der installierten Kohlekraftwerksleistung um insgesamt 5,3 GW (von 27,1 GW in 2015 auf 21,8 GW in 2025, vgl. Tab. 1.2, Z. (1.3), Sp. (2)) auch ohne Vorgabe einer CO_2-Begrenzung für die Stromproduktion. Die Kraftwerksbetreiber gehen nur von einer Reduzierung von 1,3 GW auf 24,6 GW bis 2025 aus (vgl. die vorherigen Erläuterungen zu Tab. 1.3).

Durch Vorgabe einer CO_2-Begrenzung für die Stromproduktion ergibt sich ein ganz anderes Bild: Von 2015 bis 2025 soll dann die Auslastung der **Steinkohle**kraftwerke nicht von 46% auf 72% steigen, sondern auf 30% sinken, bis 2035 sogar auf 18%, ein durchaus plausibles Ergebnis. Offensichtlich hat die Bundesnetzagentur ihre sehr starke Reduzierung der installierten Kohlekraftwerksleistung im Hinblick auf eine CO_2-Begrenzung der Stromproduktion vorgegeben.

- Die Auslastung von **Erdgas**kraftwerken bleibt **ohne** CO_2-Begrenzung etwa konstant bei 24% und sinkt **mit** CO_2-Begrenzung bis 2035 auf 18%.
- Die Auslastung der **Öl**kraftwerke sinkt von 14% in 2015 auf 10% in 2035.
- Die Auslastung der **Pumpspeicher**kraftwerke bleibt bis 2035 konstant bei knapp 10%.

Auslastung der erneuerbaren Kraftwerke:

Die erneuerbare Stromproduktion in Tab. 1.5 und damit auch die Auslastung der erneuerbaren Stromproduktion ist laut den amtlichen Planungen unabhängig von einer CO_2-Begrenzung:

- Die Auslastung von **Windkraftwerken onshore** bleibt bis 2035 unverändert bei 23%.
- Für die Auslastung von **Windkraftwerken offshore** wird bis 2035 unverändert mit rund 50% gerechnet.
- Die Auslastung von **Photovoltaik** beträgt bis 2035 unverändert nur 11%.

Windkraftwerke und Photovoltaikanlagen werden bei Verfügbarkeit von Sonne und Wind immer eingesetzt, Biomassekraftwerke und auch Laufwasserkraftwerke hingegen werden wegen ihrer guten Regelbarkeit zukünftig mehr und mehr als Regelkraftwerke mit deshalb sinkender Ausnutzung eingesetzt:

- Die Auslastung von **Biomasse**kraftwerken sinkt von 70% auf 64% in 2025 und weiter auf 62% in 2035.
- Die Auslastung von **Laufwasser**kraftwerken sinkt von 62% auf 43% in 2025 und bleibt dann konstant. Dieser starke Rückgang ist wahrscheinlich auf unterschiedliche statistische Abgrenzungen von Produktion und installierter Leistung zurückzuführen.

Der Ausbau der erneuerbaren Energien führt zu wachsenden Stromüberschüssen und Stromdefiziten, die im folgenden Kapitel näher erläutert werden.

2 Wachsende Stromüberschüsse und Stromdefizite

Die sichere Versorgung aller ans Netz angeschlossenen Kunden erfordert, dass Differenzen zwischen Stromverbrauch und Stromproduktion **sofort** ausgeglichen werden durch geeignete Maßnahmen sowohl auf der Verbrauchsseite als auch auf der Produktionsseite. Kurz: Die momentan nachgefragte Stromleistung muss identisch sein mit der momentan durch die Kraftwerke eingespeisten Leistung.

Die beiden Problemfälle sind Stromüberschuss und Stromdefizit:

- **Stromüberschuss**:
  Erwartete Stromproduktion ist höher als erwarteter Stromverbrauch.
- **Stromdefizit**:
  Erwartete Stromproduktion ist niedriger als erwarteter Stromverbrauch.

Erwartete Stromüberschüsse und Stromdefizite müssen sofort ausgeglichen werden, sonst bricht die Stromversorgung zusammen. Bei der Stromversorgung kann also sowohl zu wenig als auch zu viel Nachfrage das Gesamtsystem gefährden. Hingegen ist z.B. das Internet inhärent stabil: Zu viel Nachfrage führt beim Internet nicht zum Systemzusammenbruch, sondern nur zu vorübergehend langsameren Verbindungen. Und zu wenig Nachfrage führt nur zu nicht ausgelasteten Internetleitungen.

Die erneuerbare Stromproduktion weist, wie im Folgenden gezeigt, starke Fluktuationen auf, die grundsätzlich zu Stromüberschüssen und Stromdefiziten führen.

2.1 Starke Fluktuationen der erneuerbaren Stromproduktion

2.1.1 Stündliche Fluktuationen

Abb. 2.1 zeigt die Stromproduktion durch Windkraftwerke und durch Photovoltaikanlagen sowie deren jeweilige installierte Leistung im Zeitraum 2011 bis März 2015.

In Abb. 2.1a zeigt die **untere**, stark gezackte Linie die stündliche Windstromproduktion. Die **obere**, gleichmäßig ansteigende Linie zeigt die installierte Leistung aller in Deutschland installierten Windkraftwerke.

Ergebnis:

- Die stündliche Windstromproduktion schwankt völlig unregelmäßig und sehr stark von Tag zu Tag.
- Typischerweise werden während windstarker Tage maximal etwa zwei Drittel der installierten Windkraftwerksleistung produziert, in sehr seltenen Fällen bis zu etwa drei Viertel.

- Auffällig ist die tendenziell geringe Windstromproduktion im Sommer und die tendenziell hohe Windstromproduktion im Herbst und Winter.
- Die installierte Windkraftwerksleistung stieg von Anfang 2011 bis Ende 2013 von gut 27 GW (= 27.000 MW) auf gut 33 GW, also um gut 20%, und ist bis März 2015 um weitere 30% auf knapp 43 GW angestiegen.

Abb. 2.1 : Stündliche Wind- und Photovoltaikstromproduktion und installierte Kraftwerksleistungen, 2011 bis 03/2015

a) Windstromproduktion

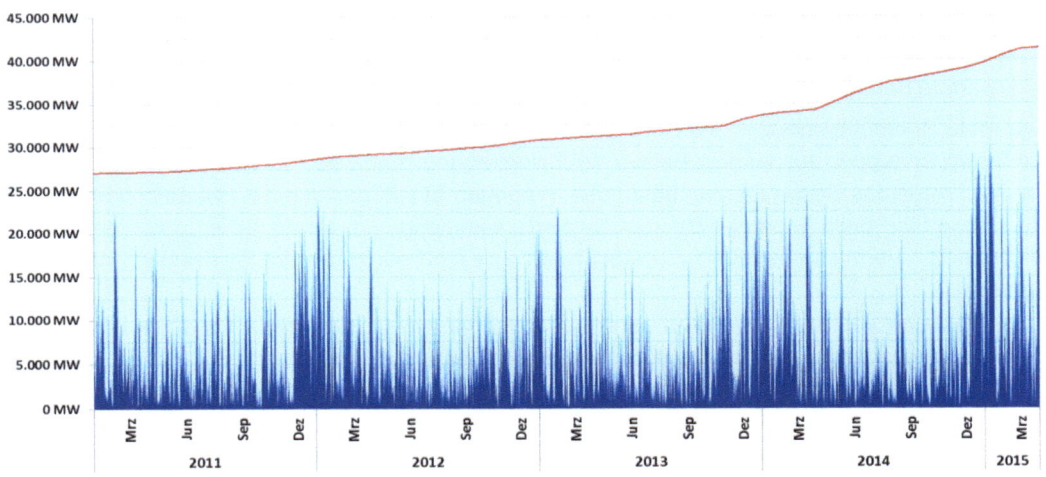

In Abb. 2.1b zeigt die **untere**, stark gezackte Linie die stündliche Photovoltaikstromproduktion. Die **obere**, gleichmäßig ansteigende Linie zeigt die installierte Nennleistung aller in Deutschland installierten Photovoltaikanlagen.

Ergebnis:
- Die stündliche Photovoltaikstromproduktion schwankt sehr stark von Tag zu Tag.
- Typischerweise wird während sonniger Tage maximal etwa die Hälfte der installierten Leistung der Photovoltaikanlagen produziert, in sehr seltenen Fällen bis zu etwa zwei Drittel.
- Auffällig ist die durchwegs sehr geringe Photovoltaikstromproduktion im Winter.
- Die installierte Leistung der Photovoltaikanlagen verdoppelte sich von Anfang 2011 bis Ende 2013 von rund 17,5 GW auf rund 35 GW und ist seitdem weiter leicht auf gut 38 GW angestiegen.

Tab. 2.1 zeigt die stündliche erneuerbare Stromproduktion in Deutschland für die Jahre 2011 bis März 2015, und zwar den jeweils minimalen, durchschnittlichen und maximalen Wert. Zudem wird die jeweilige Stromproduktion bezogen auf die jeweilige installierte Leistung angegeben.

Kap. 2 Wachsende Stromüberschüsse und Stromdefizite

Abb. 2.1 (Fortsetzung): Stündliche Wind- und Photovoltaikstromproduktion und installierte Kraftwerksleistungen, 2011 bis 03/2015

b) Photovoltaikstromproduktion

obere Linie: installierte Kraftwerksleistung
untere, stark gezackte Linie: stündliche Stromproduktion

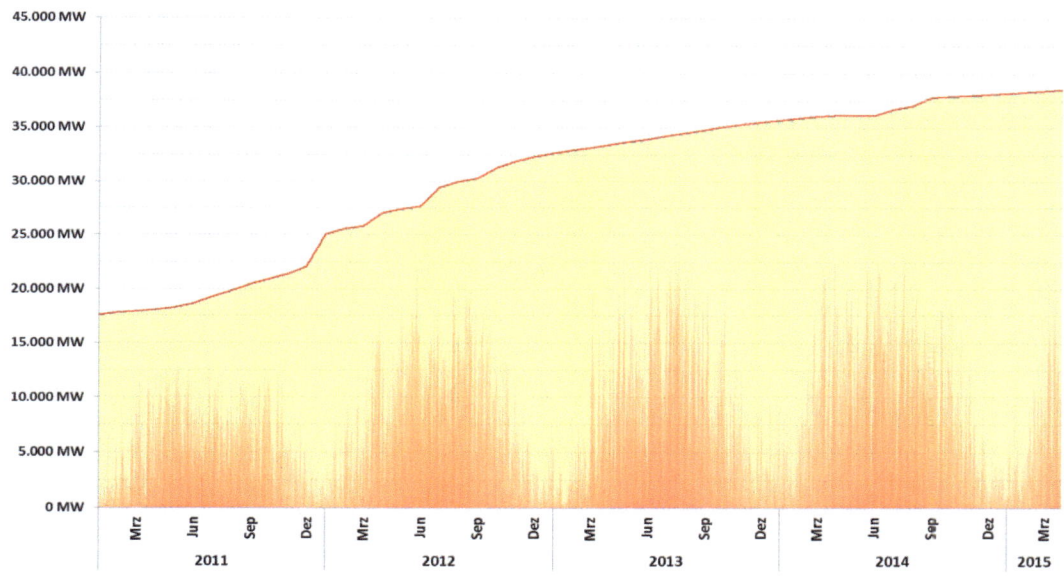

Quellen: [Schuster 2015, Bilder 1 und 2], basierend auf EEX-Einspeisedaten, die ca. 90% der gesamten Stromproduktion umfassen; installierte Nennleistung basiert auf [BNetzA 2015c].

Ergebnis:

- Die minimale Windstromproduktion liegt in allen Fällen nahe 0 GW (Tab. 2.1, Sp. (2)).
- Die durchschnittliche Windstromproduktion wuchs von 6 GW in 2011 auf 7 GW in 2014. Die Auslastung der Windkraftwerke sank von 20% auf 17% (Tab. 2.1, Sp. (3a)).
- Die Auslastung für Photovoltaikanlagen ist jeweils nur rund halb so hoch wie bei Windkraftwerken.
- Die durchschnittliche Auslastung von Wind- plus Photovoltaikanlagen beträgt nur rund 14% (Tab. 2.1, Sp. (3a)).
- Die maximale Auslastung der Windkraftwerke beträgt 80% (Tab. 2.1, Sp. (4a)), während die maximale Auslastung der Photovoltaikanlagen nur rund 65% (Tab. 2.1, Sp. (4a)) beträgt.
- Die maximale Auslastung von Wind- plus Photovoltaikanlagen beträgt nur rund 50% (Tab. 2.1, Sp. (4a)).

Tab. 2.1 : Minimale, durchschnittliche und maximale Wind- und Photovoltaikstromproduktion, 2011 bis 03/2015

Jahr	(1) Install.* Leistung [GW]	(2) Minimale Stromproduktion [GW]	(2a) Auslastung	(3) Durchschnittliche Stromproduktion [GW]	(3a) Auslastung	(4) Maximale Stromproduktion [GW]	(4a) Auslastung
a) Windstromproduktion							
2011	28	0,1	0%	6	20%	23	82%
2012	31	0,1	0%	6	18%	24	77%
2013	33	0,1	0%	6	18%	26	80%
2014	39	0,0	0%	7	17%	30	76%
bis März 2015	41	0,2	1%	k.A.	k.A.	31	76%
b) Photovoltaikstromproduktion							
2011	23	0,0	0%	2	10%	13	57%
2012	33	0,0	0%	3	9%	22	68%
2013	36	0,0	0%	4	10%	24	66%
2014	38	0,0	0%	4	11%	24	64%
bis März 2015	38	0,0	0%	k.A.	k.A.	22	57%
c) Wind- plus Photovoltaikstromproduktion							
2011	51	0,2	0%	8	15%	28	55%
2012	64	0,2	0%	9	14%	32	49%
2013	69	0,1	0%	9	14%	36	52%
2014	77	0,1	0%	11	14%	38	49%
bis März 2015	79	0,3	0%	k.A.	k.A.	44	55%

* Netto-Engpassleistung

Hinweise:
Zu Sp. (2a), (3a) und (4a): Auslastung = Stromproduktion pro installierte Leistung.
Zu Sp. (3): Werte nicht nur bis März 2015, sondern für das ganze Jahr 2015.
Quellen:
Zu Sp. (1): Tab. 1.2 und [BMWi 2015a, Tab. 21, Tab. 22]; zu Sp. (3): Tab. 1.2 und Tab. 1.5.
Zu Sp. (2) und (4): [Schuster 2015, S. 4], basierend auf EEX-Einspeisedaten, die ca. 90% der gesamten Stromproduktion umfassen. Für die installierten Leistungen werden hingegen die tatsächlichen Werte und zudem keine Mittelwerte, sondern Jahresendwerte verwendet. Dadurch werden die in den Sp. (2a), (3a) und (4a) angegebenen Werte für erneuerbare Stromproduktion pro installierte Leistung um etwas mehr als ein Zehntel unterschätzt.

Abb. 2.2 zeigt für die Jahre 2011 bis März 2015 die durchschnittliche Auslastung aller Wind- und Photovoltaikanlagen, gegeben durch die Summe der stündlichen Wind- und Photovoltaikstromproduktion dividiert durch die Summe ihrer installierten Leistungen. Die durchgezogene Linie zeigt eine Regressionsgerade der Auslastung.

Kap. 2 Wachsende Stromüberschüsse und Stromdefizite

Abb. 2.2 : Stündliche Auslastung der Wind- und Photovoltaikanlagen, 2011 bis 03/2015

stark gezackte Linie: Wind- plus Photovoltaikstromproduktion bezogen auf die insgesamt installierte Leistung
horizontale Linie: Regressionsgerade von Wind- plus Photovoltaikstromproduktion bezogen auf installierte Wind- plus Photovoltaikleistungen

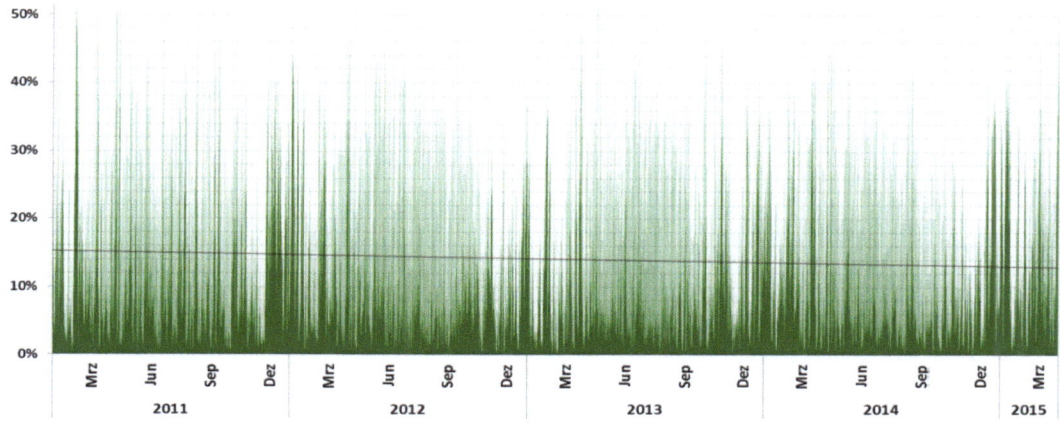

Quelle: [Schuster 2015, Bild 4], basierend auf EEX-Einspeisedaten, die nur gut 90% der gesamten Stromproduktion umfassen.

Ergebnis:

- Die stündliche Auslastung der Wind- und Photovoltaikanlagen schwankt völlig unregelmäßig und sehr stark von Tag zu Tag.
- Bei hoher Wind- plus Photovoltaikstromproduktion beträgt die Auslastung rund ein Drittel, in sehr seltenen Fällen bis zur Hälfte, d.h., die stündliche Stromproduktion beträgt dann bis zur Hälfte der insgesamt installierten Kraftwerksleistung.
- Die durchschnittliche Auslastung sank von rund 15% im Jahr 2011 auf rund 13% im Jahr 2014. Die tatsächliche Auslastung ist deutlich höher[22]. Im sehr windstarken Jahr 2015 betrug sie für Wind onshore und Photovoltaik im Mittel gut 18%.[23]

2.1.2 Tägliche, wöchentliche und monatliche Fluktuationen

Abb. 2.3 zeigt beispielhaft für das Jahr 2014 die tägliche Wind- und Photovoltaikstromproduktion.

Abb. 2.3 : Tägliche Wind- und Photovoltaikstromproduktion, 2014

a) Windstromproduktion

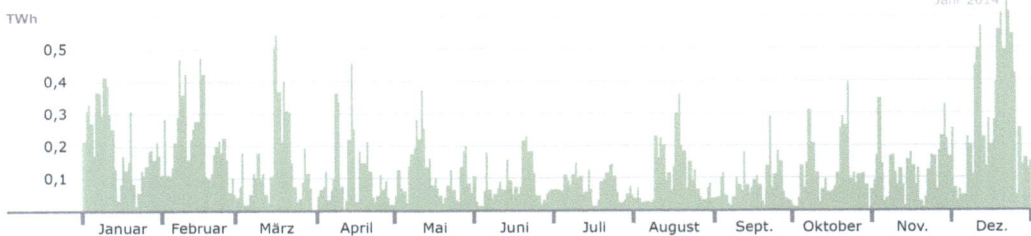

b) Photovoltaikstromproduktion

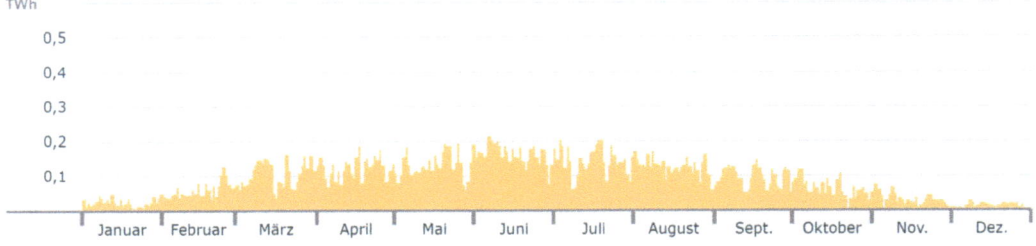

c) Wind- plus Photovoltaikstromproduktion

obere Linie: Photovoltaikstromproduktion
untere Linie: Windstromproduktion

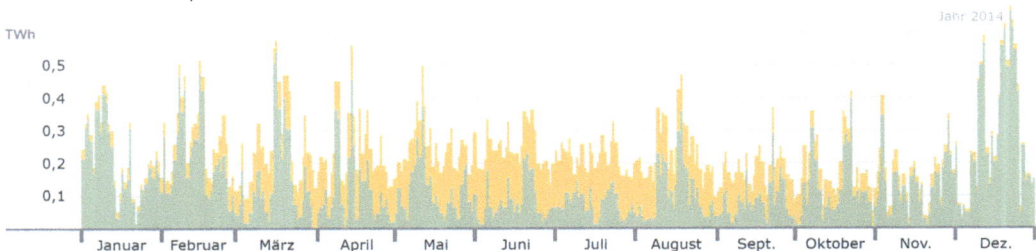

Quelle: [Burger 2015, S. 41, 42, 44].

Ergebnis:
- Die maximale tägliche Windstromproduktion betrug 0,662 TWh am 22.12.2014. Die minimale tägliche Windstromproduktion betrug 0,009 TWh am 02.10.2014, also nur gut 1% der maximalen täglichen Produktion.

Kap. 2 Wachsende Stromüberschüsse und Stromdefizite

- Die maximale tägliche Photovoltaikstromproduktion betrug 0,212 TWh am 06.06.2014. Die minimale tägliche Photovoltaikstromproduktion betrug 0,003 TWh am 30.12.2014, also wie bei der Windstromproduktion nur gut 1% der maximalen täglichen Produktion.

Wind- und Photovoltaikstromproduktion ergänzen sich häufig im Tagesverlauf, aber nicht immer, wie Abb. 2.3c zeigt, allerdings in noch deutlich geringerem Maße als bei wöchentlicher Durchschnittsbetrachtung wie in Abb. 2.4c:

- Windstromproduktion ist im Winter besonders hoch, Photovoltaikstromproduktion hingegen im Sommer.
- Die maximale tägliche Wind- plus Photovoltaikstromproduktion betrug 0,676 TWh am 22.12.2014, und zwar fast ausschließlich Windstromproduktion. Die minimale tägliche Produktion betrug 0,022 TWh am 21.01.2015, also 3% der maximalen täglichen Produktion.

Abb. 2.4 zeigt beispielhaft für das Jahr 2014 die wöchentliche Wind- und Photovoltaikstromproduktion.

Ergebnis:

- Die maximale wöchentliche Windstromproduktion betrug 2,9 TWh in Kalenderwoche 51. Die minimale wöchentliche Windstromproduktion betrug 0,32 TWh in Kalenderwoche 40, also nur 11% der maximalen Produktion.
- Die maximale wöchentliche Photovoltaikstromproduktion betrug 1,26 TWh in Kalenderwoche 23. Die minimale wöchentliche Photovoltaikstromproduktion betrug 0,06 TWh in Kalenderwoche 49, also nur 5% der maximalen Produktion.
- Die maximale wöchentliche Wind- plus Photovoltaikstromproduktion betrug 2,6 TWh in Kalenderwoche 2, ihre minimale wöchentliche Produktion betrug 0,8 TWh in Kalenderwoche 4, also immerhin 31% der maximalen wöchentlichen Produktion.

Wind- und Photovoltaikstromproduktion ergänzen sich auch im Wochenverlauf ganz gut, wie Abb. 2.4c zeigt, allerdings in deutlich geringerem Maße als bei monatlicher Durchschnittsbetrachtung wie in der späteren Abb. 2.5c: Windstromproduktion ist im Winter besonders hoch, Photovoltaikstromproduktion hingegen im Sommer.

Abb. 2.4 : Wöchentliche Wind- und Photovoltaikstromproduktion, 2014

a) Windstromproduktion

a) Photovoltaikstromproduktion

c) Wind- plus Photovoltaikstromproduktion

oberer Balken: Photovoltaikstromproduktion
unterer Balken: Windstromproduktion

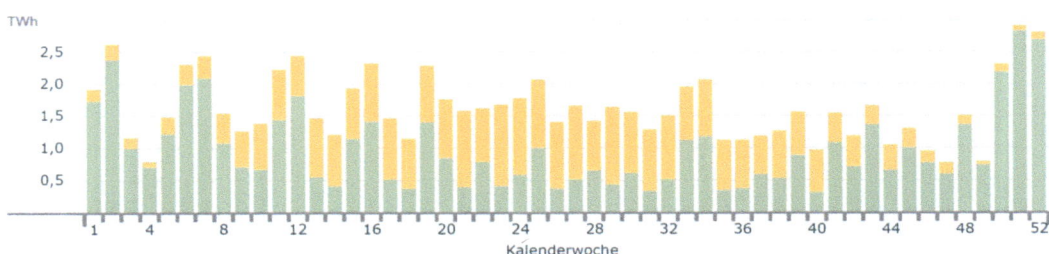

Quelle: [Burger 2015, S. 29, 30, 32].

Abb. 2.5 zeigt beispielhaft für das Jahr 2014 die monatliche Wind- und Photovoltaikstromproduktion.

Abb. 2.5 : Monatliche Wind- und Photovoltaikstromproduktion, 2014

a) Windstromproduktion

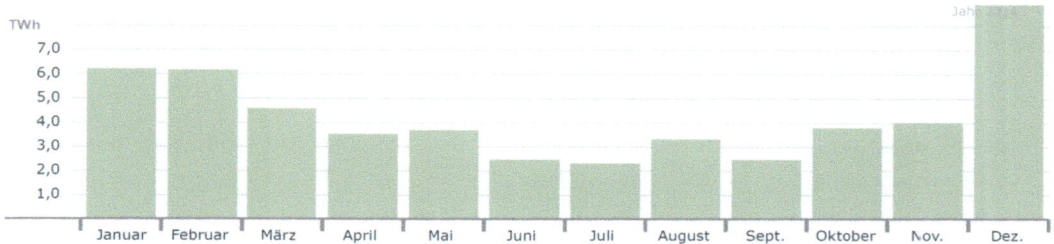

b) Photovoltaikstromproduktion

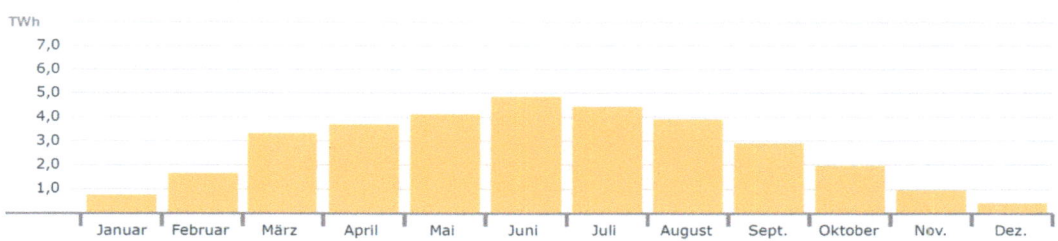

c) Wind- plus Photovoltaikstromproduktion

oberer Balken: Photovoltaikstromproduktion
unterer Balken: Windstromproduktion

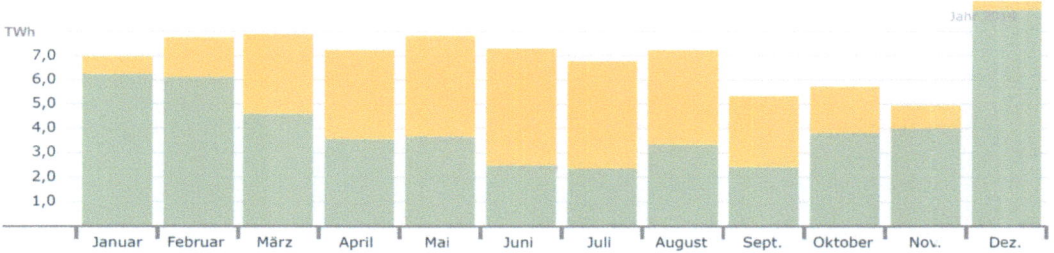

Quelle: [Burger 2015, S. 13, 14, 16].

Ergebnis:

- Die maximale monatliche Windstromproduktion betrug 8,8 TWh im Dezember 2014. Die minimale monatliche Windstromproduktion betrug 2,2 TWh im Juli 2014, also 25% der maximalen monatlichen Produktion.

- Die maximale monatliche Photovoltaikstromproduktion betrug 4,9 TWh im Juni 2014. Die minimale monatliche Photovoltaikstromproduktion betrug 0,4 TWh im Dezember 2014, also nur 8% der maximalen monatlichen Produktion.

Die monatliche Photovoltaikstromproduktion steigt im Jahresverlauf bis Juni relativ gleichmäßig an und fällt dann relativ gleichmäßig wieder ab. Im Gegensatz zur monatlichen Photovoltaikstromproduktion fluktuiert die monatliche Windstromproduktion auch von Monat zu Monat relativ stark, mit einem extremen Ausreißer im Dezember.

Wind- und Photovoltaikstromproduktion ergänzen sich aber gut übers Jahr, wie Abb. 2.5c zeigt:

- Windstromproduktion ist im Winter besonders hoch, Photovoltaikstromproduktion hingegen im Sommer.
- Von Januar bis August betrug die monatliche Wind- plus Photovoltaikstromproduktion gut 7 TWh, von September bis November nur gut 5 TWh, im Dezember rund 9 TWh.
- Die maximale monatliche Wind- plus Photovoltaikstromproduktion betrug 9,4 TWh im Dezember 2014. Die minimale monatliche Produktion betrug 5,1 TWh im November 2014, also immerhin 54% der maximalen monatlichen Produktion.

2.1.3 Extreme Fluktuationen

Tab. 2.2 gibt einen Eindruck von den extremen Fluktuationen der Wind- und Photovoltaikstromproduktion. Als Maß für diese Fluktuationen wird das Verhältnis aus minimaler und maximaler Stromproduktion für unterschiedliche Mittelungszeiträume angegeben.

Tab. 2.2 : Extreme Fluktuationen von Wind- und Photovoltaikstromproduktion, 2014

Minimale Stromproduktion dividiert durch maximale Stromproduktion	(1)	(2)	(3)	(4)	Quellen:
	Stunde	Tag	Woche	Monat	Sp. (1): Tab. 2.1; Sp. (2): Abb. 2.3, Ergebnis; Sp. (3): Abb. 2.4, Ergebnis; Sp. (4): Abb. 2.5, Ergebnis.
(1) Windstromproduktion	0%	1%	11%	25%	
(2) Photovoltaikstromproduktion	0%	1%	5%	8%	
(3) Wind- plus Photovoltaikstromproduktion	0%	3%	31%	54%	

Ergebnis:

- Die minimale Stromproduktion bezogen auf die maximale Stromproduktion ist bei stündlicher und täglicher Mittelung vernachlässigbar.
- Erst ab einem Zeitraum von einer Woche steigt die minimale Stromproduktion bezogen auf die maximale Stromproduktion deutlich an. Diese Reduzierung der Fluktuation zeigt sich insbesondere bei Betrachtung der zeitgleichen Wind- und Photovoltaikstromproduktion.

- Die monatliche Fluktuation der zeitgleichen Wind- und Photovoltaikstromproduktion ist relativ gering, weil die Windstromproduktion v.a. im Winter hoch ist und die Photovoltaikstromproduktion im Sommer.[24]

Abb. 2.6 zeigt beispielhaft für das Jahr 2014 die Extremwerte der stündlichen Wind- und Photovoltaikstromproduktion sowie die jeweilige stündliche konventionelle Stromproduktion.

Abb. 2.6 : Extremwerte der stündlichen Wind- und Photovoltaikstromproduktion, 2014

a) Maximale stündliche Wind- und Photovoltaikstromproduktion am 14. April 2014

oberer Balken: Photovoltaikstromproduktion
mittlerer Balken: Windstromproduktion
unterer Balken: konventionelle Stromproduktion

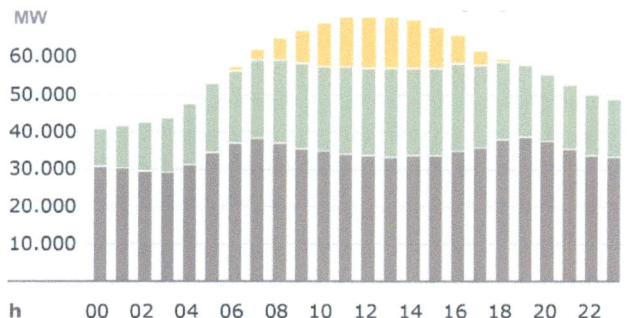

Quelle: [Burger 2015, S. 273/274].

[GW]	Stromproduktion Minimum	Maximum
(1) Photovoltaik	0	14.300
(2) Windenergie	8.700	23.900
(3) Konventionell	29.400	37.800

b) Minimale stündliche Wind- und Photovoltaikstromproduktion am 03. Dezember 2014

oberer Balken: Photovoltaikstromproduktion
mittlerer Balken: Windstromproduktion
unterer Balken: konventionelle Stromproduktion

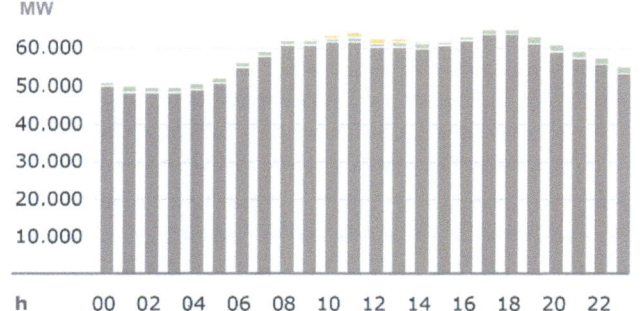

Quelle: [Burger 2015, S. 273/274].

[GW]	Stromproduktion Minimum	Maximum
(1) Photovoltaik	0	1
(2) Windenergie	1	2
(3) Konventionell	48	64

Am 14. April 2014 erreichte die stündliche Wind- und Photovoltaikstromproduktion den höchsten Wert des Jahres 2014. Abb. 2.6a zeigt für diesen Tag die stündliche Photovoltaikstromproduktion

(oberer Balken), Windstromproduktion (mittlerer Balken) und konventionelle Stromproduktion (unterer Balken).

Die kleine Tabelle neben Abb. 2.6a zeigt für den 14. April 2014 die minimalen und maximalen Werte der stündlichen Stromproduktion der Windkraftwerke, der Photovoltaikanlagen und der konventionellen Kraftwerke:

- Photovoltaikstromproduktion hatte mittags ein Maximum von 14 GW und nachts 0 GW, also eine Reduzierung um 14 GW.
- Windstromproduktion hatte ein Maximum von 24 GW und gegen Mitternacht nur 9 GW, also eine Reduzierung um 15 GW.
- Insgesamt musste also eine Reduzierung von 29 GW (= 14 GW + 15 GW) kompensiert werden. In diesem Fall war das leicht möglich, weil die Nachfrage während des Tages deutlich größer war als während der Nacht.
- Die konventionelle Stromproduktion hatte nachts ein Minimum von 29 GW und ein Maximum von 38 GW morgens und abends.

Am 03. Dezember 2014 erreichte die Wind- und Photovoltaikstromproduktion den niedrigsten Wert des Jahres 2014. Abb. 2.6b zeigt für diesen Tag die Photovoltaikstromproduktion (oberer Balken), Windstromproduktion (mittlerer Balken) und konventionelle Stromproduktion (unterer Balken).

Die kleine Tabelle neben Abb. 2.6b zeigt die extrem niedrige Wind- und Photovoltaikstromproduktion für diesem Tag:

- Die Wind- und Photovoltaikstromproduktion betrug maximal nur 3 GW und minimal nur 1 GW.
- Fast der gesamte Stromverbrauch von nachts rund 48 GW und während des Tages bis zu 64 GW musste durch konventionelle Kraftwerke abgedeckt werden.

2.1.4 Prognosen nur für maximal einige Tage zuverlässig

Wie gezeigt, fluktuieren sowohl die Wind- als auch die Photovoltaikstromproduktion sehr stark. Gesicherte Prognosen gestalten sich schwierig. Bei hohem und weiter steigendem Anteil von Wind- und Solarstrom entstehen bei Prognosefehlern wachsende Kosten: Es muss jeweils für den Zeitraum nach dem Ende der gesicherten Prognose, also z.B. für den jeweils nächsten Tag, ein hoher Preis allein für die Bereitstellung eventuell benötigter Regel- und Reserveenergie bezahlt werden, was den prinzipiell preissenkenden Effekt erhöhter erneuerbarer Stromproduktion teilweise wieder aufhebt. Deshalb stellt sich die Frage, wie gut derartige Fluktuationen prognostizierbar sind.

Die **Windstromproduktion** wird in Deutschland wesentlich durch Tiefdruckgebiete im Nordatlantik bestimmt. Von diesen sehr großräumigen Wirbeln, Tausende von Kilometern im Durchmesser, spalten sich ganz unregelmäßig kleinere Wirbel ab, die nach Osten driften und häufig das Wetter in Westeuropa bestimmen. Ob und wann derartige Abspaltungen geschehen, lässt sich nur schwer prognostizieren. Zudem zerfallen diese Abspaltungen selbst wiederum in immer kleinere instabile turbulente Strömungen, sodass selbst kleinräumige Windgeschwindigkeitsprognosen sehr erschwert werden.[25] Zuverlässige Prognosen im 24-Stundenbereich sind möglich. Von längerfristig stabilen Wetterlagen abgesehen, sind Windprognosen für mehrere Tage oder gar Wochen wegen der genannten Unregelmäßigkeit der Wirbelabrisse grundsätzlich nicht möglich (vgl. Abb. 2.3a).[26]

Die **Photovoltaikstromproduktion** ist in Wüstengebieten sehr gut prognostizierbar, da jeden Tag die Sonne scheint, und die Photovoltaikanlage von Sonnenaufgang bis Sonnenuntergang produziert (von Sandstürmen o.Ä. abgesehen). Hingegen ist in Europa, insbesondere in Deutschland, eine Prognose sehr viel schwieriger. Ob und wie intensiv die Sonneneinstrahlung am Boden ist, hängt insbesondere von der erwarteten Bewölkung ab. Schon ein unerwartetes großräumiges Wolkenfeld kann die Prognosen über den Haufen werfen. Von längerfristig stabilen Wetterlagen abgesehen, sind zuverlässige Prognosen für Bewölkung, Hochnebel, Regen etc. nur für maximal einige Tage möglich. Verfeinerte Wettermodelle können im Regelfall die zu erwartende Photovoltaikstromproduktion für bis zu drei Tagen zuverlässig prognostizieren.[27] Die stündliche Photovoltaikstromproduktion ist gut zu prognostizieren im Gegensatz zur täglichen Photovoltaikstromproduktion, die sehr starken Schwankungen unterliegt (vgl. Abb. 2.3b).

Die erneuerbare Stromproduktion weist, wie gezeigt, starke Fluktuationen auf, die grundsätzlich zu Stromüberschüssen und Stromdefiziten führen. Dies wird verschärft durch die Beschränkung gesicherter Produktionsprognosen auf Zeiträume von maximal einigen Tagen. Die Problemfälle Stromüberschuss und Stromdefizit werden im Folgenden näher erläutert.

2.2 Problemfälle Stromüberschuss und Stromdefizit

Bei einem Stromüberschuss übersteigt die erwartete momentane Stromproduktion den erwarteten momentanen Stromverbrauch.

Zukünftig wird es immer häufiger momentane Stromüberschüsse geben, und zwar aus zwei Gründen:

- Kohlestromproduktion zeitgleich zu hoher erneuerbarer Stromproduktion,
- weiterer massiver Ausbau der stark fluktuierenden erneuerbaren Stromproduktion[28].

Bei einem Stromüberschuss muss zwischen zwei Fällen unterschieden werden:

- Export von konventionellem Strom, insbesondere von Kohlestrom[29], bei hoher erneuerbarer Stromproduktion,
- Export von erneuerbarem Strom bei hoher erneuerbarer Stromproduktion trotz maximal möglicher[30] Reduzierung der konventionellen Stromproduktion.

Andererseits wird es auch immer häufiger drohende Stromdefizite geben, weil die erneuerbaren Kraftwerke bei bestimmten Wetterlagen manchmal über Tage fast keinen Strom produzieren.[31] Gemäß Untersuchungen der Bundesnetzagentur ist auf absehbare Zeit der für die Stromversorgung kritische Fall nicht etwa ein erwartetes Stromdefizit, sondern ein erwarteter Stromüberschuss, wie im späteren Kap. 4.1 erläutert wird.

2.2.1 Stromverbrauch versus Stromproduktion

Tab. 2.3 zeigt mögliche Problemfälle, die durch Unterschiede von Stromverbrauch und Stromproduktion auftreten können:

- Eine hohe Stromproduktion führt bei einem niedrigen Stromverbrauch zu einem Stromüberschuss, der sofort ausgeglichen werden muss.
- Eine niedrige Stromproduktion führt bei einem hohen Stromverbrauch zu einem Stromdefizit, das sofort ausgeglichen werden muss.
- Eine hohe Stromproduktion führt bei einem hohen Stromverbrauch zu einer grundsätzlich ausgeglichenen Strombilanz, Ausgleichsmaßnahmen sind dann nicht erforderlich.
- Ebenfalls führt eine niedrige Stromproduktion bei einem niedrigen Stromverbrauch zu einer grundsätzlich ausgeglichenen Strombilanz, Ausgleichsmaßnahmen sind dann nicht erforderlich.

Tab. 2.3 : Stromverbrauch versus Stromproduktion

	(1) hoher Stromverbrauch	(2) niedriger Stromverbrauch
(1) hohe Stromproduktion	kein Problem	Stromüberschuss
(2) niedrige Stromproduktion	Stromdefizit	kein Problem

Die Stromproduktion ist zwar bei Bedarf abregelbar, aber nicht erhöhbar. Prognosefehler und nicht vorhersehbare Ereignisse, wie z.B. ein Ausfall eines Kraftwerks oder ein unerwartetes simultanes individuelles Verhalten einer Vielzahl von Verbrauchern, führen zu unplanbaren Schwankungen der Stromproduktion und des Stromverbrauchs[32]:

- Die größte nicht prognostizierbare Schwankung besteht im ungeplanten Ausfall eines Großkraftwerks der Grundlastversorgung, also ein Ausfall von bis zu 1,5 GW innerhalb weniger Sekunden. Auch schon vor der Integration hoher Anteile stark fluktuierender Wind- und Photovoltaikstromproduktion musste deshalb das Stromversorgungssystem gegen erhebliche Schwankungen gesichert sein.
- Die Wind- und Photovoltaikstromproduktion ist von der momentanen Windgeschwindigkeit und Sonneneinstrahlung abhängig und weist deshalb große Fluktuationen auf, die bei weiterem Ausbau von erneuerbaren Kraftwerken noch zunehmen werden.
- Die Fluktuationen werden bei der Windstromproduktion von einer Abfolge von großräumigen Flauten und von großräumigen Starkwindfronten verursacht. Sie erreichten in 2014 bis zu etwa 10 GW innerhalb von wenigen Stunden und über 20 GW innerhalb eines Tages (vgl. die frühere Abb. 2.1).
- Diese Schwankungen sind allerdings, im Gegensatz zu den ungeplanten Ausfällen eines konventionellen Kraftwerks, für einige Stunden bis zu etwa einem Tag gut prognostizierbar und damit in der Größenordnung einplanbar.
- Laufwasserstromproduktion unterliegt geringeren Fluktuationen, ist gut prognostizierbar und ist in Grenzen regelbar, indem man vorübergehend mehr oder weniger Wasser durch die Turbinen fließen lässt. Biogas aus Biomasse kann gespeichert und je nach Bedarf genutzt werden.

2.2.2 Tages- und Jahresgang des Stromverbrauchs

Der Stromverbrauch weist starke zeitliche Schwankungen im Tages-, Wochen- und Jahresrhythmus auf[33]:

- Abb. 2.7a zeigt ein Schema des typischen Tagesgangs des Stromverbrauchs,
- Abb. 2.7b zeigt ein Schema des typischen Jahresgangs des Stromverbrauchs.

Zu diesen starken, allerdings gut prognostizierbaren Schwankungen des Stromverbrauchs kommt noch der Wochengang mit deutlicher Absenkung am Wochenende und an Feiertagen.

Abb. 2.7 : Tages- und Jahresgang des Stromverbrauchs – Schema

a) Tagesgang

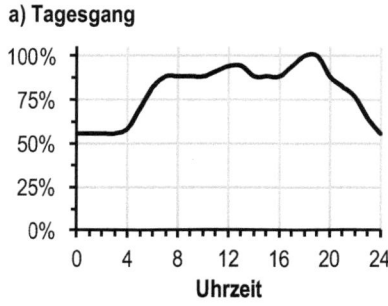

b) Jahresgang

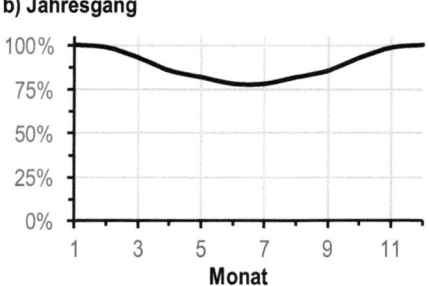

Quelle: [Jarass/Obermair 2012, Abb. 3.7, S. 77].

Typische Tagesgänge (Tag/Nacht), Wochengänge (Werktag/Wochenende) und Jahresgänge (Winter/Sommer) der zu deckenden Nachfrage ergeben sich aus der statistischen Überlagerung des Verbrauchs von Millionen Einzelkunden, und zwar mit gewissen wetterbedingten Schwankungen und kurzfristigen Schwankungen im Promillebereich. Diese Schwankungen sind von unvorhergesehenen Schwankungen überlagert, die allerdings durch geringfügige Spannungsschwankungen beim Verbraucher meist automatisch ausgeglichen werden.

Aufgrund langjähriger, gesicherter Erfahrungswerte ist deshalb der Stromverbrauch relativ genau prognostizierbar. Auf Basis von Verbrauchsprognosen werden dabei Fahrpläne für die einzelnen Kraftwerke des Verbundsystems festgelegt, welche die Prognoseunsicherheiten berücksichtigen.

Die Stromnachfrage hat also einen relativ genau bekannten Tages- und Wochenrhythmus. Dies steht ganz im Gegensatz zur Wind- und Photovoltaikstromproduktion, die ganz unregelmäßig fluktuiert und bestenfalls für einige Tage prognostizierbar ist. Die daraus resultierenden Stromüberschüsse und Stromdefizite werden im Folgenden erläutert.

2.2.3 Entwicklung von Stromüberschuss und Stromdefizit

Abb. 2.8 zeigt beispielhaft für den Zeitraum 12/2012 bis 02/2013 den Stromverbrauch in Deutschland im Vergleich zur Wind- und Photovoltaikstromproduktion.[34] Aus dem Verhältnis von Wind- und

Photovoltaikstromproduktion zum Stromverbrauch kann jeweils abgeschätzt werden, wie stark die Wind- und Photovoltaikstromproduktion Stromüberschuss bzw. Stromdefizit bewirkt.

Abb. 2.8 enthält drei gezackte Linien:

- Die obere gezackte Linie zeigt den momentanen Stromverbrauch[35].
- Die mittlere gezackte Linie zeigt die Windstromproduktion.
- Die untere gezackte Linie zeigt die Photovoltaikstromproduktion.

Abb. 2.8 : Wind- und Photovoltaikstromproduktion im Vergleich zum Stromverbrauch, 12/2012 bis 02/2013

obere gezackte Linie: Stromverbrauch
mittlere gezackte Linie: Windstromproduktion
untere gezackte Linie: Photovoltaikstromproduktion

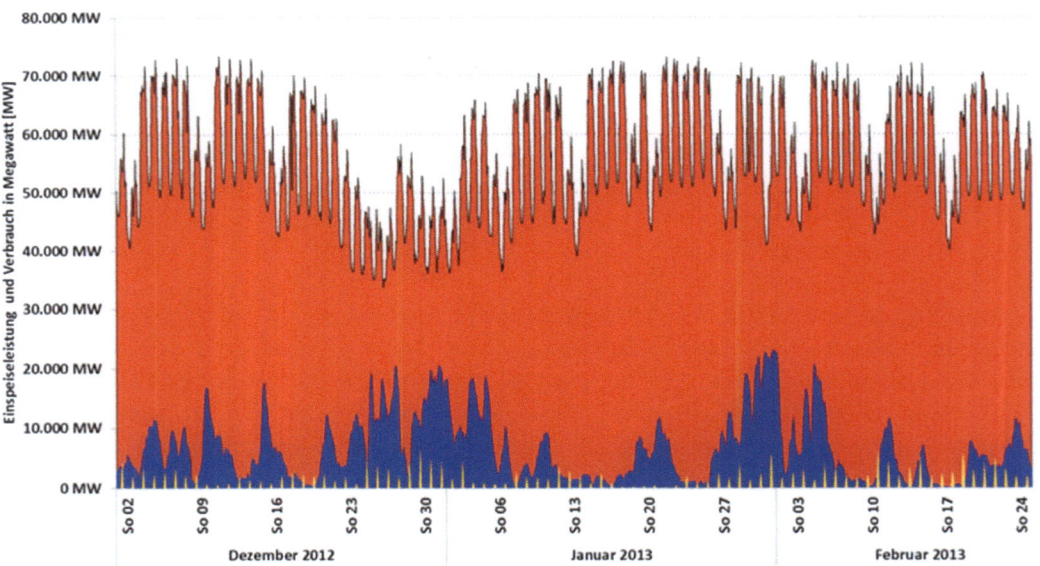

Quelle: [Linnenfelser/Schuster 2014, Diagramm 1].

Ergebnis:

- Der Stromverbrauch fluktuiert relativ regelmäßig während des Tages und während der Woche. Hingegen erfolgt die Windstromproduktion weitgehend unregelmäßig mit extrem steilen Anstiegen und Rückgängen. Die Photovoltaikstromproduktion erfolgt wesentlich in den späten Vormittags- bis frühen Nachmittagsstunden mit extrem steilen Anstiegen und Rückgängen.
- An Werktagen beträgt der maximale Stromverbrauch gut 70 GW und der minimale Stromverbrauch rund 50 GW. Während des Wochenendes beträgt der maximale Stromverbrauch nur rund 60 GW und der minimale Stromverbrauch nur gut 40 GW. Während der Weihnachtsfeiertage

Kap. 2 Wachsende Stromüberschüsse und Stromdefizite

beträgt der maximale Stromverbrauch nur rund 45 GW und der minimale Stromverbrauch rund 35 GW. In allen Fällen liegt 2014 die Wind- und Photovoltaikstromproduktion deutlich darunter.

Die gezeigten extremen Fluktuationen der Wind- und Photovoltaikstromproduktion gefährden die Stabilität der Stromversorgung in Deutschland und müssen durch ausreichend Regel- und Reserveenergie jederzeit ausgeglichen werden können.

Ein Stromüberschuss resultiert potenziell, falls die installierte Kraftwerksleistung den Stromverbrauch übersteigt. Dabei muss berücksichtigt werden, dass ein Teil der Kraftwerke wegen Wartung oder Störfall nicht verfügbar ist und die erneuerbaren Kraftwerke häufig wegen örtlich niedrigerer Windgeschwindigkeit oder Sonneneinstrahlung nicht zeitgleich produzieren können.[36] Die Werte in Tab. 2.4 geben also obere Grenzen für den Stromüberschuss und untere Grenzen für das Stromdefizit an.

Tab. 2.4 : Maximaler Stromüberschuss durch konventionelle und erneuerbare Kraftwerke, 2015 bis 2035

Maximaler Stromüberschuss (+) bzw. Stromdefizit (-)	(1) 2015	(2) 2025	(3) 2035
(1) Konventionelle Kraftwerke			
(1.1) Bei maximalem Stromverbrauch *	19%	-8%	-8%
(1.2) Bei durchschnittlichem Stromverbrauch	45%	20%	18%
(1.3) Bei minimalem Stromverbrauch	166%	109%	109%
(2) Erneuerbare Kraftwerke			
(2.1) Bei maximalem Stromverbrauch	16%	68%	115%
(2.2) Bei durchschnittlichem Stromverbrauch	42%	119%	176%
(2.3) Bei minimalem Stromverbrauch	161%	282%	389%
(3) Summe Kraftwerke			
(3.1) Bei maximalem Stromverbrauch	135%	160%	208%
(3.2) Bei durchschnittlichem Stromverbrauch	186%	239%	294%
(3.3) Bei minimalem Stromverbrauch	427%	491%	599%

Lesebeispiel zu Tab. 2.4, Z. (2.2), Sp. (1):
Im Jahr 2015 überstieg die installierte erneuerbare Kraftwerksleistung den maximalen momentanen Stromverbrauch um 42%. Falls also alle erneuerbaren Kraftwerke zeitgleich mit Nennleistung produzieren würden, könnte der durchschnittliche momentane Stromverbrauch vollständig durch erneuerbare Kraftwerke abgedeckt werden mit einem Stromüberschuss von 42%.

* Berechnungsbeispiel:
Tab. 2.4, Z. (1.1), Sp. (1) =
Tab. 1.2, Z. (1), Sp. (1) dividiert durch
Tab. 1.2, Z. (4.1), Sp. (1).
Negative Werte zeigen ein potenzielles Stromdefizit an.

Quelle: Tab. 1.2.

Ergebnis:

- Die installierte konventionelle Kraftwerksleistung überstieg in 2015 den durchschnittlichen Stromverbrauch um 45% (Tab. 2.4, Z. (1.2), Sp. (1)) und wird wegen der kontinuierlichen Stilllegung von konventionellen Kraftwerken in 2025 um 8% darunter liegen.

- Schon in 2015 überstieg die erneuerbare installierte Kraftwerksleistung den durchschnittlichen Stromverbrauch um 42% (Tab. 2.4, Z. (2.2), Sp. (1)), für 2025 sind 119% prognostiziert. Selbst wenn die simultane Stromproduktion aller erneuerbaren Kraftwerke nur die Hälfte ihrer installierten Leistung erreicht, wird also schon vor 2025 der durchschnittliche momentane Stromverbrauch überschritten.

- 2015 überstieg die insgesamt installierte Kraftwerksleistung den durchschnittlichen Stromverbrauch um 186% (Tab. 2.4, Z. (3.2), Sp. (1)). Für 2025 wird ein Übersteigen um 239% prognostiziert.

Die erneuerbare Stromproduktion weist, wie gezeigt, starke Fluktuationen auf, die grundsätzlich zu Stromüberschüssen und Stromdefiziten führen. Erwartete Stromüberschüsse und Stromdefizite müssen sofort ausgeglichen werden, sonst bricht die Stromversorgung zusammen. Wie dieser Ausgleich funktionieren könnte, wird im folgenden Kapitel beschrieben.

3 Ausgleich von Stromverbrauch und Stromproduktion

Elektrische Leitungen ermöglichen – im Gegensatz etwa zu Gasleitungen – keine Speicherung, sodass bei einem Stromüberschuss die Spannung im Netz sofort ansteigt und bei einem Stromdefizit abfällt. In einem stark ausgebauten Netz, etwa einer ganzen Regelzone mit hoher Generatorleistung und geringen Netzverlusten, führt eine plötzliche Nachfrageerhöhung, etwa um ein Prozent, bei nahezu konstanter Netzfrequenz nur zu einer Spannungsabsenkung beim Verbraucher um Bruchteile eines Prozents. Kleine Abweichungen zwischen dem grundsätzlich autonomen Stromverbrauch und der Stromproduktion werden also im Sekundenbereich automatisch durch Spannungsschwankungen ausgeglichen.

Die Toleranz der Systemkomponenten der elektrischen Stromversorgung erlaubt Spannungsschwankungen im Prozentbereich, bevor Schäden verursacht werden.

Größere Abweichungen hingegen müssen durch eine Kombination von Maßnahmen angegangen werden. Die stark fluktuierende erneuerbare Stromproduktion kann mit dem ebenfalls schwankenden Stromverbrauch durch eine Kombination verschiedener Maßnahmen synchronisiert werden[37]:

- Anpassung der konventionellen Stromproduktion (Kap. 3.1),
- Ausgleich durch Stromspeicher (Kap. 3.2),
- Ausgleich durch Stromhandel (Kap. 3.3),
- Anpassung des Stromverbrauchs (Kap. 3.4).

3.1 Anpassung der Stromproduktion

Zum Ausgleich von erwarteten Abweichungen von Stromverbrauch und Stromproduktion müssen Kraftwerksreserven vorgehalten werden. Sie dienen der Netzregelung und werden als Regelleistung oder Regelenergie bezeichnet. Beim Ausgleich eines Stromüberschusses spricht man von positiver Regelenergie, beim Ausgleich eines Stromdefizits von negativer Regelenergie.

3.1.1 Konventionelle Reservekraftwerke dauerhaft erforderlich

Abb. 3.1 zeigt den Zusammenhang zwischen der maximalen Nachfrage (Spitzenlast) und der hierfür erforderlichen gesicherten Leistung.

Vorübergehende größere Abweichungen im Minutenbereich zwischen dem grundsätzlich autonomen Stromverbrauch und der Stromproduktion werden durch Spitzenlastkraftwerke, wie Gas-

oder Pumpspeicherkraftwerke, ausgeglichen, in Zukunft vielleicht unterstützt durch Millionen von Batterien in Elektrofahrzeugen.[38]

Zur Vermeidung länger andauernder Differenzen im Stundenbereich müssen die grundsätzlich für eine konstante Produktion ausgelegten konventionellen Kraftwerke immer wieder mit Teillast betrieben oder sogar ganz abgeschaltet werden. Teillastbetrieb führt zu einem erhöhten spezifischen Brennstoffverbrauch, Abschaltung zu einer Nichtausnutzung verfügbarer Kapazitäten. Die resultierenden Kosten können einerseits reduziert werden durch einen verstärkten Einsatz gut regelbarer Kraftwerke, andererseits durch eine Steuerung des Stromverbrauchs gemäß der jeweiligen erneuerbaren Stromproduktion.

Abb. 3.1 : Gesicherte Leistung – Schema

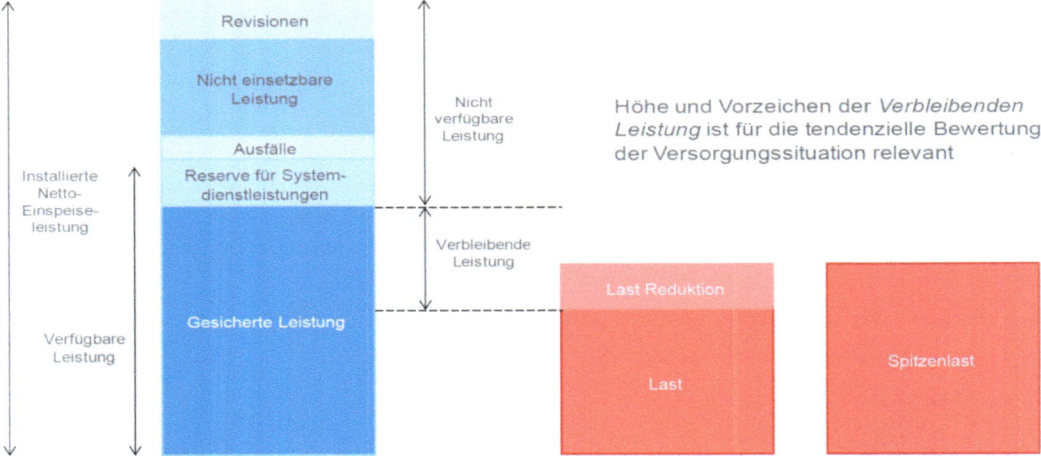

Quelle: [Prognos 2015, Abb. 4, S. 13].

Ergebnis:

Wegen der starken Schwankungen von Wind- und Photovoltaikstromproduktion müssen zur Sicherstellung der Stromversorgung in erheblichem Umfang konventionelle Kraftwerke installiert sein:

- Zwar können Biomasse- und Wasserkraftwerke durchaus gesicherte Leistung erbringen, weil ihre Stromproduktion in Abhängigkeit vom momentanen Stromverbrauch gut regelbar ist. Aber Biomassekraftwerke hatten in 2015 mit 6,9 GW nur 7,2% und Wasserkraftwerke mit 3,5 GW nur 3,6% Anteil an der insgesamt installierten erneuerbaren Leistung und ihre Anteile werden zukünftig sinken.[39]

- Weder Windkraftwerke noch Photovoltaikanlagen können in nennenswertem Umfang gesicherte Leistung zur Verfügung stellen: Photovoltaikanlagen produzieren nachts gar nichts und während des Tages bei starker Bewölkung wenig. Windkraftwerke haben onshore immer wieder längere großräumige Windflauten[40], für Windkraftwerke offshore werden allerdings seltenere und kürzere Flauten erwartet.

3.1.2 Grundlastkraftwerke ungeeignet als Reservekraftwerke

Tab. 3.1 zeigt die Flexibilität der verschiedenen Kraftwerksarten, die sehr unterschiedlich ist.

Tab. 3.1 : Flexibilität der verschiedenen Kraftwerksarten

Kraftwerksart		(1) Anfahrzeit kalt [h]	(2) Anfahrzeit heiß [h]	(3) Leistungsänderung pro Minute [% Nennleistung]	Mindestleistung [% Nennleistung]	(5) Regelbereich [% Nennleistung]
(1)	Produktion kann dauerhaft erhöht und reduziert werden					
(1.1)	Gasturbinenkraftwerk	0	0	10%	20%	20-100%
(1.2)	Erdgas-Dampfturbinen-KW	4-5	1	6%	30%	30-100%
(1.3)	Gas- und Dampfkraftwerk	3-4	1	5%	20%	20-100%
(1.4)	Steinkohlekraftwerk	4-5	2	4%	30%	30-100%
(1.5)	Kernkraftwerk	8-12	2	4%	60%	60-100%
(1.6)	Braunkohlekraftwerk	6-8	2	3%	50%	50-100%
(1.7)	Biomassekraftwerk	n.a.	n.a.	3-4%	30-70%	30-100%
(1.8)	Laufwasserkraftwerk	0	-	100%	25%	25-100%
(2)	Produktion kann nur für einige Stunden erhöht und reduziert werden					
(2.1)	Pumpspeicherkraftwerk	0	-	100%	25%	25-100%
(2.2)	Solarthermisches Kraftwerk	4-5	2	4%	30%	30-100%
(3)	Produktion kann nur reduziert werden					
(3.1)	Windkraftwerk	0	-	100%	0%	0-100%
(3.2)	Photovoltaikanlage	0	-	100%	0%	0-100%

Quelle: nach [Leitstudie 2011, Tab. 8.1, S. 251].

Ergebnis:

- Wasserkraftwerke sind prinzipiell im Minutenbereich regelbar.
- Zumindest bei Fließwasserkraftwerken – anders als bei Stau- oder Pumpspeicherkraftwerken – erlauben die einzuhaltenden Pegelstände aber nur sehr kurzzeitige Regelungsausschläge.
- Pumpspeicherkraftwerke erlauben Regelungen im Minutenbereich ohne jede Vorbereitungszeit und sind deshalb ideal für die Abdeckung von unerwarteten, kurzzeitigen Spitzen geeignet.
- Hingegen können Gasturbinen – auch mit Mineralölprodukten befeuerbar – eingesetzt werden. Sie werden wegen der im Verhältnis hohen spezifischen Brennstoffkosten nur bei Bedarf, also

überwiegend im Spitzenlastbereich, hochgefahren, dies kann aus dem vorgewärmten Bereitschaftszustand im Minutenbereich geschehen.

- Gaskraftwerke werden üblicherweise wegen ihrer höheren spezifischen Brennstoffkosten und ihrer gegenüber Kohlekraftwerken besseren Regelbarkeit in der oberen Mittellast und in der Spitzenlast eingesetzt.[41]
- Ältere Steinkohlekraftwerke, aber auch z.B. das neue 2*800-MW-Steinkohlekraftwerk in Hamburg-Moorburg, sind gut regelbar: "Die Kraftwerksblöcke sind für einen Regelbereich von 35% bis 100% ausgelegt. Zur Absicherung der Netzregelaufgaben sind kurzzeitig 103% Last fahrbar. ... Die geplante Nutzungsdauer der Anlage beträgt 40 Jahre."[42] Für Hamburg-Moorburg gilt dann also eine Mindestteillast von 2*280 MW, wobei der hohe Umwandlungswirkungsgrad dieses Kraftwerks nur im Nennbetrieb, also bei voller Auslastung erreicht wird.

Nicht nur die Kernkraftwerke, sondern auch Braunkohlekraftwerke und große Steinkohlekraftwerke mit Blöcken von 500 MW bis 1.000 MW sind für konstanten Dauerbetrieb optimiert. In der technischen Auslegung und für einen wirtschaftlichen Betrieb werden sie so eingesetzt, dass sie, abgesehen von notwendigen Betriebsunterbrechungen für Wartung, Brennelementaustausch o.Ä. grundsätzlich mit installierter Leistung produzieren und dabei Ausnutzungen von über 75%[43] erreichen.

Bei hohen Volllaststunden können hohe Investitionskosten in Kauf genommen werden, weil die daraus resultierenden laufenden Kosten wie Schuldzinsen und Abschreibungen auf eine große Stromproduktion umgelegt werden können.

Zukünftig werden auch die großen Grundlastkraftwerke immer häufiger Regelaufgaben übernehmen müssen, für die sie eigentlich nicht ausgelegt sind: "Zur Ausregelung von Schwankungen wachsender Wind- und Photovoltaik-Anteile im deutschen Strommix ist sowohl ein großer Regelbereich als auch eine hohe Regelgeschwindigkeit entsprechender Ausgleichskraftwerke essentiell. Bei einem Umbau zu hohen Anteilen erneuerbarer Energie im Stromsektor stellt sich die Frage, wie die bisher verfügbaren und notwendigen Anteile sicherer und flexibler Leistung beibehalten werden können und welche Strukturanpassungen dazu erfolgen müssen."[44]

Durch den laufenden Zubau an erneuerbaren Kraftwerken wird die Auslastung bestehender Grundlastkraftwerke deutlich reduziert.[45] Sobald die Auslastung unter die Mindestteillast eines Kraftwerks fällt, muss der Kohleblock abgeschaltet werden.[46] Wie schnell der Volllastzustand wieder erreicht werden kann, ist v.a. abhängig von der vorherigen Stillstandsdauer. Dabei wird in Heißstart (Stillstandsdauer < 8 Stunden), Warmstart und Kaltstart (Stillstandsdauer > 48 Stunden) unterschieden. Bei Heiß- und Warmstart läuft ein Großteil der Hilfs- und Nebensysteme des Kraftwerksblocks weiter. Der Zeitraum vom Zünden des ersten Brenners bis zur Synchronisation bei Volllast beträgt bei Heißstart rund 2 Stunden, bei Warmstart rund 5 Stunden und bei Kaltstart über 7 Stunden.[47] Das Heiß- bzw. Warmhalten eines thermischen Kraftwerks, insbesondere eines großen Kohlekraftwerks, verursacht erhebliche laufende Kosten.

An- und Abfahrvorgänge von thermischen Kraftwerken, z.B. von Steinkohlekraftwerken und von Gas- und Dampfkraftwerken (GuD), verursachen zusätzliche Kosten durch Brennstoffmehraufwand und erhöhtem Verschleiß und erhöhen die Stromgestehungskosten. Je geringer die Betriebsdauer zwischen einem An- und Abfahrprozess ist, desto niedriger ist die in diesem Zeitraum erzeugte Strommenge, auf die diese zusätzlichen Kosten umgelegt werden können. Bei Kaltstart werden bei

Betriebszeiten von 10 Stunden zwischen An- und Abfahrprozess Mehrkosten von gut 0,5 Cent pro kWh angegeben, bei 5 Stunden von gut einem Cent pro kWh.[48]

3.1.3 Bau von Reservekraftwerken in Süddeutschland in jedem Fall sinnvoll

Wegen des Ausbaus der erneuerbaren Kraftwerke resultieren immer häufiger sehr niedrige Strompreise, weshalb mehr und mehr konventionelle Kraftwerke, v.a. auch die älteren, stillgelegt werden und der Neubau von konventionellen Kraftwerken unwirtschaftlich wird. So sind nach BDEW-Angaben[49] derzeit in Deutschland insgesamt 74 konventionelle Kraftwerke mit einer Gesamtleistung von 33 GW geplant, genehmigt oder im Bau, aber mittlerweile stünden davon 39 Projekte auf der Kippe, während 2014 erst 32 Projekte gefährdet waren und 2013 gar nur 22. Zudem seien 50 bestehende Kraftwerke bei der Bundesnetzagentur zur Stilllegung angemeldet.

In den Regierungs-Eckpunkten vom 01. Juli 2015 wurde zur CO_2-Einsparung beschlossen, schrittweise 2,7 GW Braunkohle bis 2020 in die deutsche Netzreserve zu überführen und bis 2024 endgültig stillzulegen.[50] Zudem soll für einen extremen Versorgungsnotfall eine Kapazitätsreserve aus Kraftwerken aufgestellt werden, "die nicht am Strommarkt teilnehmen"[51], überwiegend wohl aus zur Stilllegung angemeldeten Kraftwerken. Es bleibt dabei unklar, wo die entsprechenden Kraftwerke angesiedelt sind; falls im Norden, werden hierfür Leitungen nach Süden blockiert.

Von dieser Kapazitätsreserve für den äußersten Notfall zu unterscheiden ist der Bau neuer Reservekraftwerke in Bayern, die am Markt teilnehmen. Im Bayerischen Energiedialog gab es zu vielen Punkten sehr unterschiedliche Meinungen, aber in einem Punkt waren sich alle Teilnehmer einig: Der Bau neuer Reservekraftwerke in Bayern ist bei allen Szenarien eine sinnvolle Maßnahme, also eine sogenannte ´No Regret´-Maßnahme.

Inwieweit zukünftig wegen fehlender Kraftwerksleistung bei Dunkelflauten kritische Versorgungssituationen resultieren und v.a. wann diese voraussichtlich eintreten könnten, wurde bisher nicht untersucht. Sobald aber nicht mehr ein erwarteter Stromüberschuss netzdimensionierend ist, sondern eine niedrige erneuerbare Stromproduktion, steht bei Dunkelflauten ein wachsender Engpass an konventioneller Reservekraftwerksleistung zu befürchten. Spätestens dann ist also der Bau zusätzlicher schnell regelbarer Reservekraftwerke insbesondere in Süddeutschland erforderlich.[52]

Wegen ihrer geringen Benutzungsdauern sind diese Reservekraftwerke aus Sicht eines einzelnen Privatinvestors wohl betriebswirtschaftlich unrentabel:

- Die relativ hohen Brennstoffkosten der Reservekraftwerke sind wegen ihrer sehr niedrigen Benutzungsdauern von maximal einigen hundert Stunden pro Jahr weniger ein Problem.
- Aber eben wegen dieser sehr niedrigen Benutzungsdauern können diese Reservekraftwerke keine ausreichenden Deckungsbeiträge für die Finanzierung der Investitionskosten erwirtschaften und benötigen deshalb einen entsprechenden Zuschuss.

Aber wie soll dieser Zuschuss finanziert werden? In jedem Fall wird durch diese mittelfristig ohnehin zwingend erforderlichen neuen Reservekraftwerke in Süddeutschland der erforderliche Leitungsneubau deutlich reduziert und möglicherweise ganz vermieden. Der genaue Umfang müsste noch im Einzelnen untersucht werden. Die dadurch eingesparten Leitungsausbaukosten können für Anreizprogramme für den Neubau von Reservekraftwerken in Süddeutschland verwendet werden.

Die gesetzliche Grundlage für diese Anreizprogramme könnte die bestehende Reservekraftwerksverordnung vom 27. Juni 2013 sein, die in § 1 Abs. 1 ausdrücklich Kraftwerksreserven "in begründeten Ausnahmefällen aus neu zu errichtenden Anlagen" ermöglicht. Damit wären neue Gesetze und Verordnungen nicht zwingend erforderlich und die Reservekraftwerke würden aus dem gleichen Topf wie neue Leitungen finanziert.

Energiewende erfordert weniger Kohlestrom und mehr erneuerbaren Strom. Eine wachsende erneuerbare Stromproduktion kann in Kombination mit schnell regelbaren Reservekraftwerken[53] sowie Nachfragemanagement Kern- und Kohlekraftwerke ersetzen. Durch den weiteren Ausbau erneuerbarer Kraftwerke würde die für die Energiewende zwingend erforderliche mittelfristige Abschaltung der deutschen Braunkohlekraftwerke abgesichert.[54]

Auch deshalb ist die Vereinbarung in den Regierungs-Eckpunkten vom 01. Juli 2015 sehr zu begrüßen, die bestehenden Reservekraftwerke in Bayern zu sichern und den Bau neuer Reservekraftwerke voranzutreiben:

- "Wir werden die Reservekraftwerks-Verordnung anpassen. ... Damit wird auch der Fortbetrieb eines modernen Gaskraftwerkes wie Irsching erreicht."
- "Darüber hinaus wird ab 2021 als Teil einer Reservelösung für Süddeutschland ein Segment von bis zu 2 GW für neue, schnell startfähige Kraftwerke vorgesehen, die schwarzstartfähig (d.h. ohne Unterstützung durch das Stromnetz hochfahrbar) und hoch flexibel regelbar sind."[55]

3.1.4 Ausgleich von Windstromschwankungen

Das natürliche Windenergieangebot schwankt zeitlich sehr stark auf allen Zeitskalen von Sekunden bis Jahren (vgl. Kasten 3.1):

- Die Produktionsschwankungen einzelner Windkraftwerke im Minuten- und Stundenbereich werden durch das Zusammenschalten der Anlagen eines größeren Windparks weitgehend ausgeglichen.
- Im Gegensatz dazu sind die Schwankungen im Bereich von vielen Stunden oder gar Tagen raum-zeitlich wenig korreliert. Innerhalb eines Zyklons gibt es nämlich über Stunden bis Tage eine großräumige (> 300 km) Korrelation, die zu längeren Flauten führen kann. Insbesondere in mittleren geografischen Breiten wie in Deutschland gibt es immer wieder ausgeprägte längere großräumige Windflauten, während derer auch die Summe der Stromproduktion aller Windparks in Westeuropa auf niedrige Werte sinken kann. Deshalb können Schwankungen selbst durch das großräumige Zusammenschalten von Windparks in großen Regionen nur teilweise ausgeglichen werden.
- Schließlich gibt es von Jahreszeit zu Jahreszeit einen typischen Jahresgang, aber andererseits unregelmäßige großräumige Schwankungen von Jahr zu Jahr (vgl. hierzu etwa die frühere Abb. 2.1a).

> **Kasten 3.1 : Ausgleich von Windstromschwankungen**
>
> **(1) Kurzfristig: Sekunden bis Minuten**
>
> Automatischer Ausgleich kleinerer Schwankungen durch Spannungsänderung im Netz; Schwungradeffekt der Einzelanlage; Zusammenschaltung von vielen Einzelanlagen zu Windparks oder Gruppen von Windparks.
>
> **(2) Mittelfristig: Stunden bis zu einem Tag**
>
> Schwankungen der Windstromproduktion mitteln sich innerhalb einer größeren Regelzone bis zu mehreren Stunden teilweise gegenseitig aus; Windstromproduktion ist für maximal einen Tag noch annähernd prognostizierbar; für die verbleibenden Schwankungen müssen Regelkraftwerke eingesetzt werden, wofür Bereitstellungskosten für potenziell notwendige Regelenergie anfallen.
>
> **(3) Langfristig: Tage bis Wochen**
>
> Großräumige Starkwind- und Flautenfronten sind kaum prognostizierbar; erheblicher Aufwand für Reserveenergie.
>
> **(4) Sehr langfristig: Monate bis Jahre**
>
> Schwankungen von Monat zu Monat und von Jahr zu Jahr; erheblicher Aufwand für Reserveenergie.

Quelle: Basierend auf [Jarass/Obermair/Voigt 2009, Kasten 3.2, S. 94].

Für die Windenergienutzung zu bevorzugende Standorte sind Standorte geringer Bodenrauigkeit, also im Meer oder unmittelbar an einer flachen Küste, große, wenig bewaldete Ebenen im Flachland, in gewissem Umfang auch Hügel- oder Bergkuppen und Gebirgspässe, bei deren Überströmen die Luftbewegung beschleunigt wird. Einerseits nimmt die mittlere Windgeschwindigkeit mit der Höhe zu, gleichzeitig nimmt die mittlere Stärke der turbulenten Schwankungen ab. Daher – und von der wachsenden Knappheit sehr guter Standorte in Deutschland – rührt die Tendenz der letzten Jahre, Anlagen mit immer höheren Türmen zu errichten. Durch höhere Türme kann wegen der dann geringeren turbulenten Schwankungen die Prognosegenauigkeit erhöht werden.

3.2 Ausgleich durch Stromspeicher

Stromspeicher können sowohl bei Stromüberschuss als auch bei Stromdefizit das Stromangebot vergleichmäßigen. Ein verlustarmer und sehr kostengünstiger Speicher für elektrische Energie wäre also ideal für den Ausgleich der stark fluktuierenden Energien[56]: Bei hoher Windstromproduktion und niedrigem Stromverbrauch könnte dann z.B. der Windstrom in einem Stromspeicher zwischengespeichert und bei niedriger Windstromproduktion und hohem Stromverbrauch wieder ins Netz eingespeist werden.

Ein verlustarmer und kostengünstiger Stromspeicher ist aber nach wie vor nur ein schöner Traum. Strom (d.h. das Fließen von elektrischen Ladungsträgern) ist aber leider nicht so leicht und kostengünstig speicherbar wie konventionelle Energieträger wie z.B. Holz, Kohle und Öl:

- Stromspeicher sind teuer und deshalb nur bei hohen Benutzungsdauern wirtschaftlich.

- Zudem gehen zwischen 20% und 50% des eingespeicherten Stroms durch physikalisch bedingte Umwandlungsverluste verloren.[57]

Anpassungen der konventionellen Stromproduktion (Erzeugungsmanagement) und des Stromverbrauchs (Nachfragemanagement) an die erneuerbare Stromproduktion reduzieren zwar den Speicherbedarf, machen ihn aber nicht überflüssig:

- Zum einen wird bei weiterem Ausbau der erneuerbaren Kraftwerke die momentane erneuerbare Stromproduktion immer häufiger den gesamten momentanen Stromverbrauch übersteigen.
- Zum anderen kann nicht jeder Stromverbrauch auf Zeiten mit hoher erneuerbarer Stromproduktion verschoben werden.

Kurzzeitstromspeicher sind also grundsätzlich für den Fluktuationsausgleich erneuerbarer Stromproduktion unentbehrlich. Sie sind jedoch aufgrund der limitierten Speicherkapazität in ihrem Einsatz begrenzt.

Zukünftig wird man Stromüberschüsse auch langfristig speichern müssen, die man dann auch zur Überbrückung von längeren Stromdefiziten nutzen kann.

Bei der folgenden Erläuterung einzelner Stromspeichertechnologien wird zwischen Kurzzeitstromspeicher (für Stunden und Tage) und Langzeitstromspeicher (für Wochen und Monate) unterschieden.[58]

3.2.1 Ausgleich durch Kurzzeitstromspeicher

Kurzzeitstromspeicher (Pumpspeicher, Druckluftspeicher und Batterien) können die Versorgungslücken von Wind- und Photovoltaikstromproduktion nur für wenige Stunden schließen bzw. Überschüsse auffangen, da ihre Speicherkapazität begrenzt ist. Deshalb würde ein nennenswerter Ausgleich von Ungleichgewichten im Tagesbereich einen massiven Ausbau von Kurzzeitstromspeichern erforderlich machen.

(1) Pumpspeicher

Abb. 3.2 gibt einen Überblick über die in Deutschland bestehenden Pumpspeicherkraftwerke.[59]

Das größte und modernste Pumpspeicherkraftwerk, nämlich Goldisthal im Thüringer Wald, weist mit einer Höhendifferenz von Oberbecken zu Unterbecken von 302 m und rund 10 Mio. m³ Fassungsvermögen eine Stromspeicherkapazität von etwa 8,5 GWh auf. Das Pumpspeicherkraftwerk kann über seine Pumpmotoren eine maximale Leistung von gut 1 GW einspeichern und bei Bedarf im Generatorbetrieb wieder ins Netz zurückspeisen.

Im großtechnischen Einsatz werden als Stromspeicher fast ausschließlich hydraulische Pumpspeicher genutzt. Der durchschnittliche Gesamtwirkungsgrad aller Pumpspeicherkraftwerke unterschiedlichen Alters liegt bei 69,3%. Ein Pumpspeicherkraftwerk kann nach Modernisierung oder Neubau in der Regel einen Gesamtwirkungsgrad von zumindest 80% erreichen.[60]

Abb. 3.2 : Pumpspeicherkraftwerke in Deutschland

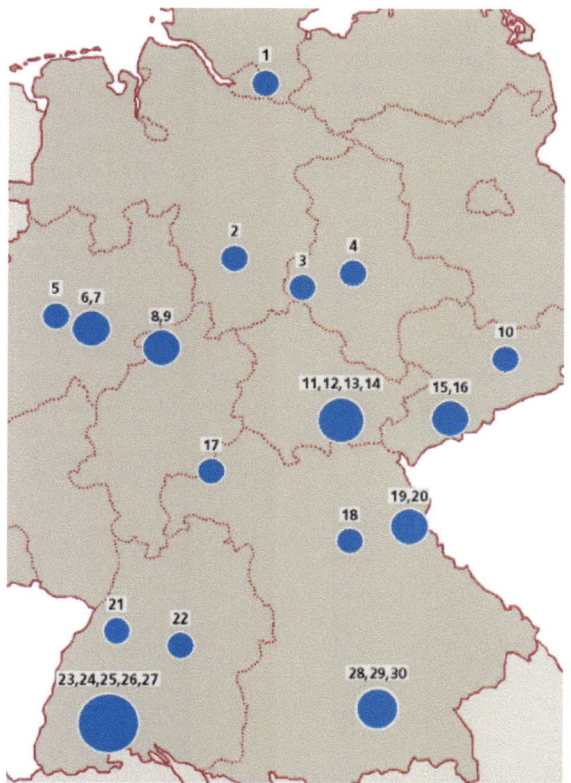

Hinweis: Zu den Nummern in Abb. 3.2 siehe Tab. 3.2.

Quelle: [Pumpspeicher 2012a], Stand 2012.

Ergebnis:

- Die Pumpspeicherkraftwerke in Deutschland haben insgesamt eine installierte Leistung von 6,4 GW und eine Speicherkapazität von etwa 37,4 GWh.
- Damit können sie durchschnittlich 5,8 Stunden in Betrieb bleiben, bis das obere Staubecken leer ist.
- Die installierte Leistung je Kraftwerk beträgt zwischen 0,014 GW und 1,06 GW.
- Die Fallhöhe beträgt zwischen 50 m und 626 m, typischerweise zwischen 200 m und 300 m.
- Alle Kraftwerke sind vor mindestens 30 Jahren gebaut worden, mit Ausnahme des größten Kraftwerks Goldisthal in Südthüringen, dessen Planungen aber auch bis in die 1980er Jahre zurückreichen.

Weitere 4,1 GW Pumpspeicherkraftwerke befinden sich derzeit in Planung; ihre Realisierung ist ungewiss[61].

Tab. 3.2 gibt detaillierte Angaben zu den in Deutschland bestehenden Pumpspeicherkraftwerken.

Pumpspeicherkraftwerke können seit dem Ausbau der erneuerbaren Stromproduktion nicht mehr so profitabel eingesetzt werden: Früher kauften die Pumpspeicherkraftwerke nachts und am Wochenende billig Strom ein (v.a. aus Kern- und Braunkohlekraftwerken, die nur schwer regelbar sind) und verkauften ihn teurer um die Mittags- und frühe Abendzeit. Von der Preisdifferenz wurden die Investitions- und Betriebskosten der Pumpspeicherkraftwerke gedeckt. Inwieweit Pumpspeicherkraftwerke bei den derzeitigen Marktbedingungen rentabel betrieben werden können, ist strittig: Photovoltaik nimmt häufig die profitable Mittagsspitze weg und bei Starkwind entfällt zudem die profitable Abendspitze. Deshalb und wegen des starken Ausbaus der erneuerbaren Stromproduktion sind die Differenzen zwischen hohem und niedrigem Stromverbrauch kleiner und unregelmäßiger geworden. Viele geplante Pumpspeicherprojekte sind deshalb in Deutschland zurückgestellt worden.

Tab. 3.2 : Pumpspeicherkraftwerke in Deutschland

Nr. in Abb. 3.2		(1) Inbetriebnahme	(2) Betreiber	(3) Fallhöhe [m]	(4) Turbine [GW]	(5) Speichergröße [GWh]	(6) Betriebsdauer [h]
1	Geesthacht	1958	Vattenfall	83	0,12	0,60	5,0
2	Erzhausen	1964	E.ON	293	0,22	0,94	4,3
3	Wendefurth	1967	Vattenfall	126	0,08	0,52	6,5
5	Koepchenwerk	1930	RWE	165	0,15	0,59	3,9
7	Rönkhausen	1969	Mark-E	266	0,14	0,69	4,9
8	Waldeck I	1931	E.ON	296	0,14	0,48	3,4
9	Waldeck II	1974	E.ON	329	0,44	3,43	7,8
10	Niederwartha	1930	Vattenfall	143	0,12	0,59	4,9
11	Goldisthal	2003	Vattenfall	302	1,06	8,48	8,0
12	Hohenwarte I	1959	Vattenfall	57	0,06	0,80	12,7
13	Hohenwarte II	1966	Vattenfall	304	0,32	2,09	6,5
14	Bleiloch	1926	Vattenfall	50	0,08	0,75	9,4
16	Markersbach	1979	Vattenfall	288	1,05	4,02	3,8
17	Langenprozelten	1976	Dt. Bahn	310	0,16	0,59	3,7
18	Happurg	1958	E.ON	212	0,16	0,90	5,6
19	Pfreimd-Tanzmühle	1951	GDF Suez	122	0,04	0,40	2,9
20	Pfreimd-Reisach	1951	GDF Suez	188	0,11		
21	Forbach SBW	1926	EnBW	368	0,05	0,20	4,3
22	Glems	1964	EnBW	292	0,09	0,56	6,2
23	Hornbergstufe/Wehr	1975	RWE/EnBW	626	0,91	6,07	6,7
24	Säckingen	1967	RWE/EnBW	413	0,36	2,06	5,7
25	Häusern	1931	RWE/EnBW	205	0,10	0,46	4,6
26	Witznau	1943	RWE/EnBW	250	0,22	0,63	2,8
27	Waldshut	1951	RWE/EnBW	160	0,15	0,40	2,7
28	Leitzachwerk 1	1929	SW München	128	0,05	0,55	11,2
29	Leitzachwerk 2	1960	SW München	127	0,04	0,55	12,5
30	Deggendorf	1919	Kraftw. Rusel	220	0,014	?	?
	Summe				6,4	37,4	5,8

Quellen: [Stromversorgung 2009, S. 25]; [Pumpspeicher 2012a], Stand 2012. Zzgl. Pumpspeicherkraftwerke mit je weniger als 0,012 GW installierter Leistung, die in der Summe weniger als 0,1 GW installierte Leistung haben. Zu allgemeinen Informationen siehe [Pumpspeicher 2012].

Seit 1977 ist bei Bremen eine Gleitdruck-Luftspeicher-Gasturbine in Betrieb. Luftspeicher können, im Gegensatz zu hydraulischen Pumpspeichern, auch in flachen Küstengegenden installiert werden, wobei natürliche Salzkavernen als Luftspeicher genutzt werden. Dabei werden durch die Erwärmung und Abkühlung der Luft im Inneren der Salzkaverne beträchtliche Salzmengen gelöst, deren Entsorgung bisher ungelöst ist. Zudem haben derartige reine Luftspeicher einen geringen Gesamtwirkungsgrad von nur ca. 35%. Deshalb werden sie üblicherweise in Kombination mit Gastturbinen gebaut.

Durch den Einsatz von Pumpspeicherkraftwerken sowie durch Last- und Erzeugungsmanagement können Überschüsse und Defizite bei der Stromversorgung ausgeglichen werden und ein nicht nutzbarer Stromüberschuss häufig vermieden werden. Zudem werden so bestehende konventionelle Kraftwerke, die auch 2020 noch für die Lastdeckung benötigt werden, entlastet, da häufige An- und Abfahrvorgänge reduziert und Lastgradienten gemildert werden.

Abb. 3.3 zeigt die Vergleichmäßigung der Stromproduktion durch Pumpspeicher.

Abb. 3.3 : Vergleichmäßigung der Stromproduktion durch Pumpspeicher

(a) Residuallast ohne Pumpspeicher, Last- und Erzeugungsmanagement

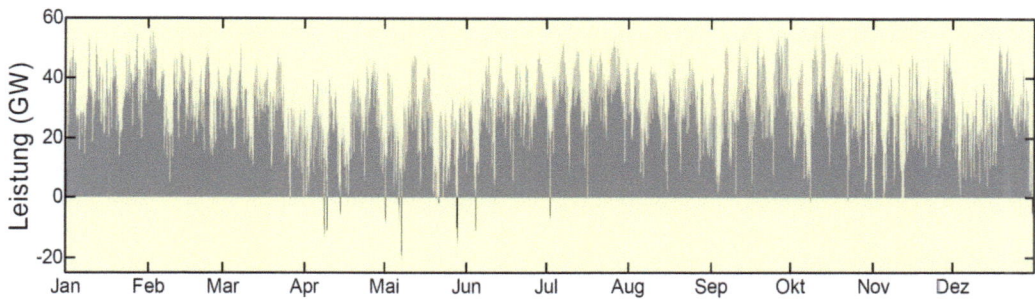

(b) Residuallast mit Pumpspeicher, Last- und Erzeugungsmanagement

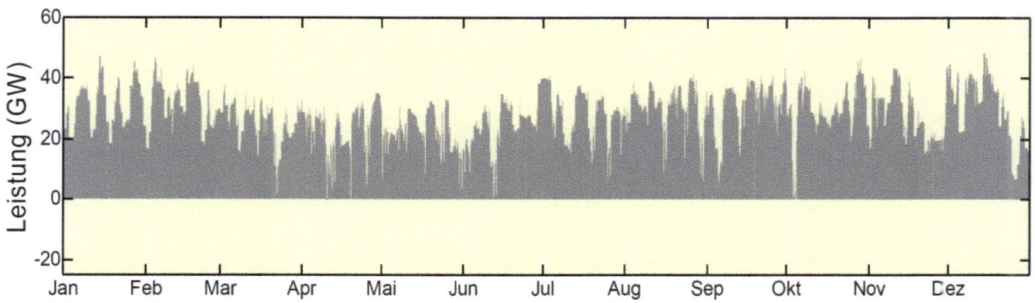

Quelle: [Leitstudie 2010, S. 19, Abb. 10, Basisszenario 2010 A, Wetterjahr 2006].

Für den Ausgleich von Stromverbrauch und Stromangebot sollen zukünftig Möglichkeiten der Stromspeicherung in Norwegen genutzt werden. Norwegen hat nämlich viele gut regelbare Laufwasserkraftwerke mit sehr hoher Turbinenleistung: Bei Stromüberschuss wird der Wasserdurchfluss und damit die Stromproduktion reduziert, bei Stromdefizit wird der Wasserdurchfluss und damit die Stromproduktion erhöht. Die Erschließung von zusätzlichen (Pump-)Speicherkapazitäten in

Norwegen ist eine vielversprechende Zukunftsoption, die allerdings neue HGÜ-Leitungen durch die Nordsee erfordert.[62]

Der Speichereffekt, den diese Laufwasserkraftwerke ermöglichen, wird derzeit deutlich erhöht durch schrittweisen Umbau der Laufwasserkraftwerke in Pumpspeicherkraftwerke, indem entlang der Flüsse zusätzliche Speicherbecken errichtet werden.

Zukunftsplanungen sehen vor, dass in mehreren 100 m Tiefe, z.B. in stillgelegten Bergwerken, künstliche Unterbecken geschaffen werden, und als Oberbecken Flüsse oder Seen dienen.

Aus technischen, wirtschaftlichen und ökologischen Gründen ist es am besten, wenn das Gesamtsystem aus erneuerbaren und konventionellen Kraftwerken inklusive Stromspeichern den Stromverbrauch deckt.[63] Diese Strategie führt gegenüber Stromspeichern, die ausschließlich erneuerbaren Strom speichern, zu einem erheblich besseren stromwirtschaftlichen Systemverhalten.

(2) Batteriespeicher

Batteriespeicher können nahe der lokalen Stromproduktion installiert werden und ermöglichen, dass trotz stark fluktuierender Stromproduktion im Tagesverlauf Strom bedarfsgerecht angeboten werden kann: Bei Stromüberschuss wird Strom dezentral nahe dem Windkraftwerk in Batterien gespeichert, bei Stromdefizit kann dann daraus gesichert, also unabhängig von der momentanen Windstromproduktion, Strom ins Netz eingespeist werden.

So wurde 2014 in Schwerin Europas erster kommerzieller Batteriespeicher mit einer Leistung von 5 MW und einer Speicherkapzität von 5 MWh in Betrieb genommen[64], ein Quantensprung gegenüber den bisher verfügbaren Batteriespeichern im Bereich von 0,1 MW.

3.2.2 Ausgleich durch Langzeitstromspeicher: Power to Gas

Kurzzeitstromspeicher wie Pumpspeicherkraftwerke, Druckluftspeicher oder Batteriesysteme können Stromüberschüsse der Wind- und Photovoltaikstromproduktion nur für wenige Stunden schließen bzw. Stromdefizite nur für wenige Stunden überbrücken. Für längere Zeiträume sind diese Stromspeichertechnologien ungeeignet, weil z.B. Pumpspeicherkraftwerke dann extrem große Wasserbecken bräuchten, die sehr selten genutzt würden, und deshalb eine extrem niedrige Benutzungsdauer hätten.

Zur Langzeitspeicherung von Überschussstrom dient die Umwandlung von Strom in Gas mittels Elektrolyse. Dabei wird aus Wasser Wasserstoff erzeugt, siehe Kasten 3.2.

Seit Längerem wird auch die Erzeugung von Gas nahe von Windkraftwerken diskutiert, um so über Rückverstromung von dort erzeugtem erneuerbarem Gas eine gleichmäßige erneuerbare Stromproduktion zu ermöglichen.[65]

Erneuerbarer Wasserstoff kann zu geringen Prozentanteilen in das bestehende Erdgasnetz eingespeist werden, er kann aber auch dezentral genutzt werden z.B. an Tankstellen oder in der chemischen Industrie. Größere Mengen von Wasserstoff müssen mit hohem Energieaufwand in Methan umgewandelt werden. Das Methan kann dann in größeren Mengen in das bestehende Erdgasnetz eingespeist werden oder durch Verflüssigung gespeichert werden.

> **Kasten 3.2 : Langzeitspeicherung durch erneuerbare Gaserzeugung (Power to Gas)**
>
> Power to X bezeichnet Technologien, die die Nutzung von erneuerbaren Stromüberschüssen ermöglichen. Von zentraler Bedeutung sind derzeit Power to Heat (vgl. Kasten 3.3) und Power to Gas.
>
> Power to Gas beschreibt das Verfahren zur Erzeugung von Wasserstoff durch Elektrolyse und die weitere Verarbeitung zu erneuerbarem Methan. Dabei wird überschüssiger Wind- und Solarstrom genutzt. Der erzeugte Wasserstoff kann in der Industrie oder in Brennstoffzellen direkt eingesetzt oder durch Hinzufügen von Kohlendioxid methanisiert werden. Das erneuerbare Gas entspricht chemisch herkömmlichem Erdgas.
>
> Die größten Herausforderungen für den Einsatz von Power to Gas sind die Steigerung der Wirkungsgrade beim Umwandlungsprozess, die Kostenreduktion von Elektrolyseanlagen und ein flexibler Betrieb, der die gezielte Nutzung von Stromüberschüssen ermöglicht und das Entstehen einer zusätzlichen Stromnachfrage vermeidet.
>
> Von Vorteil ist, dass die vorhandene Erdgasinfrastruktur als Speicher genutzt werden kann.

Quelle: Basierend auf [Zimmermann 2015, S. 24]; zu weiteren Informationen siehe [Rentzing 2016a].

Durch diese erneuerbare Gasproduktion können die Stromüberschüsse für eine jederzeit gesicherte Stromversorgung genutzt werden:

- Stromüberschüsse können gespeichert werden.
- Stromdefizite können durch Rückverstromung des Gases ausgeglichen werden.

Da Verluste bei der Umwandlung in Wasserstoff bzw. Methan unvermeidlich sind und deshalb zusätzliche Kosten verursachen, sollten zuvor alle anderen preiswerteren Verfahren der direkten Nutzung von erneuerbarem Strom durch Lastmanagement oder Pumpspeicher eingesetzt werden, da sie meist mit geringeren Energieverlusten und niedrigeren Kosten verbunden sind.

Noch grundsätzlich ungelöst sind die technischen und ökonomischen Möglichkeiten eines intermittierenden Betriebs von Elektrolyseuren und der Methanisierung, wenn nur erneuerbarer Strom oder gar nur kurzzeitige Überschüsse aus erneuerbarem Strom genutzt werden sollen[66]. Deshalb ist eine Weiterentwicklung von Elektrolyse und Methanisierung erforderlich und es sind Demonstrationsanlagen in großtechnischem Maßstab zu errichten.[67]

3.3 Ausgleich durch Stromhandel

Grundsätzlich kann es in einem funktionierenden Strommarkt keinen Stromüberschuss geben, da sich am Markt genau der Strompreis ergibt, der Angebot und Nachfrage in ein Gleichgewicht bringt. Die großen konventionellen Kraftwerksblöcke sind aber für Dauerbetrieb ausgelegt.[68] Ein häufiges Hinauf- und Herunterregeln führt nicht nur zu einem erhöhten Brennstoffverbrauch, sondern auch zu zusätzlichen Abnutzungen. Ihre kurzfristigen Grenzproduktionskosten sind negativ, Kraftwerksbetreiber sind deshalb im Einzelfall sogar bereit, Geld für einen kurzfristigen Weiterbetrieb zu bezahlen.

Weil die konventionellen Kraftwerksblöcke nicht entsprechend heruntergeregelt werden[69], kommt es bei einem weiteren Ausbau der erneuerbaren Kraftwerke immer häufiger zu einem Stromüberschuss.

3.3.1 Stromexport kann Stromüberschuss reduzieren

Regionale Stromüberschüsse werden schon derzeit in anderen deutschen Regionen verbraucht und zudem ins Ausland exportiert. Bei wachsendem Ausbau der erneuerbaren Stromproduktion resultieren aber immer häufiger gesamtdeutsche Stromüberschüsse. Diese Stromüberschüsse werden dann exportiert, was zu immer größeren deutschen Stromexporten führt. So werden von der Bundesnetzagentur für 2025 deutsche Stromexporte (brutto) in Höhe von 15% des deutschen Stromverbrauchs prognostiziert.[70]

Bereits heute sind z.B. die Länder Deutschland, Belgien, Niederlande, Luxemburg, Frankreich, Österreich und Schweiz durch starke Höchstspannungsleitungen miteinander verbunden. Die Stromverbrauchsspitzen dieser Länder haben einen erheblichen Zeitversatz, sodass durch diesen Leitungsverbund ein erhebliches Ausgleichspotenzial genutzt werden kann. Dies ist der tieferliegende Grund dafür, dass z.B. die GRÜNEN Energieminister[71] jedweden Netzausbau als unabdingbar für den weiteren Ausbau der erneuerbaren Stromproduktion und für die Energiewende erachten, weil sie so eine Möglichkeit sehen, deutsche Stromüberschüsse europaweit transportieren zu können.

Laut einer aktuellen Studie können durch einen verstärkten Stromverbund auch bei einem weiteren Ausbau der erneuerbaren Stromproduktion Stromüberschüsse weitgehend vermieden werden, "während dies auf nationaler Ebene jedes Jahr der Fall wäre"[72]. Dies gilt allerdings gemäß dieser Untersuchung nur, wenn – im Gegensatz zur aktuellen Planung in Deutschland[73] – bei hoher erneuerbarer Stromproduktion alle konventionellen Kraftwerke abgeschaltet würden[74]. Ein Export von Überschussstrom in benachbarte Länder wird aber zukünftig immer seltener möglich sein, da in diesen Ländern ebenfalls die erneuerbare Stromproduktion ausgebaut wird und eine hohe zeitliche Korrelation zwischen der erneuerbaren Stromproduktion dieser Länder besteht.

Als mittelfristige Lösung für ein temporäres Überschussproblem wird der Aufbau eines neuen europaweiten Super-Stromnetzes diskutiert, mit dem ein Stromüberschuss über große Entfernungen in weit entfernte Regionen mit anderen zeitlichen Strukturen von Stromproduktion und Stromverbrauch transportiert werden könnte. Inwieweit ein massiver europaweiter Netzausbau für die Integration von erneuerbarem Strom eine sinnvolle und kostengünstige Lösung ist, wurde bisher nicht untersucht. Bisher gibt es nur Planungen bei unbeschränkter zeitgleicher Produktion von konventionellen Kraftwerken. Für Europa werden bis 2030 rund 27.000 km neue Freileitungen, knapp 2.000 km Erdkabel an Land und gut 19.000 km Seekabel vorgeschlagen bei Gesamtkosten von rund 150 Mrd. €.[75] Ein derartiger Leitungsneubau erscheint weder umsetzbar noch wirtschaftlich zumutbar.

In jedem Fall müssten die daraus resultierenden einzel- und gesamtwirtschaftlichen Kosten in Bezug gesetzt werden zu den Alternativen, die in Kap. 6 erläutert werden.

3.3.2 Stromimport kann niedrige erneuerbare Stromproduktion nicht ausgleichen

Mittelfristig könnte bei sehr niedriger erneuerbarer Stromproduktion ein Stromdefizit auftreten wegen dann fehlender konventioneller Reservekraftwerksleistung.[76] Erwartete Stromdefizite können grundsätzlich auch durch zusätzliche Stromimporte ausgeglichen werden. So werden etwa bei einer

Kap. 3 : Ausgleich von Stromverbrauch und Stromproduktion

Begrenzung der deutschen Kohlestromproduktion bereits im Jahr 2025 jährliche Stromimporte (brutto) von 17% des deutschen Stromverbrauchs prognostiziert.[77]

Auch bei einer Verknüpfung von ganz Nordwesteuropa durch ein neues Super-Stromnetz würden z.B. die nordwesteuropäischen Offshore-Windkraftwerke pro Jahr insgesamt rund vier Wochen lang weniger als 2% ihrer insgesamt installierten Leistungen erzeugen.[78] Zur Abdeckung von längeren Dunkelflauten müssten also in jedem Fall die neuen Leitungen weit über Nordwesteuropa hinausgreifen, um ganz unterschiedliche Wetterzonen miteinander zu verknüpfen. Dies ist mit enormen Kosten verbunden, wie DESERTEC[79] gezeigt hat, und es sind geringe Auslastungen zu erwarten, da diese Netze nicht zur Versorgung einzelner Länderregionen genutzt werden, sondern nur zum Ausgleich von stark fluktuierenden Stromüberschüssen und Stromdefiziten.

Zur Sicherstellung der Stromversorgung nach Abschaltung der süddeutschen Kernkraftwerke wird ein stärkerer Einsatz von norwegischen Wasserkraftwerken vorgeschlagen und damit die Notwendigkeit von neuen innerdeutschen Leitungen begründet: "Lediglich der über neue Netze wie SuedLink u.a. nach Bayern transportierte Strom aus Wind- und norwegischer Wasserkraft kann helfen, dass in den nächsten Jahren auch in Bayern alle Atomkraftwerke abgeschaltet werden können."[80] Hierfür wären in jedem Fall neue Stromleitungen von Norwegen nach Norddeutschland erforderlich. Derzeit wird aber nur das Projekt NordLink mit 1,4 GW Übertragungsleistung weiterverfolgt[81], weitere Planungen wurden wegen mangelnder prognostizierter Auslastung und damit zu geringer Rentabilität zurückgestellt.

Für die Weiterleitung des norwegischen Reservestroms nach Süden steht bei Dunkelflaute in jedem Fall das bestehende Stromnetz zur Verfügung, da dann in Deutschland nur sehr wenig erneuerbarer Strom ins Netz eingespeist wird. Ein Leitungsneubau innerhalb Deutschlands wäre also hierfür jedenfalls im ersten Schritt nicht erforderlich. Leider gibt es bisher keinerlei Untersuchungen, ab welcher Größenordnung einer norwegischen Reserveleistung neue Leitungen in Deutschland erforderlich wären.

Der Ausgleich von Stromverbrauch und Stromproduktion würde sicher erleichtert, wenn Strom aus solarthermischen Kraftwerken, dessen Produktion über Wärmespeicher zeitlich verlagert und verstetigt werden kann, in größerem Umfang importiert werden könnte. Für einen europaweiten Ausgleich und den Import von Solarstrom aus Nordafrika wäre in 2030 eine zusätzliche HGÜ-Übertragungsleistung zwischen Deutschland und den Nachbarländern von 13,8 GW erforderlich, mehr als eine Verdoppelung gegenüber den in 2012 in Drehstromtechnologie existierenden 11,7 GW[82]: Hierfür müssten alleine in Deutschland 10 neue HGÜ-Leitungen gebaut werden. In ganz Europa wäre gemäß diesen Berechnungen eine zusätzliche HGÜ-Übertragungsleistung von 54,3 GW erforderlich, davon 11,2 GW bis nach Nordwestafrika. Bis 2050 wären weitere 188 GW HGÜ-Übertragungsleistung erforderlich, davon 68 GW bis nach Nordwestafrika.[83] Ein derartiger Leitungsneubau erscheint weder umsetzbar noch wirtschaftlich zumutbar.

In jedem Fall müssen jeweils die daraus resultierenden einzel- und gesamtwirtschaftlichen Kosten in Bezug gesetzt werden zu den Alternativen, die in Kap. 6 erläutert werden.

Bei einem deutschlandweiten Mangel an Reservekraftwerken kann durch einen innerdeutschen Leitungsneubau dieses Stromdefizit nicht behoben werden. Auch die Nachbarländer bauen die erneuerbaren Energien massiv aus, sodass auch dort mit einer deutlichen Reduzierung bestehender Kraftwerke zu rechnen ist. Deshalb werden auch die Nachbarländer Deutschlands langfristig bei niedriger erneuerbarer Stromproduktion Kraftwerksknappheit haben.

Ergebnis:

Ein europaweites Super-Stromnetz wäre extrem teuer, würde eine sehr niedrige Benutzungsdauer haben und könnte überregionale Kraftwerksknappheiten bestenfalls mildern. In keinem Fall könnte internationaler Stromhandel überregionale konventionelle Kraftwerksknappheiten und dadurch verursachte kritische Versorgungssituationen beheben. Spätestens dann ist also der Bau zusätzlicher Reservekraftwerke insbesondere in Süddeutschland erforderlich.[84]

3.4 Anpassung des Stromverbrauchs

Die privaten Stromverbraucher bestimmen bis heute weitgehend autonom den zeitlichen Verlauf ihres Stromverbrauchs, und zwar unabhängig von der momentanen Situation der Stromproduktion und den Stromproduktionskosten. Anders ist das bei gewerblichen Großkunden, die Zeitfenster für hohe und für niedrige Leistungsabnahmen vereinbaren können.

3.4.1 Nachfragemanagement

Das Nachfragemanagement (auch als 'Laststeuerung' oder 'Demand Side Management' bezeichnet) ist eine Möglichkeit, zunehmenden Schwankungen in der Stromproduktion durch flexible Nachfragesteuerung zu begegnen:

Bei einem erwarteten **Stromüberschuss** werden Verbraucher z.B. über niedrigere Strompreise zu einem höheren Stromverbrauch animiert. Dabei wird entweder der Stromverbrauch zeitlich verlagert oder andere Energieträger werden durch Strom ersetzt:

- Bei einer zeitlichen Verlagerung des Stromverbrauchs wird ein später geplanter Stromverbrauch zeitlich vorgezogen: Z.B. kühlen Kühlhäuser bei einem Stromüberschuss und entsprechend niedrigeren Strompreisen stärker als üblich.
- Bei einer Substitution anderer Energieträger durch Strom wird z.B. vorübergehend warmes Wasser durch elektrische Heizstäbe in Heizkesseln erzeugt statt durch Verbrennung von Erdgas oder Heizöl (siehe das anschließende Kap. 3.4.2).

Bei einem erwarteten **Stromdefizit** werden Stromverbraucher animiert, ihren Stromverbrauch zu reduzieren. Dabei wird wiederum der Stromverbrauch entweder zeitlich verlagert oder Strom wird durch andere Energieträger ersetzt:

- Bei einer zeitlichen Verlagerung des Stromverbrauchs wird ein momentan geplanter Stromverbrauch zeitlich nach hinten verschoben: Zum Beispiel könnten Kühlhäuser bei einem Stromdefizit und entsprechend höheren Strompreisen momentan weniger stark kühlen als üblich.
- Bei einer Substitution von Strom durch andere Energieträger wird z.B. bei hybriden Plug-in-Elektrofahrzeugen der Verbrennungsmotor statt des Elektromotors genutzt.

Abb. 3.4 zeigt eine Potenzialabschätzung des Nachfragemanagements. Für das Nachfragemanagement gibt es verschiedene Ansätze und Möglichkeiten, insbesondere in den Bereichen der stromintensiven Industriezweige und der Haushalte.[85] So könnten z.B. über den gesteuerten Verbrauch von erneuerbarem Strom die Fluktuationen der Stromversorgung stark gedämpft werden.

Das Nachfragemanagement erfordert eine intelligente Einbindung von Elektrofahrzeugen, Klimaanlagen und Wärmepumpen in ´Smart Grids´ und die Bereitschaft der Verbraucher zum zeitlich flexiblen Stromverbrauch; preisliche Anreize dürften diese Bereitschaft erhöhen.

Durch Nachfragemanagement kann der Stromverbrauch gesenkt oder erhöht werden:

- Stromverbrauchssenkung durch Nachfragemanagement (in Abb. 3.4 mit "neg. Beitrag" bezeichnet): Der Stromverbrauch kann z.B. bei Dunkelflauten im gezeigten Umfang abgesenkt werden, um so Stromdefizite zu vermeiden.
- Stromverbrauchserhöhung durch Nachfragemanagement (in Abb. 3.4 mit "pos. Beitrag" bezeichnet): Der Stromverbrauch kann z.B. in Starkwindperioden im gezeigten Umfang erhöht werden, um so Überschüsse der erneuerbaren Stromproduktion nutzen zu können.

Auch im idealen Einsatz löst das Nachfragemanagement zwar nicht das Problem der Speicherung, weil nicht jeder Stromverbrauch aus Zeiten mit niedriger erneuerbarer Stromproduktion auf Zeiten mit hoher erneuerbarer Stromproduktion verschoben werden kann.[86] Jedoch verspricht Nachfragemanagement mittels Nachfragesteuerung einen signifikanten Beitrag zur Sicherstellung der Stromversorgung, insbesondere bei weiterem Ausbau von erneuerbaren Kraftwerken und damit weiter wachsenden Stromproduktionsschwankungen.

Abb. 3.4 : Potenzial des Nachfragemanagements

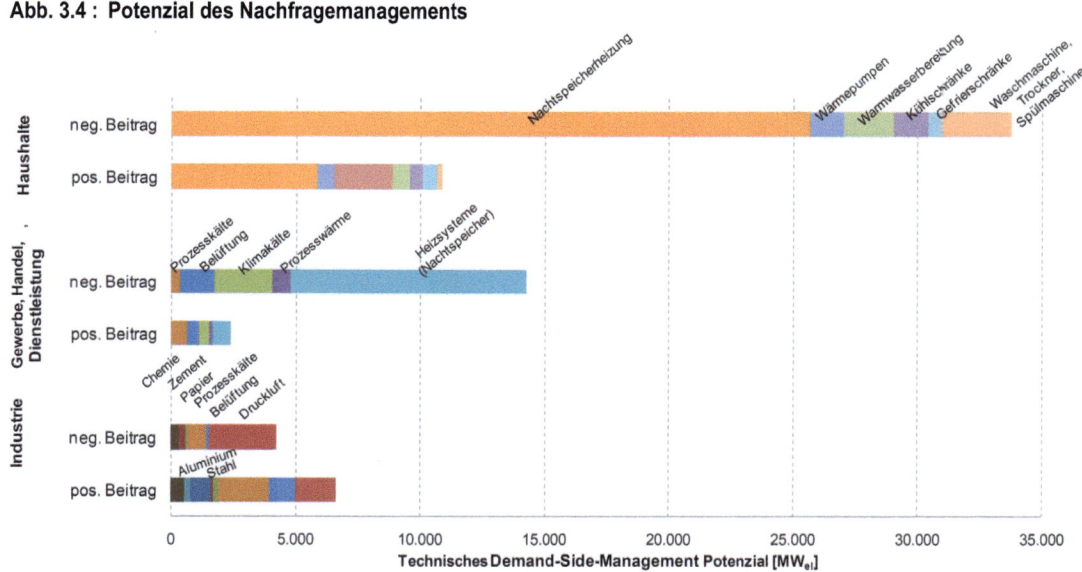

Quelle: [Leitstudie 2011, S. 193, Abb. 6.33].

3.4.2 Nutzung von Stromüberschüssen zur Wärmeerzeugung: Power to Heat

Kasten 3.3 zeigt die Nutzung von Stromüberschüssen zur Wärmeerzeugung (Power to Heat).

> **Kasten 3.3 : Nutzung von Stromüberschüssen zur Wärmeerzeugung (Power to Heat)**
>
> Power to X bezeichnet Technologien, die die Nutzung von erneuerbaren Stromüberschüssen ermöglichen. Von zentraler Bedeutung sind derzeit Power to Heat und Power to Gas (siehe den früheren Kasten 3.2).
>
> Bei Power to Heat wird erneuerbarer Strom in Wärme umgewandelt, die in Heizungsanlagen und für die Warmwasserbereitung, etwa zur Einspeisung in Fernwärmenetze, genutzt werden kann. Von Vorteil ist, dass die vorhandene Heizungsinfrastruktur genutzt werden kann. Auch in Privathaushalten kann erneuerbarer Überschussstrom sehr einfach genutzt werden durch Einbau eines Heizstabs in die Heizungsanlage. Die Nutzung von erneuerbarem Strom für Wärmerzeugung lohnt sich derzeit in der Regel nur bei niedrigen Börsenstrompreisen.
>
> Bei vermehrtem Einsatz von Power to Heat kann günstig negative Regelleistung bereitgestellt werden.

Quelle: Basierend auf [Zimmermann 2015, S. 23]. Zu weiteren Informationen siehe [Agora 2014], [FVVE 2015], [BWE 2015], [Rentzing 2016].

Wie gezeigt, kommt es bei wachsendem Ausbau der erneuerbaren Stromerzeugung immer häufiger zu momentanen Stromüberschüssen. Dadurch sinken die Strompreise an der Börse auf Werte nahe 0 Cent pro kWh. Bei einem erwarteten **Stromüberschuss** könnten dann Verbraucher z.B. über niedrigere Strompreise zu einem höheren Stromverbrauch animiert werden. Dabei werden andere Energieträger wie Heizöl oder Erdgas durch Strom ersetzt. In bestehende Heizkessel können sehr kostengünstig elektrische Heizstäbe eingebaut werden. Bei Stromüberschüssen und entsprechend niedrigen Strompreisen wird dann statt durch Verbrennung von Erdgas oder Heizöl durch diesen Überschussstrom warmes Wasser für Brauchwasser und Heizung erzeugt.

Welche Strompreise der Endverbraucher bezahlen muss, hängt von der Preisgestaltung seines Stromversorgers ab. Falls der örtliche Stromlieferant den momentan niedrigen Börsenstrompreis an seine Kunden weitergibt, resultiert bei angemessener Berücksichtigung von anteiligen Netzkosten ein sehr niedriger Strompreis. Voraussetzung ist eine intelligente Stromverbrauchssteuerung beim Endverbraucher, die in Abhängigkeit von momentanen Preissignalen des Stromversorgers den Einsatz der elektrischen Heizstäbe zur Warmwasserbereitung steuert (Smart Meter).

Beispiel:

- Heizöl kostete in Deutschland von 2011 bis 2014 über 80 Cent pro Liter (inkl. MWSt, bei einer haushaltsüblichen Abnahmemenge von 3.000 Liter), in der Spitze fast 100 Cent pro Liter. Von Ende 2014 bis Anfang 2016 ist der Preis bei sehr starken Schwankungen auf unter 50 Cent pro Liter gefallen. Für die weiteren Berechnungen wird beispielhaft von 80 Cent pro Liter Heizöl ausgegangen.
- Ein Liter Heizöl hat einen Energiegehalt von rund 10 kWh. Durch Verbrennung kann man daraus rund 8 kWh warmes Wasser erzeugen. Bei einem Heizölpreis von 80 Cent pro Liter Heizöl kostet die Erzeugung von warmem Wasser also 10 Cent pro kWh (= 80 Cent pro Liter Heizöl / 8 kWh pro Liter Heizöl).
- Aus 1 kWh Strom kann man weitgehend verlustfrei 1 kWh warmes Wasser erzeugen.
- Der örtliche Stromlieferant kann den Überschussstrom zu Börsenpreisen nahe 0 Cent pro kWh einkaufen. Welchen Teil seiner weitgehend fixen Netz- und Verwaltungskosten der örtliche Stromlieferant diesem Überschussstrom anlastet, hängt von seiner Preiskalkulation ab. Falls für

Power to Heat das bestehende Stromversorgungsnetz grundsätzlich ausreicht ohne Notwendigkeit eines nennenswerten Netzausbaus, dürfte der örtliche Stromlieferant dem Überschussstrom eigentlich keine nennenswerten Netzkosten anlasten.

- Falls der örtliche Stromlieferant den Überschussstrom zu Preisen unter 10 Cent pro kWh seinem Kunden anbieten kann, dann rentiert sich die Nutzung des Stromüberschusses für die momentane Warmwassererzeugung.

Falls den Photovoltaikanlagen keine Netzkosten angelastet werden, rentiert sich die Warmwasserbereitung durch Photovoltaikstrom, falls die Photovoltaikstromproduktion weniger als 10 Cent pro kWh kostet, also ein Wert, der zukünftig für Neuanlagen durchaus nicht unrealistisch ist.

Für die betriebswirtschaftliche Konkurrenzfähigkeit der Nutzung von erneuerbaren Stromüberschüssen zur Wärmeerzeugung ist von großer Bedeutung, ob hierfür stattliche Abgaben wie EEG-Umlage, Stromsteuer etc. anfallen.

Für die volkswirtschaftliche Konkurrenzfähigkeit müssen zudem alle material- und Energiekosten für Herstellung und für Betrieb berücksichtigt werden sowie die jeweiligen Umweltauswirkungen.

3.4.3 Elektrofahrzeuge als abschaltbare Stromverbraucher

Bei Elektrofahrzeugen muss zwischen reinen und hybriden Elektrofahrzeugen unterschieden werden:

- Hybride Plug-in-Elektrofahrzeuge haben einen Elektromotor mit Batterie und zudem einen herkömmlichen Verbrennungsmotor mit Treibstofftank. Das klingt für die stark fluktuierende Wind- und Photovoltaikstromproduktion besonders verlockend: Die Batterien der hybriden Plug-in-Elektrofahrzeuge werden grundsätzlich mit Wind- und Photovoltaikstrom geladen, nur bei längeren Fahrten oder bei niedriger Wind- und Photovoltaikstromproduktion nutzt das hybride Plug-in-Elektrofahrzeug seinen Verbrennungsmotor.

    Aus Sicht der Stromversorgung sind hybride Plug-in-Elektrofahrzeuge günstig für die Integration von erneuerbarem Strom, weil bei momentan niedriger erneuerbarer Stromproduktion oder längeren Fahrten der Verbrennungsmotor einspringt, der vom Autokäufer bezahlt wird (vgl. Kasten 3.4).

- Hingegen müssen bei reinen Elektrofahrzeugen für längere Zeiten mit niedriger erneuerbarer Stromproduktion zusätzliche Reservekraftwerke installiert werden, die von allen Stromverbrauchern bezahlt werden müssten. Zudem müssen für längere Fahrten größere Batterien oder ein dichtes Netz von Schnellladestromtankstellen vorgehalten werden.

Für Elektrofahrzeuge rechnet man mit einem Verbrauch von maximal 20 kWh Strom pro 100 km (entsprechend dem Energieinhalt von rund zwei Litern Treibstoff). Bei einer durchschnittlichen Fahrleistung von 15.000 km pro Jahr entspricht dies einem Jahresverbrauch von 3.000 kWh, etwa dem Stromverbrauch eines durchschnittlichen deutschen Haushalts mit zwei bis drei Personen. Eine Flotte mit 10 Millionen Elektrofahrzeugen würde dann bei reinem Elektrobetrieb jährlich 30 TWh verbrauchen, das sind knapp 6% des heutigen deutschen Strombedarfs.

Elektromobilität ist in großem Umfang nur sinnvoll zu Zeiten überschüssigen erneuerbaren Stroms. Zur Vermeidung neuer Reservekraftwerke für Dunkelflauten sind hybride Plug-in-Elektrofahrzeuge erforderlich, deren Benzinmotoren eine Art Reservekraftwerk bilden (siehe Kasten 3.4). Voraussetzung für eine kostengünstige Nutzung von Elektrofahrzeugen als abschaltbare Stromverbraucher ist in jedem Fall die Nutzung des bestehenden Stromversorgungsnetzes ohne Notwendigkeit eines nennenswerten Netzausbaus.

Kasten 3.4 : Elektrofahrzeuge als abschaltbare Verbraucher und Stromspeicher?

Eine Zunahme der Elektromobilität bietet Möglichkeiten, die Integration des erneuerbaren Stroms in das Stromversorgungssystem und die Anpassung des gesamten Energiesystems an die zukünftigen Anforderungen zu unterstützen. Denn einerseits kann der Stromverbrauch, also der Ladevorgang, zeitlich innerhalb bestimmter Grenzen variiert werden, sodass Stromüberschüsse zwischengespeichert werden können. Andererseits besteht die Möglichkeit, Strom aus den Batterien zurück ins Netz zu speisen. Im Jahr 2010 wurde gemäß dem nationalen Entwicklungsplan der Elektromobilität bis 2020 mit rund 1,2 Mio. Elektrofahrzeugen gerechnet[87], schon damals eine sehr optimistische Annahme, die aus Sicht des Jahres 2016 wohl nicht erfüllt werden wird.

Das Haupthindernis sind die fehlenden langlebigen Batterien mit ausreichend hoher Kapazität zu bezahlbaren Kosten. Z.B. hat der Plug-in Toyota Prius nur eine Batteriekapazität von 5,2 kWh für den Ausgleich kurzzeitiger Leistungsüberschüsse und kann rein elektrisch in der Praxis weniger als 25 km weit fahren.[88] Die Plug-in-Variante kostet über 10.000 € mehr als der normale Prius ohne Plug-in-Fähigkeit mit einer Batteriekapazität von 1,3 kWh, der rein elektrisch rund 2 km fahren kann. Der Plug-in Golf hat eine Batteriekapazität von 8,8 kWh und kann rein elektrisch in der Praxis weniger als 25 km weit fahren. Der Plug-in Nissan Leaf hat 24 kWh Batteriekapazität und kostet mindestens 15.000 € mehr als ein vergleichbares Fahrzeug ohne Elektroantrieb.

10 Mio. Elektrofahrzeuge (also etwa ein Fünftel der insgesamt in Deutschland zugelassenen rund 50 Mio. Fahrzeuge) hätten rund 100 GWh Speicherkapazität. Damit könnte theoretisch der gesamte Stromverbrauch in Deutschland für etwa 2 Stunden abgedeckt werden, womit z.B. eine unvorhergesehene deutschlandweite Flaute für einige Stunden abgefangen werden kann, in jedem Fall so lange, bis ausreichend Reservekraftwerke ans Netz gebracht sind.

Ein dreiphasiger Steckdosenanschluss, der in jedem Haus möglich ist, kann etwa 10 kW elektrische Leistung abgeben oder aufnehmen. Der Energieinhalt für 100 km Fahrt kann damit rechnerisch in rund zwei Stunden geladen werden. Bei einer Stillstandszeit von typischerweise 22 Stunden am Tag ergibt sich eine große Zeitspanne, in der die Batterien eines Elektromobils bei Rückspeisung ins Netz als Speicher für positive Regelenergie und bei Ladung für negative Regelenergie genutzt werden können. Zu prüfen ist dabei, inwieweit dadurch ein deutlicher Umbaubedarf v.a. für regionale Mittelspannungsleitungen und lokale Niederspannungsleitungen resultiert.

Voraussetzung für eine kostengünstige Nutzung von Elektrofahrzeugen als abschaltbare Stromverbraucher ist in jedem Fall die Nutzung des bestehenden Stromversorgungsnetzes ohne Notwendigkeit eines nennenswerten Netzausbaus.

3.5 Weitere Maßnahmen

3.5.1 Dezentrale Stromversorgung

Bei der dezentralen Stromversorgung[89] soll ein möglichst großer Teil des Stromverbrauchs lokal erzeugt werden durch Kombination einer Reihe von Maßnahmen[90], z.B.
- Stromspeicher,
- Nachfragemanagement und
- Reservekraftwerke,
- mittelfristig auch Nutzung von erneuerbarem Strom zur Gaserzeugung (Power to Gas) und zur Wärmeerzeugung (Power to Heat).

Weitere Maßnahmen sind insbesondere:
- Erhöhung der Energieeffizienz, also Reduzierung des Energieeinsatzes pro Energiedienstleistung (warmes und helles Haus, Kraft und Wärme in Industrieanlagen, Mobilität);
- kombinierte Erzeugung von Wärme und Strom (Kraft-Wärme-Kopplung) vor Ort, insbesondere für größere Wohngebäude, öffentliche Einrichtungen und Gewerbebetriebe;
- Nutzung von erneuerbarer Stromproduktion vor Ort durch Biomasse, Sonne, Wasser und Wind.

Der momentane Stromverbrauch wird dabei z.B. durch geeignete Preissignale soweit wie möglich an die momentane Stromproduktion angepasst. Verbleibende Stromdefizite, etwa bei Windflaute an einem dunklen Wintertag (Dunkelflaute), werden über ein bescheiden dimensioniertes Verbundnetz bezogen. Stromüberschüsse werden, soweit sie nicht lokal zwischengespeichert werden, in dieses Verbundnetz eingespeist.

Weder der Netzentwicklungsplan noch die Bundesnetzagentur berücksichtigen eine explizite Strategie zur Umsetzung einer dezentralen Erzeugung: "Auch dezentrale, lastnahe Erzeugung ist in der Marktmodellierung abgebildet. Die Berücksichtigung erfolgt nicht im Wege einer Aufnahme politisch planerischer Wunschvorstellungen, sondern über den real zu erwartenden Zubau erneuerbarer Energien und deren Standortprognose im Rahmen der Regionalisierung."[91]

3.5.2 Virtuelles Stromversorgungssystem

Durch Simulationen unter Verwendung typischer Stromverbrauchskurven und Realzeitverläufe der zu kombinierenden Kraftwerke kann vorab untersucht werden, inwieweit der Stromverbrauch gesichert gedeckt werden kann durch eine Kombination von erneuerbaren Stromkraftwerken einschließlich Pumpspeicherkraftwerken sowie von Kraft-Wärme-Kopplung und einer möglichst geringen konventionellen Regelleistung ('virtuelle Kraftwerke').

Abb. 3.5 zeigt ein Schema eines virtuellen Stromversorgungssystems. Das virtuelle Kraftwerk gleicht Schwankungen im Netz aus und hilft dabei, CO_2-freien erneuerbaren Strom besser in das Netz zu integrieren.

Ein virtuelles Stromversorgungssystem ermöglicht eine bessere Integration von erneuerbarem Strom in das Stromnetz, indem es verschiedene Komponenten zum Zweck der Bereitstellung von flexibel einsetzbarer Kraftwerksleistung kombiniert:

- stark fluktuierende erneuerbare Stromproduktion (z.B. Wind- und Photovoltaikanlagen),
- kleine dezentrale fossile Kraftwerke (z.B. regelbare Blockheizkraftwerke mit Wärmespeicher),
- regelbare Stromspeicher (z.B. Pumpspeicherkraftwerke),
- regelbare Stromverbraucher (z.B. Wärmepumpen),
- abschaltbare Stromverbraucher (z.B. bestimmte Industriebetriebe).

Abb. 3.5 : Virtuelles Stromversorgungssystem – Schema

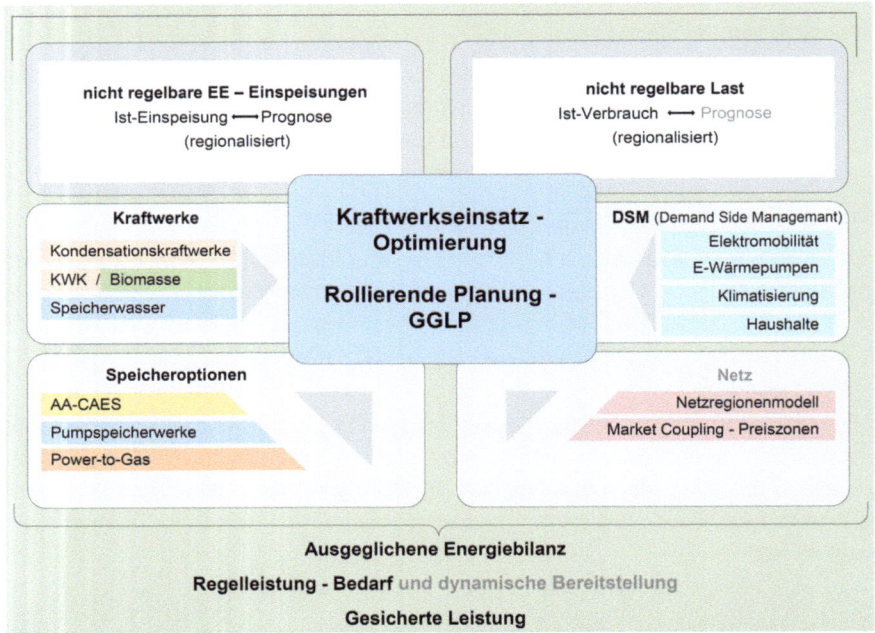

Quelle: [Leitstudie 2011, S. 178, Abb. 6.24].

Für den Ausgleich von Stromverbrauch und Stromproduktion und damit für die Integration erneuerbaren Stroms in die Stromversorgung spielen Reservekraftwerke eine wichtige Rolle. Im folgenden Kapitel werden Untersuchungen der Bundesnetzagentur zum Reservekraftwerksbedarf dargestellt und analysiert.

4 Reservekraftwerksbedarf gemäß Bundesnetzagentur

Gefährdungen oder Störungen der Sicherheit oder Zuverlässigkeit des Stromversorgungssystems sind gemäß § 13 Abs. 1 EnWG durch "1. netzbezogene Maßnahmen, insbesondere durch Netzschaltungen und 2. marktbezogene Maßnahmen, wie insbesondere den Einsatz von Regelenergie ... sowie Mobilisierung zusätzlicher Reserven zu beseitigen". Lässt sich dadurch die Versorgungssicherheit nicht wiederherstellen, so sind gemäß § 13 Abs. 2 EnWG "sämtliche Stromeinspeisungen, Stromtransite und Stromabnahmen ... anzupassen".

Zur Gewährleistung der Sicherheit und Zuverlässigkeit des Elektrizitätsversorgungssystems in Notfällen regelt § 1 ResKV (Reservekraftwerksverordnung) "das Verfahren der Beschaffung einer Netzreserve". "Zweck der Bildung einer Netzreserve ist die Vorhaltung von Erzeugungskapazitäten zur Gewährleistung der Sicherheit und Zuverlässigkeit des Elektrizitätsversorgungssystems" gemäß § 2 ResKV. Kraftwerke, die der Betreiber stillzulegen beabsichtigt, müssen gegen Kostenersatz vorläufig in Betriebsbereitschaft gehalten werden, wenn dies zur Gewährleistung der Systemsicherheit erforderlich ist.[92]

§ 3 ResKV legt fest, dass die Bundesnetzagentur "den Bedarf an Erzeugungskapazität für die Netzreserve" jedes Jahr prüft. Die Bundesnetzagentur untersucht deshalb regelmäßig mögliche kritische Grenzsituationen der Stromversorgung zur Bestimmung des Reservekraftwerksbedarfs. Dabei fließen systemtechnische Analysen ein unter Anwendung einer Kombination aus europäischen Last-, Erzeugungs- und Netzzustandsannahmen.[93]

Reservekraftwerke dienen dem Ausgleich von Stromverbrauch und Stromproduktion insbesondere beim Ausfall eines Kraftwerks oder einer Stromleitung. Im Fall von ungeplanten Kraftwerksausfällen oder Netzüberlastungen muss der Kraftwerkseinsatz unverzüglich angepasst werden, um die Stromversorgung sicherzustellen.[94] Für diese Anpassungen sind die jeweiligen Netzbetreiber zuständig. Die vom Netzbetreiber vorgenommenen Anpassungen von Kraftwerkseinsätzen werden als Redispatch bezeichnet.

4.1 Reservekraftwerke gemäß Bundesnetzagentur nur für Stromüberschuss erforderlich

Bei einem Stromüberschuss übersteigt die erwartete momentane Stromproduktion den momentanen Stromverbrauch. Ein Stromüberschuss muss unverzüglich ausgeglichen werden, z.B. durch Produktionsreduzierung oder Stromexport oder Verbrauchsanpassung, sonst bricht die Stromversorgung zusammen.[95]

4.1.1 Tatsächlicher Einsatz von Redispatch und Reservekraftwerken im Winter 2014/15

Für den Winter 2014/15[96] wurden von den Übertragungsnetzbetreibern insgesamt rund 3,6 GW deutsche und ausländische Netzreserve kontrahiert. Diese Netzreserve wurde im Winter 2014/15 nur für wenige Stunden abgerufen und zwar am 30. März 2015 zwischen 11:00 und 18:00[97], als während des Orkantiefs NIKLAS die maximale erneuerbare Stromproduktion zwischen 14:00 und 15:00 mit 47,6 GW ihren neuen Höchstwert erreichte.[98]

"Diese Einspeisung führte zur Notwendigkeit erheblicher Gegenmaßnahmen, um einen sicheren und zuverlässigen Betrieb des Energieversorgungssystems zu gewährleisten. Um in der Situation ein ausreichend großes Redispatchpotenzial zur Verfügung zu haben, wurden vom 30. März bis zum 2. April Reserven in erheblichem Umfang zum Redispatch mobilisiert. Neben der Einsenkung konventioneller Erzeugung wurden dabei auch in erheblichem Maße Einspeisemanagementmaßnahmen mit EE-Anlagen durchgeführt. Dabei mussten bis zu 6,4% der Einspeisung aus Windenergieanlagen entschädigungspflichtig abgeregelt werden."[99]

Im Klartext: Diese Windstromspitzen waren nicht mehr zeitgleich zu erheblicher Kohle- und Kernenergiestromproduktion[100] durch das bestehende Stromnetz transportierbar. Deshalb musste die Windstromproduktion für einige Stunden von insgesamt ca. 35 GW[101] um bis zu 6,4%, also um bis zu 2,1 GW abgesenkt werden.

Die tatsächlich realisierte maximale Absenkung der Windstromproduktion von 2 GW betrug übrigens nur rund 20% der für den Störfall bei Stromüberschuss 2015/16 vorgesehenen Absenkung von 10,2 GW (Tab. 4.1, Z. (1.1), Sp. (1b)). Man sieht also, dass sich die Zahlenangaben in Tab. 4.1 auf einen extrem seltenen Super-Störfall beziehen. Eine derartige vorsichtige Planung ist erforderlich, damit die deutsche Stromversorgung auch bei diesen extrem seltenen Störfällen sichergestellt ist.

Die Berücksichtigung einer möglichen Kappung der erneuerbaren Stromproduktion bei Netzstörfällen ist bei der Netzplanung zwingend erforderlich, da sonst das Netz für diese seltenen Windstromspitzen und Netzstörfälle ausgelegt werden müsste. Die Berücksichtigung einer möglichen Kappung der erneuerbaren Stromproduktion bei der Netzausbauplanung wurde von der Bundesnetzagentur erstmalig für den Netzentwicklungsplan 2025 vorgegeben.[102]

4.1.2 Geplanter Einsatz von Redispatch und Reservekraftwerken bis Winter 2019/20

Bei der Netzplanung wird eine mögliche Netzüberlastung berücksichtigt, die verhindern würde, dass ein Teil der eingeplanten Kraftwerksleistung nicht mehr zum Stromverbraucher transportiert werden kann.

Tab. 4.1 zeigt Redispatch und Netzreserve, die gemäß Planung der Übertragungsnetzbetreiber von 2015/16 bis 2019/20 für einen Störfall bei Stromüberschuss erforderlich sind. Die vom Netzengpass betroffenen Kraftwerke müssen dann entsprechend zurückgeregelt werden[103] (Tab. 4.1, Z. (1.1) und (1.2)), was als negativer Redispatch bezeichnet wird. Diese Reduzierung der Stromproduktion muss durch andere deutsche Kraftwerke ausgeglichen werden (Tab. 1, Z. (2.1)), was als positiver Redispatch bezeichnet wird. Diese Ersatzkraftwerke dürfen nicht von dieser in der Netzplanung berücksichtigten Netzüberlastung betroffen sein und sollten nahe bei den Stromverbrauchern liegen.

Nur falls diese Kraftwerke nicht ausreichen, also nur im sehr seltenen Notfall, werden hierfür Kraftwerke aus der deutschen (Tab. 4.1, Z. (2.2)) und ausländischen (Tab. 4.1, Z. (2.3)) Netzreserve eingesetzt.

Tab. 4.1 : Erforderlicher Redispatch und Reservekraftwerke bei Stromüberschuss, 2015/16 bis 2019/20

Winter [GW]	(1a) 2015/16 ohne 0,5 GW polnische Reservekraftwerke	(1b) 2015/16 mit 0,5 GW polnische Reservekraftwerke	(2a) 2016/17 ohne 0,5 GW polnische Reservekraftwerke	(2b) 2016/17 mit 0,5 GW polnische Reservekraftwerke	(3a) 2019/20 ohne Exportbeschränkung nach Österreich	(3b) 2019/20 mit Exportbeschränkung nach Österreich
(1) Negativer Redispatch	-21,3	-20,3	-22,2	-21,1	-25,3	-16,7
davon						
(1.1) Absenkung Windkraftwerke	-11,2	-10,2	-12,8	-12,8	-17,1	?
(1.2) Absenkung konv. Kraftwerke*	-10,1	-10,1	-9,4	-8,3	-8,2	?
(2) Positiver Redispatch	21,3	20,3	22,2	21,1	25,3	16,7
davon						
(2.1) Deutsche Reservekraftwerke*	13,6	13,6	14,0	14,4	19,2	15,1
(2.2) Deutsche Netzreserve**	3,0	2,8	3,5	3,4	3,7	1,6
(2.3) Ausländische Netzreserve***	4,8	3,9	4,7	3,3	2,4	0,0

* Marktbasierte Kraftwerke; diese bieten ihre Leistung am Strommarkt an, z.B. an der Strombörse in Leipzig.
** Nicht marktbasierte Reservekraftwerke; diese kommen nur im extremen Notfall zum Einsatz.
*** Kontrahiert gemäß Reservekraftwerksverordnung (ResKV) in Österreich, Italien und Polen.

Hinweis: In den Sp. (3a) und (3b) wird keine Unterscheidung in 'ohne' und in 'mit Nutzung polnischer Reservekraftwerke' vorgenommen, da für beide Fälle identische Werte resultieren [BNetzA 2015, Ergebnisdokumentation, S. 3, letzte Spalte].

Quellen: [BNetzA 2015, Ergebnisdokumentation, S. 3]; (Sp. 3b), Z. (1): [BnetzA 2015, S. 89].

(1) Reservekraftwerke wegen Stromexport erforderlich

Der Bericht der Bundesnetzagentur beschreibt die Gründe für die erforderliche Netzreserve sehr klar[104]: "Der Starklast-Starkwindfall führt aus folgenden Gründen zu einem besonders hohen Bedarf an Reserveleistung: Die hohe Windeinspeisung in Norddeutschland führt zu niedrigen Strompreisen am Großhandelsmarkt. Dadurch speisen viele konventionelle Gas- und Kohlekraftwerke insbesondere in Süddeutschland und im südlichen Ausland (Österreich, Schweiz, Frankreich, Italien und weitere) aufgrund zu hoher Grenzkosten nicht marktgetrieben ein. Ebenfalls führen die niedrigen Strompreise am Großhandelsmarkt zu sehr hohen Energieexporten in das europäische Ausland. Durch den hohen Export in das Ausland und die geringe Erzeugung in Süddeutschland stellt sich ein erheblicher Transportbedarf von Energie von Norddeutschland nach Süddeutschland und ins europäische Ausland ein."[105]

Der Bericht der Bundesnetzagentur beschreibt weiter die für den Winter 2019/20 prognostizierte Situation: "Der Starklast-/Starkwindfall ist gekennzeichnet durch eine sehr hohe nationale Nachfrage nach Leistung in Höhe von 87,7 GW[106]. Ferner kommt es zu sehr hoher Einspeisung von Onshore- und Offshore-Windenergieanlagen, die sich überwiegend im Norden Deutschlands befinden. Gleichzeitig wird aufgrund der Dunkelheit in den Abendstunden keine Leistung aus PV-Anlagen eingespeist. Die hohe Windenergieeinspeisung führt zu vergleichsweise niedrigen Preisen im vortägigen Handel, wodurch es zu hohen Exportüberschüssen ins europäische Ausland kommt. Im Fall des Erhalts der deutsch-österreichischen Preiszone bestünde insgesamt ein deutscher Exportüberschuss in Höhe von 11 GW[107], der mangels Leitungskapazitäten physisch nur teilweise transportiert werden könnte und durch entsprechenden Redispatch nur ökonomisch realisiert werden würde."[108]

Das heißt: Der Strom wird zwar an der Börse ins Ausland verkauft, aber wegen fehlender Stromtransportkapazitäten müssen die deutschen Übertragungsnetzbetreiber auch ohne Störfall ost- und norddeutsche Kraftwerke abregeln und (zu Lasten des deutschen Stromverbrauchers) entschädigen. Die abgeregelte Stromproduktion müssen sie dann von deutschen und ausländischen Kraftwerken, die nicht durch den Netzengpass betroffen sind, einkaufen, was wiederum zu Lasten des deutschen Stromverbrauchers geht.

In diesem Sinne ist die Aussage der Bundesnetzagentur "Insbesondere an der kritischen Situation vom 30. März bis 2. April 2015 zeigt sich die Notwendigkeit eines raschen Netzausbaus"[109] zu verstehen: Die für den Stromexport benötigten Reservekraftwerke könnten nämlich reduziert werden, wenn das Stromnetz ausgebaut wird und damit insbesondere auch im Störfall die am Strommarkt (Strombörse) gehandelten Strommengen gesichert ins Ausland exportiert werden könnten.

Reservekraftwerke sind also gemäß Bundesnetzagentur mitnichten zur Aufrechterhaltung der regionalen Stromversorgung in Süddeutschland erforderlich, sondern zur Absicherung der kontrahierten Kohlestromexporte. Durch die geplanten HGÜ-Leitungen SuedLink[110] und SuedostLink[111] wird also der Umfang der für den Stromexport benötigten Reservekraftwerke reduziert und deshalb sollen diese Leitungen gebaut werden.

(2) Beschränkung des Stromexports reduziert erforderliche Reservekraftwerke deutlich

Bei Stromüberschuss resultiert im Winter 2019/20 bei der Unterstellung eines unbegrenzt möglichen Stromtransports nach Österreich ein deutscher Stromexport von 11 GW (Tab. 4.2, Z. (1.2), Sp. (3a)), bei niedriger erneuerbarer Stromproduktion hingegen ein Stromimport[112] von 4,2 GW (Tab. 4.3, Z. (2.3), Sp. (3)). Gemäß Bundesnetzagentur kommt es nach Einführung einer Engpassbewirtschaftung an der deutsch-österreichischen Grenze "zu einem gesamtdeutschen Exportüberschuss in Höhe von immerhin noch 8,1 GW[113], der grundsätzlich auch physisch transportiert werden könnte."[114]

Bei den Käufern des deutschen Stromexports handelt es sich im Regelfall um ausländische Stromversorger in Frankreich, Schweiz, Österreich, Italien und Südosteuropa. Diese Stromexporte werden zu fast 80% über Süddeutschland[115] v.a. nach Österreich und Schweiz transportiert[116]. Redispatch und Netzreserve sind bei Stromüberschuss, wie vorher gezeigt, keinesfalls erforderlich, um den Stromverbrauch in Süddeutschland abzusichern, sondern im Wesentlichen, um insbesondere bei einer Netz- bzw. Kraftwerksstörung die vertraglich vereinbarten Stromexporte zu ermöglichen. Mit Beschränkung der maximalen Stromexporte wird der Bedarf an Reserveleistung deutlich geringer, die Kontrahierung von ausländischen Reservekraftwerken wäre dann nicht mehr erforderlich (Tab. 4.1, Z. (2.3), Sp. (3b)).

Entsprechend hat die Bundesnetzagentur für den Netzentwicklungsplan 2025 eine Beschränkung der maximalen Stromexporte von 5,5 GW für das Jahr 2025 und von 7,5 GW für das Jahr 2035 vorgegeben.[117]

Ergebnis:

Bei einer Beschränkung der Stromexporte nach Österreich um 2,9 GW (Abb. 4.1c) wird der Bedarf an Reservekraftwerken um 8,6 GW reduziert (= Tab. 4.1, Z. (2), Sp. (3a) minus Sp. (3b)).

4.1.3 Stromverbrauch und Stromproduktion bei Stromüberschuss

Tab. 4.2 zeigt Stromverbrauch und Stromproduktion bei Stromüberschuss (Starklast/Starkwind) für die Winter 2015/16, 2016/17 und 2019/20. Der maximale Stromverbrauch (Jahreshöchstlast) wird dabei konstant mit 86 GW angenommen (Tab. 4.2, Z. (1.1)).

Tab. 4.2 : Stromverbrauch und Stromproduktion bei Stromüberschuss, 2015/16 bis 2019/20

[GW] Winter	(1) 2015/16	(2) 2016/17	(3a) 2019/20 ohne	(3b) 2019/20 mit	Quellen:
			Exportbeschränkung nach Österreich		Zu Sp. (1): [BNetzA 2015, Tab. 15, S. 51].
(1) Stromverbrauch in Deutschland	98,1	98,8	97,0	94,1	Zu Sp. (2): [BNetzA 2015, Tab. 25, S. 66].
davon					Zu Sp. (3a) und (3b): [BNetzA 2015, Tab. 35, S. 85].
(1.1) Maximaler Stromverbrauch	86,0	86,0	86,0	86,0	
(1.2) Export	12,1	12,8	11,0	8,1	
(2) Stromproduktion	98,0	98,8	96,9	94,0	
davon					
(2.1) Konventionelle Kraftwerke	55,4	53,1	43,3	40,4	
(2.2) Erneuerbare Kraftwerke	44,1	47,4	55,3	55,3	
davon					
(2.2a) Windkraftwerke	37,0	40,2	47,9	47,9	
(2.3) Übertragungsverluste	-1,5	-1,7	-1,7	-1,7	

Ergebnis:

- Die konventionellen Kraftwerke speisen mit sinkender Tendenz ein (Tab. 4.2, Z. (2.1)), die erneuerbaren Kraftwerke mit steigender Tendenz (Tab. 4.2, Z. (2.2)), insbesondere Windkraftwerke (Tab. 4.2, Z. (2.2a)).
- Der Export beträgt rund 12 GW (Tab. 4.2, Z. (1.2)); nur bei einer Beschränkung des Stromhandels zwischen Österreich und Deutschland auf die tatsächlich vorhandenen deutschen Grenzkuppelleitungen[118] liegt er mit 8,1 GW deutlich niedriger (Tab. 4.2, Z. (1.2), Sp. (3b)).
- Die im Winter 2019/20 von der Bundesnetzagentur erwartete maximale erneuerbare Stromproduktion liegt mit 55,3 GW (Tab. 4.2, Z. (2.2), Sp. (3a) und (3b)) deutlich unter der deutschen Jahreshöchstlast von 86 GW (Tab. 4.2, Z. (1.1), Sp. (3a) und (3b)). Die geplante erhebliche Abregelung von

Kraftwerken (Tab. 4.1, Z. (1), Sp. (3a) und (3b)) ist deshalb ganz überwiegend bedingt durch die konventionelle Stromproduktion zeitgleich zu einer hohen erneuerbaren Stromproduktion.[119]

Die Angaben der Bundesnetzagentur belegen, dass derzeit die Leitungen für den resultierenden Kohlestromexport jedenfalls im Leitungsstörfall nicht ausreichen und deshalb einzig für diesen Kohlestromexport bei einem Ausfall von deutschen Nord-Süd-Leitungen Reservekraftwerke in Süddeutschland und in Österreich/Italien kontrahiert werden müssen (zukünftig auch in Polen) und nicht etwa, weil es in Süddeutschland zu wenig Strom gibt.

4.1.4 Stromexport bei Stromüberschuss

Die Verteilung der Stromexporte auf die Nachbarländer zeigt Abb. 4.1:

- In den Wintern bis 2015/16 und 2016/17 wird mit einem maximalen Stromexport von über 12 GW gerechnet, im Winter 2019/20 nur noch mit 11 GW.
- Hauptabnehmerland ist in allen drei betrachteten Jahren Österreich mit gut 8 GW. Von dort wird der Strom nach Italien und nach Südosteuropa weitergeleitet. Ein Teil wird in den österreichischen Pumpspeicherkraftwerken zwischengespeichert.
- Weitere Hauptabnehmerländer sind in allen drei betrachteten Jahren mit je etwa 1 GW die Niederlande, Belgien, Frankreich, Schweiz und Tschechien.
- Ein deutscher Stromüberschuss wird, wie gezeigt, durch Kohlestromproduktion zeitgleich zu hoher erneuerbarer Stromproduktion verursacht. Wenn in Norddeutschland viel Windstrom erzeugt wird, gilt das im Regelfall auch für Skandinavien. Teile der dortigen Windstromproduktion werden dann nach Deutschland exportiert, in den Wintern 2015/16 und 2016/17 gut 1 GW, im Winter 2019/20 schon 4,2 GW.

Wie schon erwähnt, plant die Bundesnetzagentur zur Reduzierung des Reservekraftwerksbedarfs eine Beschränkung der Stromexporte nach Österreich um 2,9 GW, vgl. Abb. 4.1c. Dadurch kann der Reservekraftwerksbedarf um 8,6 GW (= Tab. 4.1, Z. (2), Sp. (3a) minus Sp. (3b)) reduziert werden.

Durch die Beschränkung der Stromexporte nach Österreich wird im Wesentlichen der deutsche Kohlestromexport zeitgleich zu hoher erneuerbarer Stromproduktion reduziert.

Abb. 4.1 : Stromexporte bei deutschem Stromüberschuss, Winter 2015/16 bis 2019/20

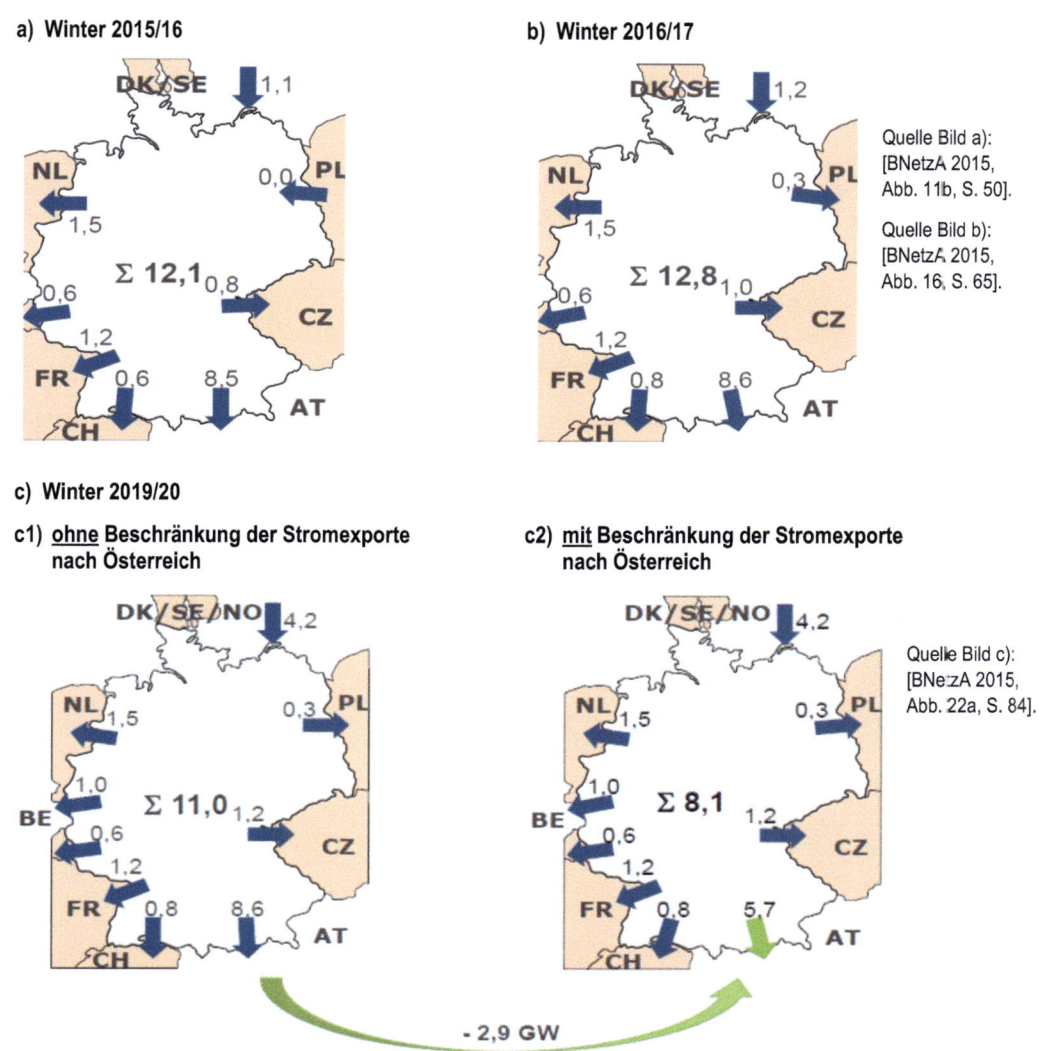

4.2 Reservekraftwerke gemäß Bundesnetzagentur bei niedriger erneuerbarer Stromproduktion nicht erforderlich

Bei einem Stromdefizit übersteigt der erwartete momentane Stromverbrauch die mögliche momentane Stromproduktion. Ein Stromdefizit muss unverzüglich ausgeglichen werden, z.B. durch Produktionserhöhung oder Stromimport oder Verbrauchsanpassung, sonst bricht die Stromversorgung zusammen.

4.2.1 Für niedrige erneuerbare Stromproduktion keine Reservekraftwerke erforderlich

Wie in Kap. 4.1 gezeigt, belegen die Untersuchungen der Bundesnetz-agentur zum Reservekraftwerksbedarf, dass der bedarfsdimensionierende Netznutzungsfall bei Stromüberschuss auftritt[120] und nicht bei dem im Folgenden erläuterten Fall einer niedrigen erneuerbarer Stromproduktion. Für alle drei untersuchten Jahre, nämlich Winter 2015/16, Winter 2016/17 und Winter 2019/20, war bei niedriger erneuerbarer Stromproduktion zwar Redispatch für den Störfall erforderlich, aber keine Netzreserve, "Schaltmaßnahmen im Netz, sowie Redispatch mit am Markt agierenden Kraftwerken"[121] reichten aus.

4.2.2 Stromverbrauch und gesamte Stromproduktion bei niedriger erneuerbarer Stromproduktion

Bei niedriger erneuerbarer Stromproduktion müssen zusätzliche konventionelle Kraftwerke eingesetzt werden. Zwar stünden hierfür neben deutschen Kohlekraftwerken grundsätzlich ausreichend viele deutsche Gaskraftwerke zur Verfügung, diese sind aber gegenüber ausländischen Kohlekraftwerken betriebswirtschaftlich nicht konkurrenzfähig. Deshalb wird bei niedriger erneuerbarer Stromproduktion ausländischer Strom importiert.

Die Bundesnetzagentur weist zu Recht darauf hin, dass das Entstehen eines Handelsdefizits kein Anzeichen für mangelnde Erzeugungseinheiten zur Lastdeckung in Deutschland ist. "Vielmehr bildet es einen europäischen Kraftwerkseinsatz ab, der nach ökonomischen Gesichtspunkten optimiert ist, sodass die, verglichen mit dem deutschen Kraftwerkspark, günstigere Erzeugung im Ausland zur Deckung der Last beiträgt."[122]

Tab. 4.3 : **Stromverbrauch und gesamte Stromproduktion bei niedriger erneuerbaren Stromproduktion, 2015/16 bis 2019/20**

	[GW] Winter	(1) 2015/16	(2) 2016/17	(3) 2019/20
(1)	Maximaler Stromverbrauch in Deutschland	86,0	86,0	86,0
(2)	Stromproduktion	86,0	86,0	86,1
davon				
(2.1)	Konventionelle Kraftwerke	77,8	77,7	75,7
(2.2)	Erneuerbare Kraftwerke	7,1	7,2	7,5
davon				
(2.2a)	Windkraftwerke	0,0	0,0	0,0
(2.3)	Import	2,1	2,4	4,2
(2.4)	Übertragungsverluste	-1,0	-1,3	-1,3

Quellen:
Zu Sp. (1): [BNetzA 2015, Tab. 15, S. 51].
Zu Sp. (2): [BNetzA 2015, Tab. 25, S. 66].
Zu Sp. (3): [BNetzA 2015, Tab. 35, S. 85].

Kap. 4 : Reservekraftwerksbedarf gemäß Bundesnetzagentur

Tab. 4.3 zeigt Stromverbrauch und gesamte Stromproduktion bei niedriger erneuerbarer Stromproduktion in Deutschland für die Winter 2015/16, 2016/17 und 2019/20. Der maximale deutsche Stromverbrauch ('Jahreshöchstlast') wird dabei von der Bundesnetzagentur konstant mit 86 GW angenommen (Tab. 4.3, Z. (1)).

Ergebnis:

- Die konventionelle Stromproduktion ist mit rund 77 GW in allen betrachteten Wintern fast gleich hoch (Tab. 4.3, Z. (2.1)) wie auch die erneuerbare Produktion mit gut 7 GW (Tab. 4.3, Z. (2.2)).
- Das wachsende Stromdefizit wird durch wachsende Importe von 2,1 GW im Winter 2015/16 bis zu 4,2 GW im Winter 2019/20 ausgeglichen (Tab. 4.3, Z. (2.3)).

4.2.3 Stromimport bei niedriger erneuerbarer Stromproduktion

Abb. 4.2 zeigt die Verteilung der Stromimporte auf die Nachbarländer für die Winter 2015/16 bis 2019/20.

Abb. 4.2 : Stromimporte bei niedriger erneuerbarer Stromproduktion, Winter 2015/16 bis 2019/20

a) Winter 2015/16 b) Winter 2016/17 c) Winter 2019/20

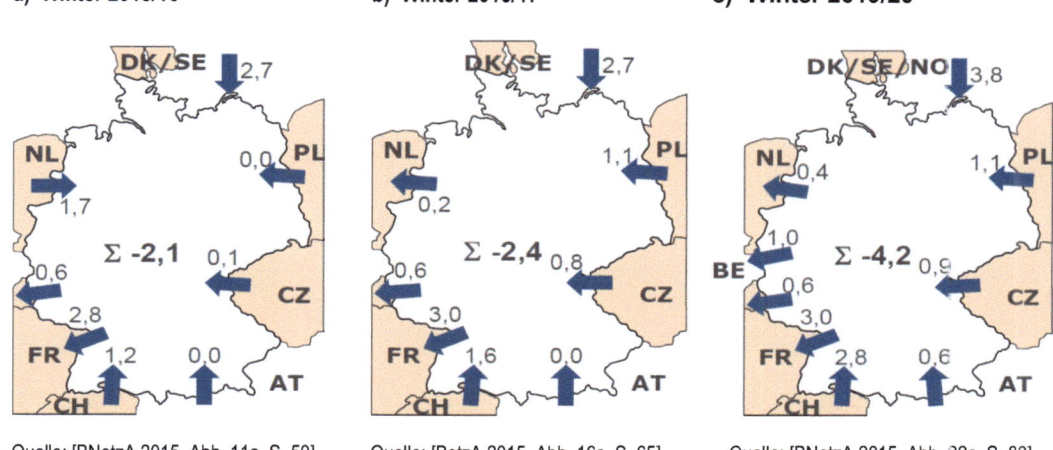

Quelle: [BNetzA 2015, Abb. 11a, S. 50].   Quelle: [BetzA 2015, Abb. 16a, S. 65].   Quelle: [BNetzA 2015, Abb. 22a, S. 83].

Ergebnis:

- Für den Winter 2015/16 wurde mit einem maximalen Stromimport von 2,1 GW gerechnet, ansteigend bis auf 4,2 GW im Winter 2019/20.
- Hauptlieferländer sind Dänemark/Schweden mit 2,7 GW im Winter 2015/16, ansteigend auf 3,8 GW inkl. Norwegen im Winter 2019/20, sowie die Schweiz aus ihren Speicherkraftwerken mit 1,2 GW im Winter 2015/16, ansteigend auf 2,8 GW im Winter 2019/20.
- Die Niederlande werden von einem Lieferland mit 1,7 GW im Winter 2015/16 zu einem Strombezugsland mit 0,4 GW im Winter 2019/20.

- Weitere Lieferländer ab Winter 2016/17 sind Polen mit 1,1 GW und Tschechien mit 0,8 GW.
- Für den Winter 2019/20 werden gemäß Abb. 4.2c deutsche Strom**im**porte von 4,2 GW prognostiziert gegenüber Strom**ex**porten von 11,0 GW bei Stromüberschuss gemäß Abb. 4.1c1.

4.3 Stromüberschuss versus Stromdefizit

Tab. 4.4 zeigt für die möglichen Kombinationen aus Stromproduktion und Stromverbrauch, ob gemäß Bundesnetzagentur Redispatch und Reservekraftwerke erforderlich sind. Entgegen aller Erwartungen ist gemäß Bundesnetzagentur nicht etwa ein Stromdefizit ein Problemfall, sondern vielmehr ein Stromüberschuss.

Tab. 4.4 : Nicht Stromdefizit ist gemäß Bundesnetzagentur ein Problemfall, sondern Stromüberschuss

		(1) hoher Stromverbrauch	(2) niedriger Stromverbrauch
(1) hohe erneuerbare Stromproduktion	(1a) plus **hohe** deutsche Kohlestromproduktion	Stromüberschuss: wegen Kohlestromexport Reservekraftwerke erforderlich	kommt nicht vor
	(1b) **niedrige** deutsche Kohlestromproduktion	kein Problemfall	kein Problemfall
(2) niedrige erneuerbare Stromproduktion	(2a) plus **hohe** deutsche Kohlestromproduktion	Stromdefizit: **nur** Redispatch erforderlich	kein Problemfall
	(2b) **niedrige** deutsche Kohlestromproduktion	kommt nicht vor	kein Problemfall

4.3.1 Warum sind Reservekraftwerke nicht für Stromdefizit erforderlich, sondern nur für Stromüberschuss?

Gemäß Bundesnetzagentur kann eine Gefährdung des Stromversorgungssystems bei niedriger erneuerbarer Stromproduktion und gleichzeitig hohem Stromverbrauch (Tab. 4.4, Z. (2a), Sp. (1)) in jedem Fall alleine durch Änderungen beim Einsatz von vorhandenen Kraftwerken (Redispatch) ohne Erfordernis von Reservekraftwerken vermieden werden (siehe die Erläuterungen im vorherigen Kap. 4.2).

Eine hohe erneuerbare Stromproduktion bei gleichzeitig hohem Stromverbrauch (Tab. 4.4, Z. (1), Sp. (1)) führt eigentlich zu keiner Gefährdung des Stromversorgungssystems, soweit die hohe erneuerbare Stromproduktion von den Stromverbrauchern zeitgleich verbraucht wird.[123] Die Berechnungen der Bundesnetzagentur zeigen jedoch, dass nur bei hoher erneuerbarer Stromproduktion und gleichzeitig hohem Stromverbrauch Reservekraftwerke erforderlich sind (Tab. 4.4, Z. (1a), Sp. (1) und die Erläuterungen im vorherigen Kap. 4.1).

Woher kommt dieses überraschende Ergebnis?

- Bei hohem Stromverbrauch in Deutschland ist auch in den Nachbarländern der Stromverbrauch hoch.
- Bei hoher deutscher erneuerbarer Stromproduktion werden deutsche Kohlekraftwerke trotz niedriger Stromproduktionskosten wegen des Einspeisevorrangs des erneuerbaren Stroms vom deutschen Markt verdrängt.
- Damit die Kohlekraftwerke auch bei momentan hoher erneuerbarer Stromproduktion weiterproduzieren können, wird ein zunehmender Teil der deutschen Kohlestromproduktion ins Ausland verkauft.
- Die bestehenden deutschen Stromleitungen werden durch die laufend zugebauten erneuerbaren Kraftwerke immer stärker ausgelastet. Deshalb werden für die zunehmenden Kohlestromexporte zusätzliche Leitungen erforderlich.
- Solange diese Leitungen nicht gebaut sind, müssen für den Leitungsüberlastungsfall Reservekraftwerke in der Nähe der ausländischen Kohlestromverbraucher kontrahiert werden.

Konventionelle Kraftwerke müssen nämlich laut herrschender Rechtsmeinung bei hoher erneuerbarer Stromproduktion nicht zurückgeregelt werden, sondern haben einen Rechtsanspruch auf gesicherte Einspeisung.[124] Deshalb werden im benachbarten Ausland teurere konventionelle Kraftwerke zurückgefahren und billigerer deutscher Strom, v.a. deutscher Kohlestrom, wird in großen Mengen vom Ausland eingekauft[125]. Dieser deutsche Stromexport führt zu einer enormen Belastung des bestehenden deutschen Stromnetzes von Nord nach Süd und in wachsendem Umfang auch in Richtung Polen. Damit auch bei einer drohenden Netzüberlastung die vertraglich vereinbarte Leistung gesichert an die ausländischen Stromkunden geliefert werden kann, werden Reservekapazitäten in Süddeutschland und im südlichen Ausland kontrahiert (Tab. 4.1, Z. (2.2) und Z. (2.3)).

Diese Reserveleistung kann dann von denjenigen ausländischen Kraftwerken zur Verfügung gestellt werden, die wegen des billigen deutschen Stroms für den laufenden Betrieb nicht mehr erforderlich sind. Für die Zurverfügungstellung der Reserveleistung erhalten die ausländischen Kraftwerksbetreiber eine Vorhaltegebühr von den deutschen Netzbetreibern, die diese Gebühr über erhöhte Netzentgelte auf die deutschen Stromverbraucher überwälzen.

Die ausländischen Stromproduzenten profitieren also doppelt:
- Zum einen können sie aus Deutschland billigen Strom beziehen und ihre teureren Kraftwerke zurückfahren.
- Zum anderen können sie eben diese Kraftwerke der deutschen Stromversorgung als Reservekraftwerke anbieten und erhalten dafür ein Entgelt.

4.3.2 Stromdefizit könnte langfristig zum Problemfall werden

Nach Abschaltung der Kernkraftwerke besteht irgendwann in der Zukunft die Gefahr eines Stromdefizits bei niedriger erneuerbarer Stromproduktion.

(1) Defizitfall 1: Zu wenig Stromleitungen

Nach Abschaltung der Kernkraftwerke wird in Süddeutschland ein Stromdefizit befürchtet. Selbst wenn in Ost- und Westdeutschland noch ausreichend Reservekraftwerke vorhanden sind, könne es trotzdem in Süddeutschland bei niedriger erneuerbarer Stromproduktion zu Stromdefiziten kommen, falls nicht ausreichend Leitungen zum Transport dieser Reserveleistung nach Süddeutschland zur Verfügung stehen.

Die in Kap. 4.1 gezeigten Untersuchungen der Bundesnetzagentur zum Reservekraftwerksbedarf zeigen aber, dass – jedenfalls bis auf Weiteres – kritische Versorgungssituationen nicht etwa bei niedriger erneuerbarer Stromproduktion zu befürchten sind, sondern ausschließlich im Falle eines prognostizierten Stromüberschusses wegen Einspeisung von Kohlestrom zeitgleich zu hoher erneuerbarer Stromproduktion, wodurch das Stromleitungsnetz überlastet wird.

Ein europaweites Super-Stromnetz wäre extrem teuer, hätte eine sehr niedrige Benutzungsdauer und könnte überregionale Kraftwerksknappheiten bestenfalls mildern.[126]

Bei weiterem Ausbau der erneuerbaren Kraftwerke wird allerdings langfristig eine hohe erneuerbare Stromproduktion auch ohne zeitgleiche Kohlestromproduktion einen Stromüberschuss und damit kritische Versorgungssituationen verursachen.

(2) Defizitfall 2: Zu wenig Reservekraftwerke

Wegen des Ausbaus der erneuerbaren Kraftwerke resultieren immer häufiger sehr niedrige Strompreise, deshalb werden mehr und mehr ältere konventionelle Kraftwerke stillgelegt:

- So sind nach BDEW-Angaben[127] derzeit in Deutschland insgesamt 74 konventionelle Kraftwerke mit einer Gesamtleistung von 33 GW geplant, genehmigt oder im Bau, aber mittlerweile stünden davon 39 Projekte auf der Kippe, während 2014 erst 32 Projekte gefährdet waren und 2013 gar nur 22. Zudem seien 50 bestehende Kraftwerke bei der Bundesnetzagentur zur Stilllegung angemeldet.
- In den Regierungs-Eckpunkten vom 01. Juli 2015 wurde zur CO_2-Einsparung beschlossen, schrittweise 2,7 GW Braunkohlekraftwerksleistung bis 2020 in die deutsche Netzreserve zu überführen und bis 2024 endgültig stillzulegen.[128]

Nach Stilllegung der Kernkraftwerke und vieler älterer Kohlekraftwerke bei gleichzeitig geringem Neubau[129] könnte also zumindest mittelfristig zusätzlich zum Problemfall momentaner Stromüberschuss in Süddeutschland ein momentanes Stromdefizit zum Problemfall werden. Bei einer laufenden Stilllegung von konventionellen Kraftwerken ohne nennenswerten Neubau stehen dann nicht mehr genug Reservekraftwerke zur Verfügung, sodass zukünftig bei niedriger erneuerbarer Stromproduktion ein Stromdefizit drohen könnte.

In keinem Fall kann internationaler Stromhandel überregionale konventionelle Kraftwerksknappheiten und dadurch verursachte kritische Versorgungssituationen beheben. Spätestens dann ist also der Bau zusätzlicher Reservekraftwerke insbesondere in Süddeutschland erforderlich.

4.3.3 Fazit

Nicht etwa eine niedrige erneuerbare Stromproduktion, sondern vielmehr ein erwarteter Stromüberschuss führt zu Gefährdungen bei der Stromversorgung. In den nächsten Jahren sind Reservekraftwerke nicht bei niedriger erneuerbarer Stromproduktion, sondern vielmehr ausschließlich zur Absicherung des Kohlestromexports bei einem Stromüberschuss erforderlich. Bei niedriger erneuerbarer Stromproduktion ist nur ein Redispatch von Kraftwerken erforderlich, wofür die am Markt vorhandenen Reservekraftwerke ausreichen.

Deutsche Stromverbraucher bezahlen also für Reservekraftwerke und Netzausbau, die nur für den Kohlestromexport erforderlich sind. In der Öffentlichkeit wird aber der Eindruck erweckt, dass diese Reservekraftwerke für die Absicherung der süddeutschen Stromversorgung erforderlich seien.

Teil II : Stromtransport

Es muss geprüft werden, ob für den Ausbau der erneuerbaren Stromproduktion ein Netzausbau erforderlich ist. Dieser Netzausbau muss optimiert werden nach dem Motto: Nicht zu viel und nicht zu wenig. (▶ Kap. 5)

Zum Ausgleich von Stromtransportbedarf und zulässigem Stromtransport werden folgende Maßnahmen vorgeschlagen und mit Beispielen erläutert:
- Maßnahmen zur Reduzierung des Stromtransportbedarfs,
- Maßnahmen zur Erhöhung des zulässigen Stromtransports **ohne** Leitungsneubau,
- Maßnahmen zur Erhöhung des zulässigen Stromtransports **mit** Leitungsneubau. (▶ Kap. 6)

Für eine konkrete 110-kV-Netzplanung werden Maßnahmen zum Ausgleich von regionalem Stromtransportbedarf und zulässigem Stromtransport erläutert. Es wird untersucht, inwieweit bei einem weiteren regionalen Zubau erneuerbarer Kraftwerke tatsächlich neue Leitungen erforderlich sind.
(▶ Kap. 7)

Der aktuelle Netzentwicklungsplan mit Zieljahr 2025 fordert einen Netzausbau für den Export von Kohlestrom zeitgleich zu hoher erneuerbarer Stromerzeugung. Wenn man aber die erneuerbare Stromproduktion ausbaut und die konventionellen Kraftwerke auch bei hoher erneuerbarer Stromproduktion weiter einspeisen lassen will, ist offensichtlich ein laufend wachsender Netzausbau erforderlich:
- Der aktuelle Netzentwicklungsplan von Februar 2016 verlangt einen Leitungsneubau von 9.700 km.
- Davon waren im Bundesbedarfsplangesetz von 2013 nur gut 6.700 km Leitungsneubau enthalten.
- Der Netzausbaubedarf hat sich also innerhalb von knapp 3 Jahren um fast 3.000 km erhöht.

Dieser Netzausbau ist nach den im Netzentwicklungsplan gemachten Angaben ganz überwiegend **nicht** für die Integration von erneuerbarem Strom erforderlich. Durch den vorgeschlagenen weit überhöhten Netzausbau würde die Energiewende behindert sowie Umwelt und betroffene Anlieger unnötig belastet. Die deutschen Stromverbraucher müssten diesen überhöhten Netzausbau, der über 25 Mrd. € kosten wird, durch weitere Strompreiserhöhungen bezahlen.

Das Stromnetz sollte nur für die Integration von erneuerbarem Strom ausgebaut werden. Erst nach einer entsprechenden Neuberechnung des Netzentwicklungsplans 2025 wissen wir, ob und in welchem Umfang neue Stromleitungen für die Energiewende erforderlich sind. (▶ Kap. 8)

5 Stromnetz

5.1 Verbundnetz

Die deutsche Stromversorgung besteht aus einem Verbundnetz, das alle Kraftwerke und Stromverbraucher miteinander verbindet. Alle Teilnetze innerhalb dieses Verbundes müssen mit der Standardfrequenz 50 Hertz exakt synchron arbeiten, um einen reibungslosen Stromaustausch innerhalb des Gesamtsystems zu gewährleisten.[130]

Früher speisten in das Netz v.a. konventionelle Großkraftwerke ein, die nahe der Kohleverfügbarkeiten entstanden waren oder zur Kühlung an den größeren Flüssen.[131] Durch die Energiewende speisen nun immer mehr stark fluktuierende erneuerbare Kraftwerke ein.

Abb. 5.1 zeigt das deutsche Höchstspannungsnetz 2016 und geplante Erweiterungen. Die gemäß Netzentwicklungsplan 2025 zusätzlichen Leitungsplanungen zeigt die spätere Abb 8.2.

Das Stromnetz besteht heute fast ausnahmslos aus Drehstromleitungen, meist mit zwei getrennten Systemen mit je drei Phasen und entsprechend je drei Leiterseilen bzw. Leiterseilbündeln.

5.1.1 Regelzone

Das deutsche Verbundnetz ist in vier sogenannte Regelzonen gegliedert[132], entsprechend den vier großen überregionalen Übertragungsnetzbetreibern 50Hertz (früher Vattenfall), Amprion (früher RWE), TenneT (früher E.ON) und TransnetBW (früher EnBW). Die Regelzonen sind miteinander und mit den benachbarten ausländischen Netzen über Kuppelstellen verbunden.

Innerhalb einer Regelzone ist der jeweilige Übertragungsnetzbetreiber für die Versorgungssicherheit aller dort an das Netz angeschlossenen Stromverbraucher verantwortlich, insbesondere auch für die Frequenz- und Spannungsstabilität und die schnellstmögliche Behebung von Störungen.

Die sichere Versorgung aller ans Netz angeschlossenen Kunden erfordert, dass Differenzen zwischen Stromverbrauch und Stromproduktion sofort (instantan) ausgeglichen werden durch geeignete Maßnahmen sowohl auf der Verbrauchsseite als auch auf der Produktionsseite.

Das Gesamtsystem der in ein Netz einspeisenden Kraftwerke muss also so ausgelegt werden, dass durch entsprechende Regelung der verschiedenen Kraftwerke die momentane Stromproduktion gerade der momentanen Stromnachfrage entspricht.

Im öffentlichen Netz, das der Stromversorgung dient, gelten zumindest in Deutschland extrem hohe Standards der Versorgungssicherheit. Die hohe Sicherheit und Zuverlässigkeit der Stromversorgung, die den Stromkunden in Deutschland zur Verfügung steht, wird v.a. dadurch erreicht, dass eine hinreichende Redundanz der technischen Netzeinrichtungen gegeben ist.[133] Hierfür wird das (n-1)-Kriterium angewendet, siehe Kasten 5.1.

Abb. 5.1 : Deutsches Höchstspannungsnetz, 2016

Quelle: [VDE 2016].

> **Kasten 5.1 : Gesicherte Stromversorgung bei Störfällen, (n-1)-Kriterium**
> Fällt von n-vielen Betriebsmitteln, die im ungestörten Fall zur Verfügung stehen, **eines** durch eine Störung aus, so müssen die verbleibenden (n-1)-vielen Betriebsmittel den Stromverbrauch immer noch uneingeschränkt decken können. Z.B. darf der Ausfall **eines** Transformators oder **eines** Leitungssystems zu keinen für den Verbraucher spürbaren Versorgungsunterbrechungen führen.
>
> Durch die grundsätzlich geforderte (n-1)-Sicherheit beim Netzausbau und das technische Regelwerk verschiedener einzuhaltender DIN-Normen ist das deutsche Stromnetz im Vergleich zu anderen Ländern relativ sicher ausgelegt.[134]

Deshalb können nicht nur Krankenhäuser und Industriebetriebe, sondern auch private Haushalte damit rechnen, dass jährlich höchstens wenige Male und nur für durchschnittlich 20 Minuten pro Jahr die Stromversorgung ausfällt, abgesehen von zum Glück bisher äußerst seltenen extremen Wetterereignissen oder Schaltfehlern.

5.1.2 Unterschiedliche Stromspannungen

Alle Kraftwerke sind mit allen Stromverbrauchern über die verschiedenen Spannungsebenen der Leitungsnetze mit maximalen Zeitverzögerungen im Millisekundenbereich verbunden.

Der momentan in einer Leitung transportierte Strom, elektrotechnisch als übertragene Leistung bezeichnet, ist das Produkt aus Spannung mal Stromstärke. Leiterseile erwärmen sich wegen ihres elektrischen Widerstands beim Stromdurchgang, und zwar mit dem Quadrat der Stromstärke. Bei einer Erhöhung der Stromstärke wächst also der Stromverlust mit dem Quadrat der Stromstärke.

Zudem dürfen normale Leiterseile keinesfalls auf mehr als etwa 80°C erwärmt werden. Damit ist bei gegebenem Seilquerschnitt der zulässigen Stromstärke eine klare technische Schranke gesetzt. Deshalb ist es zur Erhöhung der übertragbaren Leistung besser, statt der Stromstärke die Spannung zu erhöhen.

Den verschiedenen technischen Aufgaben, insbesondere aber der Reduzierung der Stromtransportverluste, dienen die verschiedenen Spannungsebenen:

- **Niederspannungsnetz** (bis 1 kV) mit 400 V (Drehstrom) oder 230 V (Wechselstrom) zur Versorgung kleinerer Endverbraucher.
- **Mittelspannungsnetz** (1 kV bis unter 110 kV), überwiegend im Bereich von 20 kV zur Verteilung in der Fläche und zur Versorgung größerer Gewerbebetriebe. In Verdichtungsräumen werden Mittelspannungsleitungen seit Längerem als Erdkabel ausgeführt, deshalb beträgt im Mittelspannungsnetz der Gesamtverkabelungsgrad bereits ca. 70%.
- **Hochspannungsnetz** (110 kV), meist 110-kV-Drehstrom-Freileitungen, aber immer häufiger auch in Erdkabelausführung, zum Anschluss von großen Verbrauchern und zur Netzanbindung von mittelgroßen Kraftwerken.
- **Höchstspannungsnetz** (über 110 kV), meist 380-kV-Drehstrom-Freileitungen, zum Transport über Entfernungen von Hunderten von Kilometern sowie zum Anschluss von Großkraftwerken. Für

den Netzanschluss der Offshore-Windparks in der Nordsee werden 320-kV-**H**ochspannungs-**G**leichstrom-**Ü**bertragungsleitungen (HGÜ) verwendet.

5.2 Optimierung des Netzausbaus: Nicht zu viel und nicht zu wenig

Der Begriff des Netzausbaus umfasst folgende Alternativen zur Erhöhung des maximal transportierbaren Stroms:

- Optimierung des bestehenden Stromnetzes,
- Netzverstärkung sowie Ersatz bestehender Stromleitungen,
- Neubau von Stromleitungen.

Das Stromversorgungssystem wird durch den Ausbau der stark fluktuierenden erneuerbaren Stromproduktion[135] massiv verändert. Der zeitliche und räumliche Ausgleich von Stromverbrauch und Stromproduktion kann durch unterschiedliche Maßnahmen erreicht werden, die in Kap. 6 näher erläutert werden. Ein Netzausbau in kritischen Regionen ist eine dieser Maßnahmen.

Die Netzbetreiber müssen die Abnahme, Übertragung und Verteilung von erneuerbarem Strom sicherstellen[136], bei Engpässen sind die Netzbetreiber "verpflichtet, unverzüglich ihre Netze entsprechend dem Stand der Technik zu optimieren, zu verstärken und auszubauen"[137].

Andererseits besteht aber auch eine gesetzliche Beschränkung der Verpflichtung zum Netzausbau, da der Umfang des Netzausbaus wirtschaftlich zumutbar sein muss[138]: "Der Netzbetreiber ist nicht zur Optimierung, zur Verstärkung und zum Ausbau seines Netzes verpflichtet, soweit dies wirtschaftlich unzumutbar ist."[139]

Durch das gesetzliche Gebot der wirtschaftlichen Zumutbarkeit wird der Netzausbau also auf das volkswirtschaftlich vernünftige Maß beschränkt. Die wirtschaftliche Zumutbarkeit muss bereits bei der Netzausbauplanung berücksichtigt werden.

Das Energiewirtschaftsgesetz schreibt in § 1 neben einer möglichst sicheren, preisgünstigen, verbraucherfreundlichen und effizienten Stromversorgung gleichrangig eine umweltverträgliche Gestaltung vor. Beeinträchtigungen von Natur und Umwelt werden volkswirtschaftlich als soziale Kosten bezeichnet.[140] Für die Optimierung des Netzausbaus müssen also zusätzlich zu den einzelwirtschaftlichen Nutzen und Kosten die sozialen Nutzen und Kosten berücksichtigt werden, da sonst nicht sichergestellt wäre, dass der Netzausbau für die Gesamtgesellschaft mehr Nutzen als Kosten verursacht.[141]

5.2.1 Nutzen und Kosten eines Netzausbaus

Der volkswirtschaftliche Nutzen des Netzausbaus ist die Summe aus seinem einzelwirtschaftlichen und seinem sozialen Nutzen:

- Der **einzelwirtschaftliche Nutzen** resultiert u.a. aus einem niedrigeren Regel- und Reserveaufwand konventioneller Kraftwerke und geringeren Abregelungen konventioneller und erneuerbarer Kraftwerke.

- Der **soziale Nutzen** resultiert v.a. aus geringeren Abregelungen erneuerbarer Kraftwerke und der damit bewirkten Vermeidung der Emissionen von CO_2 und weiteren Schadstoffen.

Diesem volkswirtschaftlichen Nutzen des Netzausbaus stehen seine volkswirtschaftlichen Kosten gegenüber, die sich aus einzelwirtschaftlichen plus sozialen Kosten ergeben:

- **Einzelwirtschaftliche Kosten** des Netzausbaus bestehen aus den Kosten für Optimierung, Netzverstärkung und Leitungsneubau sowie den Verlust- und Betriebskosten. Die einzelwirtschaftlichen Kosten für den Netzausbau werden vom Netzbetreiber vorfinanziert und in Gestalt von Netznutzungsentgelten auf die Stromverbraucher überwälzt.
- **Soziale Kosten** des Netzausbaus entstehen insbesondere aus der Beeinträchtigung von Naturhaushalt, Erholungsmöglichkeiten, Siedlungsstrukturen und Landschaftsbild, v.a. bei der Durchquerung von landschaftlich besonders schützenswerten Regionen durch Freileitungen (z.B. Überquerung des Rennsteigs im Thüringer Wald durch die Südthüringenleitung).

Die jeweiligen technischen Maßnahmen zur Erhöhung des zulässigen Stromtransports führen zu unterschiedlich hohen volkswirtschaftlichen Kosten:

- Optimierung und Verstärkung bestehender Freileitungen[142] durch Leiterseiltemperaturmonitoring und (in kritischen Abschnitten) Hochtemperaturleiterseile haben sowohl niedrige einzelwirtschaftliche als auch niedrige soziale Kosten und damit bei Weitem die niedrigsten volkswirtschaftlichen Kosten.
- Freileitungen haben neben einzelwirtschaftlichen besonders hohe soziale Kosten; ihre volkswirtschaftlichen Kosten sind also beträchtlich.
- Freileitungen mit Drehstromteilverkabelung haben deutlich höhere einzelwirtschaftliche Kosten, aber im Regelfall deutlich niedrigere soziale Kosten.
- Für eine Vollverkabelung eignen sich besonders gut Gleichstromleitungen (HGÜ). Hierfür sind Umformer zum Drehstromnetz erforderlich, die hohe einzelwirtschaftliche Kosten verursachen. Ihre einzelwirtschaftlichen Kosten sind niedriger als bei Freileitungen mit hohem Anteil von Teilverkabelung.[143]

5.2.2 Bestimmung des optimalen Netzausbaus

Eine simple Optimierung über Faustregeln ist nicht ausreichend. Insbesondere angesichts der am Ende auf die Stromverbraucher überwälzten Netzausbaukosten von mehreren Milliarden Euro pro Jahr ist eine wissenschaftlich begründete Bestimmung des optimalen Netzausbaus erforderlich.

Ein Netzausbau ist dann optimal, wenn sein Grenznutzen, hier also der Nutzen pro Erhöhung des zulässigen Stromtransports, gleich seinen Grenzkosten ist, hier also die Kosten pro Erhöhung des zulässigen Stromtransports. Das Netz muss demnach bis zu dem Punkt umgebaut werden, bei dem der volkswirtschaftliche Nettoertrag, also Nutzen minus Kosten, sein Maximum annimmt.[144]

Für die Sicherstellung einer volkswirtschaftlich optimalen Stromversorgung gibt es bei der Optimierung des Netzausbaus zwei ganz unterschiedliche Problemstellungen:

- Veränderung der kostenoptimalen Reihenfolge des Kraftwerkseinsatzes (merit order), falls für den Einsatz eines bestimmten Kraftwerks ein Netzausbau erforderlich ist.

- Abregelung von Kraftwerken zur Reduzierung des Netzausbaus.

In beiden Fällen müssen Stromproduktionskosten und Netzausbaukosten simultan berücksichtigt werden, um eine kostenoptimale Stromversorgung sicherzustellen.

5.3 Optimierung des Netzausbaus durch kostenoptimierten Kraftwerkseinsatz

5.3.1 Niedrige Stromproduktionskosten können hohe Strompreise verursachen

Die derzeitige Vorgehensweise bei der Netzentwicklungsplanung, bei konventionellen Kraftwerken "auf der Stufe der Netzplanung ... Redispatch von Kraftwerken zur Vermeidung von Netzausbaubedarf"[145] in keinem Fall zu berücksichtigen, kann zu einem unnötigen Netzausbau und damit zu unnötigen Kosten für den Stromverbraucher führen.[146] Deshalb muss schon bei der Netzplanung geprüft werden, ob durch Einsatz eines Kraftwerks mit geringeren variablen Stromproduktionskosten auch bei Berücksichtigung von dadurch verursachten Netzausbaukosten die insgesamt kostengünstigere Versorgung der Stromverbraucher erreicht wird.

Für die Optimierung des Netzausbaus sind folgende Fragen zu beantworten:

- Sollen Kraftwerke mit niedrigen variablen Stromproduktionskosten eingesetzt werden, obwohl deren Einsatz einen Netzausbau erfordert?
- Oder sollen besser Kraftwerke mit zwar höheren variablen Kosten eingesetzt werden, die aber keinen Netzausbau erfordern?

Zur Beantwortung dieser Frage müssen die niedrigeren Stromproduktionskosten plus Netzausbaukosten verglichen werden mit den höheren Stromproduktionskosten ohne Netzausbaukosten.

5.3.2 Kostenoptimale Stromversorgung durch kostenoptimierten Netzausbau

Zur Erläuterung der Vorgehensweise möge folgendes Beispiel dienen. Für die Abdeckung eines zusätzlichen Stromverbrauchs in Süddeutschland gebe es zwei Alternativen:

- norddeutsches Kohlekraftwerk oder
- süddeutsches Gaskraftwerk.

Das süddeutsche Gaskraftwerk soll ohne Netzausbau den süddeutschen Strombedarf decken können, hingegen soll für die Abdeckung durch das norddeutsche Kohlekraftwerk ein Netzausbau erforderlich sein.

Für die kostenoptimale Stromversorgung und den dafür erforderlichen Netzausbau müssen dann bestimmt werden:

- **Grenznutzen** des Netzausbaus:
  Einsparung an Stromproduktionskosten, weil durch den Netzausbau das norddeutsche Kohlekraftwerk mit niedrigen variablen Stromproduktionskosten eingesetzt werden kann statt des süddeutschen Gaskraftwerks mit hohen variablen Stromproduktionskosten.
- **Grenzkosten** des Netzausbaus:
  Kosten des erforderlichen Netzausbaus, um den Strom vom norddeutschen Kohlekraftwerk nach Süddeutschland transportieren zu können.

Nur falls der Grenznutzen des Netzausbaus größer ist als die Grenzkosten, sollte das Netz ausgebaut werden, um so den Einsatz des norddeutschen Kohlekraftwerks statt des süddeutschen Gaskraftwerks zu ermöglichen.

5.4 Optimierung des Netzausbaus durch Spitzenkappung

Im vorherigen Kap. 5.3 wurde erläutert, dass schon bei der Netzplanung geprüft werden muss, ob durch Einsatz eines Kraftwerks mit geringeren variablen Stromproduktionskosten auch bei Berücksichtigung von dadurch verursachten Netzausbaukosten die insgesamt kostengünstigere Versorgung der Stromverbraucher erreicht wird. Im Folgenden geht hingegen um die Frage, wie stark Kraftwerke abgeregelt werden sollen, um den erforderlichen Netzausbau kostenoptimal zu reduzieren und so eine kostenoptimale Stromversorgung sicherzustellen.

Das gesetzliche Gebot der wirtschaftlichen Zumutbarkeit des Netzausbaus[147] bedeutet insbesondere, dass für seltene kurze Spitzen der Stromproduktion kein Netzausbau erfolgen sollte, weil diese Spitzen selbst in ihrer Summe nur äußerst wenig Energie (= Leistung mal Zeit) erbringen.

Die Begrenzung der Stromproduktion muss dadurch eingehalten werden, dass seltene und kurze simultane Leistungsspitzen durch zeitabhängige Drosselung der abgegebenen Leistung so heruntergeregelt werden, wie es ein optimiertes Stromnetz zulässt. Dabei müssen bei der Netzplanung auch Netzstörfälle eingeplant werden.

Andernfalls müsste für den gesicherten Stromtransport auch von Produktionsspitzen der zulässige Stromtransport durch Netzausbau erhöht werden, bis hin zum Neubau von Nord-Süd-Leitungen. Für einen solchen Netzausbau müssten Millionen von Euros investiert werden, um einen Mehrertrag durch erneuerbare Stromspitzen im Wert von nur einigen Tausend Euros zu erzielen. Dies stünde im Widerspruch nicht nur zum gesunden Menschenverstand, sondern auch zu den gesetzlichen Vorgaben zur wirtschaftlichen Zumutbarkeit des Netzausbaus[148].

5.4.1 Wie funktioniert Spitzenkappung?

Abb. 5.2 zeigt die Wirkungsweise der Spitzenkappung bei der Stromproduktion.

Die grundsätzliche Vorgehensweise zur Optimierung des Netzausbaus kann man sich am Beispiel der Windstromproduktion wie folgt klarmachen[149]:

- In einem ersten Schritt werden die Kosten für denjenigen Netzausbau bestimmt, der 100% der installierten Generatorleistung der Windkraftwerke als zulässigen Stromtransport sicherstellt.

- Anschließend wird in kleinen Schritten der geplante Netzausbau reduziert und dabei jeweils einerseits die Einsparung bei den Netzausbaukosten und andererseits die Reduzierung der Vergütungssummen wegen Abregelung der Windkraftwerke bestimmt.
- Solange die Reduzierung der Netzausbaukosten größer ist als die Vergütungssumme für die zusätzlich abgeregelte Windstromproduktion, wird der Netzausbau schrittweise weiter reduziert.

Bei der Optimierung ist zu prüfen, ob die Menge an 'ausgesperrtem' Windstrom optimal ist. Überschreiten die hierdurch entgangenen Einspeisevergütungen im mehrjährigen Mittel die Netzausbaukosten, so ist das Netz offensichtlich unzureichend ausgebaut und ein Netzausbau erforderlich.

Abb. 5.2 : Spitzenkappung der Stromproduktion – Schema

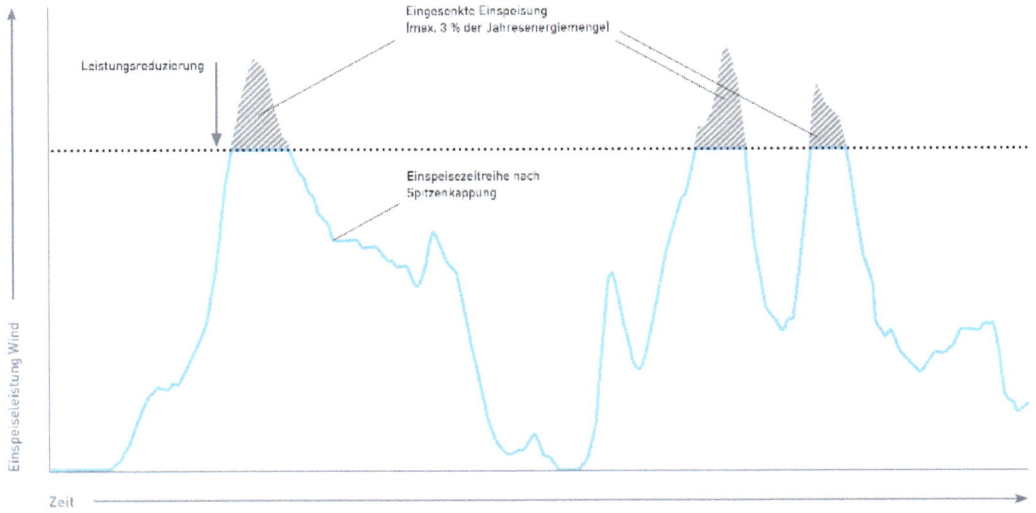

Quelle: [NEP 2025/2, Abb. 6, S. 43].

5.4.2 Spitzenkappung bei konventionellen und bei erneuerbaren Kraftwerken erforderlich

Durch das gesetzliche Gebot der wirtschaftlichen Zumutbarkeit wird der Netzausbau auf das volkswirtschaftlich vernünftige Maß beschränkt. Nicht nur im Notfall einer befürchteten Netzüberlastung, sondern schon im Rahmen der Netzausbauplanung muss die mögliche Abregelung von Produktionsspitzen berücksichtigt werden, und zwar sowohl von konventionellen als auch von erneuerbaren Kraftwerken, wobei der Einspeisevorrang der erneuerbaren Stromproduktion beachtet werden muss.

Netze sollten also nicht für Produktionsspitzen ausgebaut werden, wie die Bundesnetzagentur bereits 2012 in einem Grundsatzpapier feststellte: "Der Netzausbau muss sowohl volkswirtschaftlich als auch betriebswirtschaftlich effizient sein. Dies bedeutet, dass die Netze in der Energiezukunft nicht zur Aufnahme von jeder beliebig angebotenen Strommenge ausgebaut werden sollten"[150]. Andernfalls würden die Stromverbraucher, die den Netzausbau letztlich bezahlen müssen, unnötig belastet.

Durch Spitzenkappung kann der Netzausbaubedarf deutlich reduziert werden, allerdings nur, wenn die gekappte Stromproduktion nicht – wie derzeit? – durch Kraftwerke ersetzt wird, für deren Nutzung gegebenenfalls zusätzliche Leitungen erforderlich sind. Im Extremfall würde dann ein Windpark zurückgeregelt werden und die dadurch entfallende Stromproduktion würde durch das Hochfahren eines benachbarten Kohlekraftwerks ausgeglichen werden. Der Netzausbaubedarf würde dann durch Spitzenkappung nur geringfügig vermindert[151], im Extremfall sogar erhöht.

(1) Spitzenkappung bei konventionellen Kraftwerken

Für die konventionellen **Kraftwerke** bleibt derzeit bei der Netzausbauplanung eine Abregelung unberücksichtigt. Konventionelle Kraftwerke werden nur bei einem Notfall im tatsächlichen Betrieb gemäß § 13 Abs. 2 EnWG abgeregelt, soweit eine Gefährdung oder Störung des Stromversorgungssystems nicht durch netz- oder marktbezogene Maßnahmen gemäß § 13 Abs. 1 EnWG beseitigt werden kann.

Würde man eine Abregelung von konventionellen Kraftwerken bereits bei der Netzausbauplanung berücksichtigen, könnte man einen beträchtlichen Teil des Netzausbaus einsparen. Für einen bei der Netzplanung berücksichtigten Netzstörfall müssten dann nicht, wie derzeit in der Netzplanung üblich, Reserveleitungen eingeplant werden, sondern man könnte dann eine Abregelung der konventionellen Kraftwerke einplanen. Die derzeitige Vorgehensweise bei der Netzentwicklungsplanung, bei konventionellen Kraftwerken "auf der Stufe der Netzplanung keinen Redispatch von Kraftwerken ... zur Vermeidung von Netzausbaubedarf"[152] zu berücksichtigen, führt also zwingend zu einem unnötigen Leitungsausbau und zu unnötigen Kosten für den Stromverbraucher.[153]

(2) Spitzenkappung bei erneuerbaren Kraftwerken

Im Gegensatz zu einer Spitzenkappung bei konventionellen Kraftwerken haben die Übertragungsnetzbetreiber mittlerweile bei erneuerbaren Kraftwerken das Potenzial einer Spitzenkappung für eine Reduzierung des erforderlichen Netzausbaus erkannt.[154]

Bereits eine Abregelung von gut 3% der jährlichen Stromproduktion von erneuerbaren Kraftwerken kann den Netzausbaubedarf halbieren, wie Abb. 5.3 zeigt. Schon der Netzentwicklungsplan 2023 bestätigte das große Potenzial der Spitzenkappung für eine Reduzierung des erforderlichen Netzausbaus. Trotzdem wurden weder im Netzentwicklungsplan 2023 noch im Netzentwicklungsplan 2024 die Möglichkeiten der Spitzenkappung von erneuerbaren Kraftwerken berücksichtigt.[155]

Die Bundesnetzagentur hat nun endlich für den Netzentwicklungsplan 2025 eine Berücksichtigung der Spitzenkappung schon bei der Netzplanung vorgeschrieben.[156] Allerdings gilt die Spitzenkappung nur für die erneuerbare Stromproduktion, und nur um maximal 3% der jährlichen Stromproduktion. Dabei bleibt die sehr hohe Versorgungssicherheit für den Stromverbraucher erhalten, weil für die abgeregelte Stromproduktion andere Kraftwerke einspringen, um Abschaltungen von Verbrauchern zu verhindern.

Abb. 5.3 : Eingesparter Netzausbau in Abhängigkeit der abgeregelten Stromproduktion

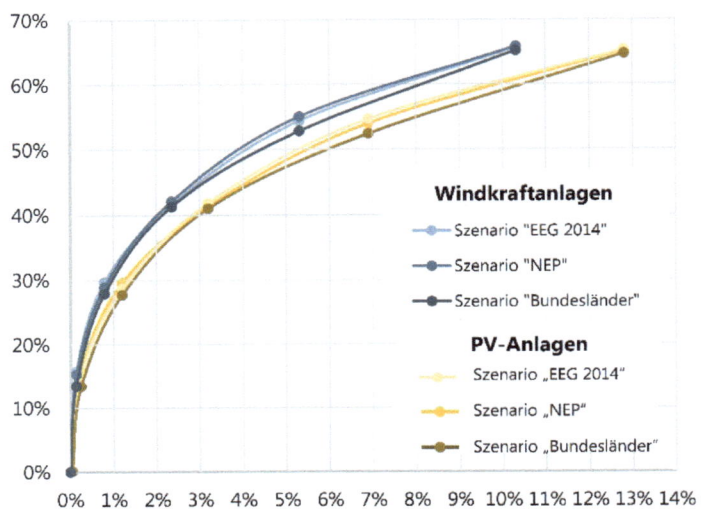

Quelle: [BMWi 2014, Abb. 52, S. 76].

5.4.3 Fallbeispiele für die optimale Spitzenkappung bei Windstrom

Zunächst wird die Bestimmung von **Grenznutzen** und **Grenzkosten** einer Erhöhung des zulässigen Stromtransports erläutert.[157]

Bestimmung des Grenznutzens

Die Dauer-Leistung-Kurve einer Gesamtheit von Windkraftwerken stellt die **energetische** Grenznutzen-Leistung-Beziehung dar. Durch die monetäre Bewertung der Stromproduktion mittels der EEG-Vergütung[158] wird sie zur **monetären** Grenznutzen-Leistung-Beziehung und damit zur Grenznutzen-Kurve.

Bestimmung der Grenzkosten

Die jährlichen **einzelwirtschaftlichen Kosten** pro zusätzlich übertragbare Leistung im Netz sind bei gegebener technischer Ausführung etwa proportional zur Länge der Strecke.[159]

Zu den genannten einzelwirtschaftlichen Kosten treten die **sozialen Kosten** (v.a. Umweltkosten) der jeweiligen Netzausbaumaßnahmen hinzu.[160] Die Summe aus einzelwirtschaftlichen und sozialen Kosten ergibt die volkswirtschaftlichen Kosten des Netzausbaus.

Daraus ergeben sich jeweils folgende Ergebnisse:

- Richtwerte für den volkswirtschaftlich optimalen Netzausbau, zu dem der Netzbetreiber in der betroffenen Region gesetzlich verpflichtet ist.

- Abschätzungen für die auch nach optimiertem Netzausbau noch zumutbaren gelegentlichen Leistungsbeschränkungen, die – zeitlich variabel und nachfrageabhängig – erforderlich bleiben, um Überinvestitionen im Netzausbau zu vermeiden.

Bei Stromüberschuss ist eine Abregelung von Windkraftwerken erforderlich, was zu niedrigen Börsenstrompreisen führt. Eine Bewertung der Windstromproduktion nicht mit EEG-Vergütungen, sondern mit Börsenstrompreisen, würde deshalb den Wert der abgeregelten Stromproduktion deutlich reduzieren und damit auch den Umfang des wirtschaftlich zumutbaren Netzausbaus noch weiter absenken.[161]

Bei einer einheitlichen EEG-Vergütung für Windstrom sowohl bei Stromüberschuss als auch bei Stromdefizit werden die Kraftwerksbetreiber verleitet, bei gegebener Rotorgröße übergroße Generatoren zu installieren. Mit geringen Mehrkosten können sie so eine höhere Stromproduktion erreichen, für die sie die volle EEG-Vergütung erhalten, obwohl der zusätzlich erzeugte Strom meist in Zeiten von Stromüberschuss anfällt und deshalb einen geringen volkswirtschaftlichen Wert hat. Dieser Fehlanreiz wird noch verstärkt, weil die Betreiber der Windkraftwerke für die Abregelung von Windstromspitzen entschädigt werden und sie zudem nicht die Kosten des durch übergroße Generatoren bedingten Netzausbaus tragen müssen.

Die Bestimmung des optimalen Netzausbaus wird im Folgenden für drei Fallbeispiele erläutert:
- Netzanschluss eines Onshore-Windparks mit 110-kV-Drehstromleitungen.
- Netzanschluss eines Offshore-Windparks mit 320-kV-Gleichstromleitungen.
- Ferntransport von Windstrom mit 380-kV-Drehstromleitungen.

(1) Netzanschluss eines Onshore-Windparks mit 110-kV-Drehstromleitungen

Abb. 5.4 zeigt die Optimierung des 110-kV-Netzanschlusses eines Windparks in windstarker Küstenlage für unterschiedliche technische Möglichkeiten. Dabei wird beispielhaft von einem Park von Windkraftanlagen mit Rotordurchmessern von 80 m und Generatorgrößen von alternativ 2 MW und 3 MW ausgegangen.

Bei einer Generatorgröße von 2 MW liegen die Schnittpunkte, die die optimale Spitzenkappung anzeigen, bei 92% der Nennleistung des Windparks, falls ein Netzanschluss per Erdkabel für 40 km Länge erforderlich ist. Für den Netzausbau muss also von einer Spitzenkappung von 8% der installierten Leistung bei einer Netzüberlastung ausgegangen werden. Für jedes Windkraftwerk wird also das Netz nicht für die installierte Leistung von 2 MW ausgebaut, sondern durchschnittlich nur für 1,84 MW (= 92% * 2 MW). Dieser Wert gilt nur für windstarke Küstenlagen. Für windschwächere und topografisch stärker gegliederte Gebiete, z.B. weit südlich der Küste oder im Mittelgebirge, resultiert ein Netzausbaubedarf von deutlich unter 90%[162] der im betrachteten Gebiet insgesamt installierten Windleistung.

Wird bei 80 m Rotordurchmesser die Generatorgröße von 2 MW auf 3 MW erhöht, muss pro Windkraftwerk eine Netzanschlussleistung von 2,34 MW (= 78% * 3 MW) vorgesehen werden, weil die optimale Spitzenkappung von 8% auf 22% (= 100% - 78%) steigt.

Bei einer Erhöhung der installierten Leistung von 2 MW auf 3 MW, also um 1 MW, steigt der erforderliche Netzausbau nur um 0,5 MW (von 1,84 MW auf 2,34 MW).

Abb. 5.4 : Optimierung des 110-kV-Netzanschlusses eines Onshore-Windparks

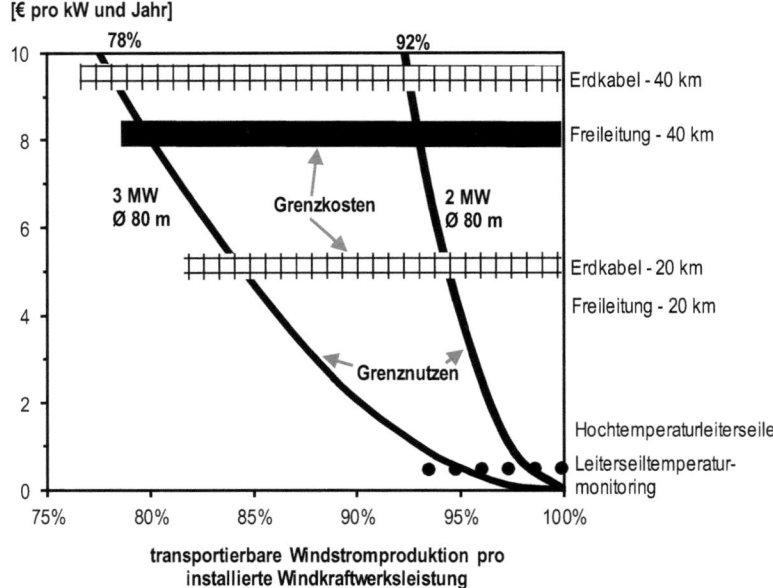

Hinweis:
Die volkswirtschaftlichen Kosten pro zusätzlich transportierbare Leistung sind im untersuchten Bereich weitgehend unabhängig von der Grenzleistung der Leitung. Deshalb sind die Grenzkosten-Kurven in guter Näherung horizontale Geraden in einer Höhe, die den Kosten der jeweiligen Netzausbaumaßnahme entspricht.

Quelle: [Jarass/Obermair 2012, Abb. 6.5, S. 158], Flächenleistung 400 W/m² (z.B. 2 MW bei Ø = 80 m). Abschätzung unter zusätzlicher Berücksichtigung der wechselseitigen Abschattung und der technischen Nichtverfügbarkeit der Anlagen sowie Bewertung der Windstromproduktion mit 0,1 €/kWh.

Die Jahresstromproduktion erhöht sich zwar durch die höhere Generatorleistung, die Mehrproduktion fällt aber ausschließlich in Starkwindperioden an. Eine derartige Erhöhung der installierten Leistung bei gegebenem Rotordurchmesser erhöht also den Netzausbau unnötig. Bei gegebenem Rotordurchmesser kleinere Generatoren sowie zudem größere Turmhöhen zu bauen, würde hingegen die Windstromproduktion vergleichmäßigen und damit den erforderlichen Netzausbaubedarf reduzieren.

(2) Netzanschluss eines Offshore-Windparks mit 320-kV-Gleichstromleitungen

Offshore-Windstrom muss über Entfernungen von 100 km und mehr zuerst am Meeresgrund bis zur Küste, dann weiter an Land bis zur Übergabe an einen starken Netzknoten mit Leistungen von mehreren GW transportiert werden.

Als technische Alternative für den Anschluss der großen neuen Offshore-Windparks bis zur Küste und dann weiter bis zum 380-kV-Höchstspannungsnetz kommt nur ein Neubau mit Seekabeln in Frage, für längere Strecken zwingend in Gleichstromausführung, ebenso die Fortführung an Land als Gleichstromerdkabel. Hierfür werden 320-kV-**H**ochspannungs-**G**leichstrom-**Ü**bertragungsleitungen (HGÜ) verwendet. Typische Leitungslängen sind 100 km bis 200 km.

Der Offshore-Netzanschluss besteht aus vom öffentlichen Netz getrennten Windstrom-Transportleitungen. Sie werden deshalb nicht (n-1)-gesichert als Doppelleitungen ausgeführt, sondern nur als Einfachleitungen, was die Kosten fast halbiert. Bei einem der sehr seltenen Kabelschäden[163] sind lange Reparaturdauern zu erwarten. Falls mittelfristig jeder Netzknoten im Meer ('Steckdose') mit mehreren Kabelsystemen ans Festland angeschlossen wird, könnte damit annähernd die Versorgungssicherheit eines vermaschten Systems erreicht werden.

Die **Kosten des Offshore-Netzanschlusses** hängen stark vom Abstand zur Küste und der entsprechend erforderlichen Leitungslänge ab. Zudem führen größere Verlegungstiefen und ein schwieriger Untergrund, z.B. in der Nordsee häufig anzutreffende Treibsände, zu Kostenerhöhungen. Die tatsächliche Kostenentwicklung wird auch stark von Art und Umfang neuer Kabel- und Verlegetechniken abhängen.

Eine optimale Spitzenkappung von Offshore-Windkraftwerken liegt im Bereich von 15% bis 20%[164] der insgesamt installierten Generatorleistung der Offshore-Windkraftwerke. Nach einigen Jahren Betriebserfahrung mit den Anlagen wird man sehen, ob der Wert eher etwas größer oder etwas kleiner gewählt werden sollte.

Der Offshore-Windstrom kann nur zum Teil in Norddeutschland verbraucht werden, der Rest muss zukünftig zu den weit entfernt liegenden Verbrauchsschwerpunkten in West- und Süddeutschland sowie zu Speicherkraftwerken nach Norwegen oder in die Alpen transportiert werden. Bei anteiliger Berücksichtigung dieser Transportkosten, die im folgenden Fallbeispiel dargestellt werden, steigt die optimale Spitzenkappung auf deutlich über 20% der insgesamt installierten Generatorleistung aller Offshore-Windparks.

(3) Ferntransport von Windstrom mit 380-kV-Drehstromleitungen

Der Windstrom muss aus den Küstenregionen zu den Verbrauchsschwerpunkten und Speicherkraftwerken im Westen und Süden Deutschlands transportiert werden, mit typischen Leitungslängen von 200 km bis weit über 500 km.

Technische Alternativen für den Netzausbau sind je nach Bedarf:
- Leitungsoptimierung, z.B. mittels Leiterseiltemperaturmonitoring[165],
- Verstärkung bestehender Leitungen, z.B. mittels Hochtemperaturleiterseilen[166],
- Leitungsneubau als Freileitung in Dreh- oder Gleichstromtechnik, bei Querung besonders sensibler Landschaft oder Annäherung an Siedlungen als Teilverkabelung bzw. auf ganzer Länge als Gleichstromerdkabel[167].

Der wirtschaftlich zumutbare Netzausbau im Bereich der 380-kV-Höchstspannungsfernleitungen ist abhängig von der erforderlichen Leitungslänge und der verwendeten Leitungsart. Er liegt z.B. für den Windstromtransport von Ostdeutschland nach Süddeutschland bei weniger als 65%[168] der installierten Leistung derjenigen Windkraftwerke, deren Stromproduktion nach Süddeutschland transportiert werden soll. Die optimale Netzausbauleistung ist mit unter 65% der insgesamt installierten Windkraftwerksleistung deshalb so niedrig, weil sich Produktionsspitzen einzelner ostdeutscher Windkraftwerke wegen der großen räumlichen Ausdehnung Ostdeutschlands und seiner topologisch starken Gliederung häufig ausgleichen. Dies steht im Gegensatz von räumlich konzentrierten Netzanschlüssen eines Windkraftwerks onshore oder offshore, wo die optimale Netzausbauleistung deutlich über 80% liegt.

Die Begrenzung bedeutet nicht, dass jedes einzelne Windkraftwerk auf 65% seiner jeweils installierten Leistung reduziert wird. Nur bei momentan sehr hoher simultaner Windstromproduktion in größeren Gebieten der Regelzone, was im Mittel sehr selten und nur für kurze Zeitabschnitte vorkommt, kann die zur 380-kV-Ebene durchzuleitende Windkraftwerksleistung die Grenzlast des Netzes überschreiten. In diesem Fall muss die Windstromproduktion um bis zu 35% der insgesamt installierten Windkraftwerksleistung abgeregelt werden.

Eine statistische Analyse der erneuerbaren Stromproduktion in der 50Hertz-Regelzone hat beispielsweise gezeigt, dass bei optimiertem Netzausbau durch das dann erforderliche Abregeln seltener Leistungsspitzen weniger als 1% der möglichen jährlichen Windstromproduktion abgeregelt wird.[169] Wird die Leitungsbelastbarkeit durch Leiterseiltemperaturmonitoring der 380-kV-Leitungen gemessen und variabel geregelt, so treten solche Beschränkungen der Stromproduktion noch seltener auf und die insgesamt abgeregelte Stromproduktion wird noch weiter gesenkt.

Differenzen zwischen notwendigem und zulässigem Stromtransport müssen unverzüglich ausgeglichen werden. Im folgenden Kapitel werden Maßnahmen für diesen Ausgleich dargestellt und bewertet.

6 Ausgleich von Stromtransportbedarf und zulässigem Stromtransport

Zur Darstellung von technischen Zusammenhängen werden folgende vereinfachende Begriffe verwendet:

- Stromtransportbedarf bezeichnet den für eine sichere Stromversorgung erforderlichen Stromtransport[170].
- Zulässiger Stromtransport bezeichnet den maximal möglichen Stromtransport durch eine Stromleitung, elektrotechnisch als maximale Übertragungsleistung bezeichnet.

Maßnahmen zum Ausgleich von Stromtransportbedarf und zulässigem Stromtransport werden in drei Gruppen eingeteilt:

- Maßnahmen zur Reduzierung des Stromtransportbedarfs.
- Maßnahmen zur Erhöhung des zulässigen Stromtransports **ohne** Leitungsneubau.
- Maßnahmen zur Erhöhung des zulässigen Stromtransports **mit** Leitungsneubau.

Eine Erhöhung des zulässigen Stromtransports kann auf allen Spannungsebenen je nach Bedarf in drei aufeinanderfolgenden Stufen mit jeweils höherem Kostenaufwand erreicht werden:

- Netzoptimierung des bestehenden Systems, z.B. durch Behebung von Engpässen im Umspannwerkbereich, besseres Abstimmen vorhandener Leitungssysteme, Regelung des Lastflusses mittels Querregler etc.
- Netzverstärkung von bestehenden Leitungen, insbesondere von Freileitungen, indem z.B. konventionelle Leiterseile durch Hochtemperaturleiterseile ersetzt werden, am besten in Kombination mit dem später in Kap. 6.2.1 näher beschriebenen Leiterseiltemperaturmonitoring.
- Neubau einer kompletten Stromleitung, deren Bau jedenfalls auf 110-kV-Niveau gesetzlich im Regelfall als Erdkabel vorgeschrieben[171] und kostengünstig ausführbar ist. Auch für den Neubau von 380-kV-Trassen gibt es ab 2009 Vorgaben zur Teilverkabelung[172].

Dabei gilt[173]:

- Vorrangig Netzoptimierung und Netzverstärkung.
- Neubau von Leitungen nur, falls Netzoptimierung und Netzverstärkung nicht ausreichen.

6.1 Reduzierung des Stromtransportbedarfs

6.1.1 Spitzenkappung

Das gesetzliche Gebot der wirtschaftlichen Zumutbarkeit des Netzausbaus bedeutet, dass für seltene kurze Spitzen der Stromproduktion kein Netzausbau erfolgen sollte.[174] Durch eine Spitzenkappung wird die Stromproduktion reduziert, sodass dann der Netzausbau deutlich reduziert werden kann.

(1) Spitzenkappung bei erneuerbarem Strom

Die Bundesnetzagentur hat Ende 2014 eine Berücksichtigung der Spitzenkappung der erneuerbaren Stromproduktion bei der Netzausbauplanung verbindlich vorgeschrieben: "Um den Netzentwicklungsbedarf zu reduzieren, sind die Übertragungsnetzbetreiber in allen Szenarien verpflichtet ... für die Ermittlung des Transportbedarfs eine reduzierte Einspeisung aller Onshore Windenergie- und Photovoltaikanlagen (Bestands- und Neuanlagen) zu Grunde zu legen", und zwar maximal je Anlage "um 3% der ohne Reduzierung erzeugten Jahresenergiemenge"[175]. Diese "volkswirtschaftliche sinnvolle Erzeugungsspitzenkappung ... führt zwangsläufig dazu, dass das Netz später eben nicht mehr zu jedem Zeitpunkt für die gesamte Erzeugung (sowohl konventionelle als auch erneuerbare) engpassfrei ist"[176], wie die Bundesnetzagentur ganz richtig schreibt.

Der Bayerische Energiedialog forderte im Januar 2015 eine stärkere Spitzenkappung und forderte zudem die Bundesregierung auf, für die Spitzenkappung "die rechtlichen Regelungen zur Netzentwicklungsplanung" anzupassen[177], wodurch die Vorgaben der Bundesnetzagentur rechtlich abgesichert würden.

(2) Spitzenkappung bei konventionellem Strom

Bei der Netzplanung wird nur bei erneuerbaren Kraftwerken eine Spitzenkappung berücksichtigt, nicht hingegen bei den konventionellen Kraftwerken, weil "auf der Stufe der Netzplanung kein Redispatch von Kraftwerken ... zur Vermeidung von Netzausbaubedarf"[178] berücksichtigt wird.

Haben konventionelle Kraftwerke auch dann einen Rechtsanspruch auf gesicherte Netzeinspeisung und Ferntransport, wenn sie zur Deckung des momentanen Stromverbrauchs in Deutschland nicht erforderlich sind[179], etwa unter Verweis auf den "internationalen Stromhandel"[180] oder ein generelles Recht auf "Befriedigung der Nachfrage nach Übertragung von Elektrizität"[181] oder "freie Standortwahl von Kraftwerken und Erzeugungsanlagen und ihr freier Einsatz im deutschen und europäischen Markt"[182]?

Ein unnötiger Betrieb von Kohlekraftwerken[183] ist konträr zu den gesetzlichen Zielsetzungen der Energiewende, wie sie in § 1 Abs. 1 EEG klar definiert sind:
- Klima- und Umweltschutz,
- nachhaltige Entwicklung der Energieversorgung,
- Einbeziehung auch der langfristigen externen Effekte bei der angestrebten Reduzierung der sozialen Kosten der Energieversorgung,
- Schonung fossiler Energieressourcen.

Vor diesem Hintergrund ist die Frage von Bedeutung, wie diese Zielsetzungen, die auch in den entsprechenden EU-Regularien niedergelegt sind, erreicht werden können unter Beachtung des Zusammenspiels von EU-Verordnungen und EU-Richtlinien mit der deutschen Gesetzeslage gemäß Energiewirtschaftsgesetz, Erneuerbare-Energien-Gesetz und den dazu erlasseren Verordnungen.

Die Abregelung von konventionellen Kraftwerken als Mittel zur Reduzierung des Netzausbaubedarfs wird von der Bundesnetzagentur ausdrücklich als Möglichkeit erwähnt:

- Eine Abregelung durch "Kapazitätseinschränkung an lastflussrelevanten Grenzen", insbesondere durch die ab 2019/20 vorgesehene "Einführung einer Engpassbewirtschaftung an der Grenze DE – AT"[184], führt bei Berücksichtigung des Einspeisevorrangs des erneuerbaren Stroms ganz überwiegend zu einer Reduzierung der Kohlestromproduktion zeitgleich zu hoher erneuerbarer Stromproduktion und damit zu einer Reduzierung des Netzausbaubedarfs.
- Letztlich führt eine derartige Kapazitätseinschränkung zu einem "Vermarktungsverbot für konventionelle Erzeugung"[185] bei drohender Netzüberlastung, also insbesondere bei unnötiger Kohlestromproduktion zeitgleich zu hoher erneuerbarer Stromproduktion.

Trotzdem bleibt bei der Netzentwicklungsplanung[186] die Möglichkeit einer Abregelung von konventionellen Kraftwerken unberücksichtigt. Dies führt zu einem unnötigen Leitungsausbau und zu unnötigen Kosten für den Stromverbraucher.[187]

Nur bei der konkreten tageweisen Planung der einzelnen Bilanzkreise werden von den Übertragungsnetzbetreibern im Notfall (§ 13 EnWG), z.B. bei einem Leitungsengpass, konventionelle Kraftwerke gegen Entschädigung abgeregelt.

Das Bayerische Energieprogramm fordert auch für neu installierte konventionelle Kraftwerke eine entschädigungslose Abregelungsmöglichkeit von "3% der jährlich erzeugten Energiemenge je Anlage ..., um eine Diskriminierung" der erneuerbaren Kraftwerke "zu vermeiden und den Vorrang der erneuerbaren Energien stärker zu berücksichtigen"[188].

6.1.2 Stromspeicher

Stromspeicher können sowohl bei Stromüberschuss als auch bei Stromdefizit die Stromproduktion vergleichmäßigen[189] und dadurch grundsätzlich den benötigten Leitungsausbau reduzieren. Andererseits ist für den Netzanschluss neuer Stromspeicher ein Netzausbau erforderlich. Ob durch Stromspeicher der Netzausbau verringert werden kann, muss also für jeden Einzelfall untersucht werden.

(1) Kurzfristige Stromspeicherung

Kurzfristige Stromspeicher[190] sind z.B. Pumpspeicherkraftwerke, regelbare Laufwasserkraftwerke und Batterien.

Pumpspeicherkraftwerke ermöglichen eine kurzfristige Glättung der Stromproduktion im Minuten- und Stundenbereich und reduzieren dadurch grundsätzlich den Netzausbau. Allerdings müssen die Speicher an das überregionale Netz angebunden werden, was insbesondere in einer Region mit einer sehr hohen Pumpspeicherdichte, z.B. in der Region Südthüringen, den Leitungsbedarf erhöhen kann[191], wie der Übertragungsnetzbetreiber 50Hertz betont: "Ja wir wissen, dass in Thüringen die Pumpspeicherdichte sehr groß ist. Das ist natürlich ein Thema. Der Betrieb von Pumpspeichern führt in bestimmten Zeitfenstern zu einer erhöhten Netzbelastung."[192]

Die Pumpspeicherkraftwerke werden derzeit nicht von den Übertragungsnetzbetreibern betrieben (was sinnvoll wäre), sondern von Dritten nach deren Bedürfnissen (in Ostdeutschland vom Braunkohlebetreiber Vattenfall).

Pumpspeicherkraftwerke liefern Regelenergie, die die Leitungen gerade in Hochlastphasen zusätzlich belasten können. So beklagt z.B. der Übertragungsnetzbetreiber 50Hertz in einer Stellungnahme das "kontraproduktive Verhalten des Pumpspeicherkraftwerks Goldisthal in Hochlastphasen auf die Auslastung der 380 kV Leitung Remptendorf – Redwitz, das zu Überlastsituationen führt"[193].

Die für den Stromausgleich in Deutschland geplante Nutzung norwegischer Stromspeicher[194] erfordert neue HGÜ-Leitungen durch die Nordsee. Von den beiden geplanten HGÜ-Verbindungen zu den Wasserspeichern nach Norwegen wird momentan nur NordLink mit 1,4 GW von Wilster im Raum Hamburg nach Tonstadt in Südnorwegen weiterverfolgt[195]. NorGerLink mit 1,4 GW von Elsfleth an der Unterweser nach Kristiansand in Südnorwegen wurde u.a. wegen der Gefahr fehlender Wirtschaftlichkeit auf später verschoben.

Der für den Netzanschluss von Pumpspeicherkraftwerken erforderliche Netzausbaubedarf muss mit dem Netzausbaubedarf verglichen werden, der ohne den durch die Pumpspeicherkraftwerke ermöglichten Ausgleich von Stromverbrauch und Stromproduktion erforderlich wäre.

Im Gegensatz zu Pumpspeichern führen dezentrale Batteriestromspeicher immer zu einem verringerten Netzausbaubedarf. Gemäß einer Studie[196] im Auftrag des Bundeswirtschaftsministeriums können dadurch alleine in Süddeutschland 100 Mio. € Netzausbaukosten gespart werden.

(2) Langfristige Stromspeicherung

Für eine langfristige Stromspeicherung wird bei Stromüberschuss z.B. mittels Strom erneuerbares Gas erzeugt (Power to Gas) und in das Gasversorgungssystem eingespeist.[197] Dabei können die bestehenden Gasspeicher genutzt werden. Bei einem späteren Stromdefizit kann dann erneuerbares Gas in Gaskraftwerken für die Stromproduktion verwendet werden. Allerdings geht dabei rund die Hälfte des eingespeicherten Stroms als Umwandlungsverlust verloren.

Übrigens könnte sogar die Offshore-Windstromproduktion verstärkt dezentral organisiert werden, wenn vor Ort ein momentaner Stromüberschuss in erneuerbares Gas umgewandelt werden würde[198]. Dadurch würde in jedem Fall der erforderliche Leitungsausbau deutlich reduziert.

6.1.3 Nachfragemanagement

Durch Nachfragemanagement wird der momentane Stromverbrauch an die momentane Stromproduktion angepasst.[199] Hierfür ist zwingend eine Steuerung des Stromverbrauchs (z.B. durch Smart Grid[200]) zwischen Stromverbraucher und Stromversorger erforderlich. Durch Nachfragemanagement werden Nachfragespitzen gekappt und bei einem erwarteten Stromdefizit wird der Stromverbrauch reduziert. Dadurch kann der Netzausbau deutlich reduziert werden.

Zwar ermöglicht die Bundesnetzagentur ausdrücklich die Berücksichtigung von Nachfragemanagement schon bei der Netzausbauplanung: "Dabei können die Modelle auch einen so genannten Demand Side Response berücksichtigen, d.h. eine Verminderung der Stromnachfrage in Zeiten hoher Preise und ein Nachholen des Energiebezugs in Zeiten niedriger Preise."[201] Es bleibt aber unklar, inwieweit im Netzentwicklungsplan 2025 die Möglichkeiten des Nachfragemanagements zur Reduzierung des Netzausbaus angemessen berücksichtigt werden.

6.1.4 Dezentrale Stromversorgung

Grundsätzlich reduziert eine verstärkte Stromproduktion durch Energiequellen vor Ort[202] den erforderlichen überregionalen Netzausbau, da dann z.B. der Bau von verbrauchsfernen Offshore-Windkraftwerken reduziert werden kann und lange Stromleitungen in den Süden nicht erforderlich sind.

Andererseits ist dann auch die überregionale Vernetzung geringer. Deshalb ist für eine dezentrale Stromversorgung die Kombination aus Nachfragemanagement und Stromspeichern von besonderer Bedeutung[203], wie sie durch ein virtuelles Stromversorgungssystem[204] sichergestellt wird. Dadurch wird dann der Netzausbaubedarf besonders deutlich reduziert.

Durch lokale Kraftwerke mit gekoppelter Strom- und Wärmeproduktion wird nicht nur der Energieverbrauch deutlich reduziert, sondern auch der benötigte Netzausbau. Dies gilt insbesondere, wenn der Betrieb der Kraft-Wärme-Kopplungskraftwerke von wärmegeführt auf stromgeführt umgestellt werden kann, z.B. durch Vergrößerung der Wärmespeicher. Damit wird zu Zeiten von Stromüberschuss die Stromproduktion zurückgefahren und der Wärmebedarf aus dem Wärmespeicher gedeckt, zu Zeiten von Stromknappheit wird die Stromproduktion hochgefahren und überschüssige Wärme in den Wärmespeicher eingespeichert.

6.2 Erhöhung des zulässigen Stromtransports ohne Leitungsneubau

Die übliche Auslegung für Hoch- und Höchstspannungsfreileitungen sieht maximale Betriebstemperaturen von etwa 80°C im Normalbetrieb und bis zu 100°C für kürzere Spitzenlast vor. Bei Überschreiten dieser Temperaturen werden die zulässigen Durchhänge überschritten und damit der minimale Bodenabstand nicht sicher eingehalten. Zudem altern dann die Seile schneller, wodurch der permanente Durchhang zunimmt und die Reißfestigkeit abnimmt.

Durch Leiterseiltemperaturmonitoring wird bei niedrigeren Temperaturen der Stromfluss erhöht, durch Hochtemperaturleiterseile wird die zulässige Leiterseiltemperatur erhöht.

6.2.1 Leiterseiltemperaturmonitoring

(1) Wie funktioniert Leiterseiltemperaturmonitoring?

Die Leiterseiltemperatur darf 80°C nicht übersteigen, da sonst die Leiterseile nachhaltig beschädigt werden können und gegebenenfalls auch der zulässige Leiterseildurchhang überschritten wird.

Die Leiterseiltemperatur wird bis heute nicht kontinuierlich gemessen, wahrscheinlich, weil früher der dafür erforderliche technische Aufwand zu groß war. Stattdessen wird der zulässige Stromtransport während des ganzen Jahres so stark begrenzt, dass auch bei extrem hochsommerlichen Wetterkonstellationen die Leiterseiltemperatur mit an Sicherheit grenzender Wahrscheinlichkeit 80°C nicht übersteigt.

Dies wird geregelt durch die DIN EN 50182, die den zulässigen Stromtransport [205] unabhängig von der momentanen Wetterkonstellation so begrenzt, dass auch bei extrem Wetterkonstellationen, nämlich bei hochsommerlichen Temperaturen von 35°C, 100% Sonneneinstrahlung und sehr geringer Kühlung durch Wind[206], die zulässige Leiterseiltemperatur von 80°C nicht überschritten wird.

Derartige extreme Wetterkonstellationen sind sehr selten, kommen aber gerade im Hochsommer bei windarmen Hochdrucklagen durchaus vor.[207] Ohne Kenntnis der momentanen Leiterseiltemperatur, also ohne Leiterseiltemperaturmonitoring, sind die Berücksichtigung derartiger extremer Wetterkonstellationen und die resultierende starke Begrenzung des zulässigen Stromtransports also durchaus gerechtfertigt. Allerdings führt die bisherige Vorgehensweise dazu, dass die starke Begrenzung des zulässigen Stromtransports auch dann gilt, wenn bei niedrigerer Sonneneinstrahlung oder höherer Windgeschwindigkeit die Leiter mehr Strom transportieren könnten, ohne die Maximaltemperatur von 80°C zu erreichen, also die momentane Wetterkonstellation einen sehr viel höheren Stromtransport ohne Gefährdung der Versorgungssicherheit zulassen würde.

Durch Leiterseiltemperaturmonitoring wird die tatsächliche Leiterseiltemperatur in jedem Leitungsabschnitt kontinuierlich gemessen und der zulässige Stromtransport nur dann beschränkt, wenn die Leiterseiltemperatur 80°C zu überschreiten droht. Dadurch wird, von wenigen extremen Wettersituationen abgesehen, eine deutliche Erhöhung des zulässigen Stromtransports gerade in windstarken Zeiten[208] erreicht, und zwar ohne jede Beeinträchtigung der Versorgungssicherheit.

Abb. 6.1 zeigt ein Schema zur Erhöhung des zulässigen Stromtransports durch Leiterseiltemperaturmonitoring:

- Ohne Leiterseiltemperaturmonitoring ist in jedem Fall eine pauschale Begrenzung des zulässigen Stromtransports erforderlich, da man nicht weiß, ob an der Leitung eine Überlastung droht.
- Durch das Leiterseiltemperaturmonitoring kann bei fast allen Wetterverhältnissen der zulässige Stromtransport deutlich höher angesetzt werden. Nur bei sehr seltenen extremen Wetterverhältnissen, die durch das Leiterseiltemperaturmonitoring gesichert angezeigt werden, ist eine Erhöhung des zulässigen Stromtransports nicht möglich.

Dem Netzbetreiber entstehen – bei geringen Mehrkosten – durch Leiterseiltemperaturmonitoring zusätzlich zur Erhöhung des zulässigen Stromtransports weitere sicherheitstechnische und wirtschaftliche Vorteile[209]:

- erhöhte Betriebssicherheit, weil kritische Situationen rechtzeitig erkannt werden;

- sofortige Erkennung von Eislast am Seil;
- sichere Kontrolle des Seildurchhangs etwa bei Kreuzungen mit Straßen und Wasserwegen
- Änderung der Lastverteilung seltener erforderlich, dadurch reduzierter Einsatz von Regelenergie.

Abb. 6.1 : Leiterseiltemperaturmonitoring – Schema

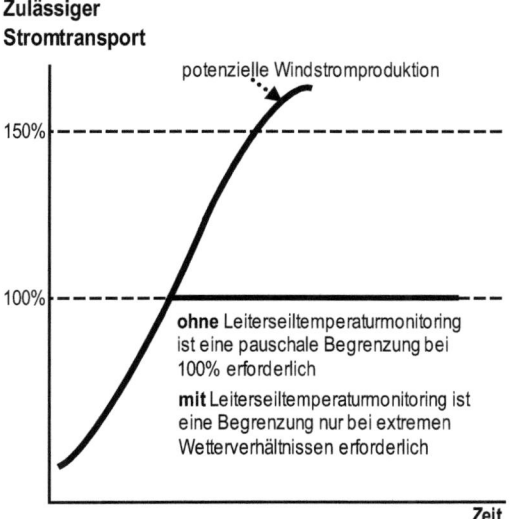

Bei Leiterseiltemperaturmonitoring von überregionalen 380-kV-Leitungen ist eine Messung direkt an der Leitung unabdingbar. Bei einer Abschätzung der Leiterseiltemperatur durch entfernter liegende Wetterstationen, wie sie derzeit von den deutschen Netztreibern häufig vorgenommen wird, müssen gerade in stark bewaldeten und inhomogenen Gebieten erhebliche pauschale Sicherheitsabschläge angesetzt werden, die zwar deutlich niedriger sind als ohne Leiterseiltemperaturmonitoring, aber deutlich höher als bei Leiterseiltemperaturmonitoring mit direkter Messung der Leiterseiltemperatur.

Quelle: Basierend auf [Jarass/Obermair/Voigt 2009, Abb. 4.3, S. 71].

(2) Leiterseiltemperaturmonitoring erfordert Reservekraftwerke in Süddeutschland

Durch Leiterseiltemperaturmonitoring können über bestehende Stromleitungen sehr viel höhere Leistungen transportiert werden, aber nicht bei sehr seltenen klimatischen Konstellationen, nämlich bei sehr großer Hitze und wenig Wind im betreffenden Leitungsabschnitt. Das Leiterseiltemperaturmonitoring meldet dann, dass eine Leitungsüberlastung droht. In diesen seltenen Fällen muss die Einspeisung in diese Leitung reduziert werden.

Bei einer drohenden Leitungsüberlastung wird dann z.B. die Stromproduktion in Nord- und Ostdeutschland reduziert. Für den dann z.B. in Süddeutschland fehlenden Strom müssen in Süddeutschland schnell regelbare Kraftwerke als Ersatz zur Verfügung stehen.

Die Bundesnetzagentur behauptet, dass der "Ausbau von Gaskraftwerken in Bayern den Transportbedarf nicht signifikant" reduzieren würde, "da diese neuen Kraftwerke auf Grund ihrer hohen Brennstoffpreise am Markt nicht wirtschaftlich agieren können und so nur an wenigen Stunden im Jahr einspeisen würden. Dies gilt insbesondere für Reservekraftwerke, die nur dann einspeisen sollen, wenn in dem grenzüberschreitenden Strommarkt zu wenig Erzeugungskapazität vorhanden ist, um Lastspitzen bei zeitgleich minimaler Erzeugung aus Erneuerbaren Energien sicher abzudecken."[210]

Dabei bleibt unberücksichtigt, dass eben durch eine Kombination aus Reservekraftwerken in Süddeutschland und Leiterseiltemperaturmonitoring in erheblichem Umfang der zulässige Stromtransport bestehender Leitungen erhöht werden kann[211]. Der Netzausbaubedarf würde so qualitativ verändert und deutlich reduziert.[212]

Die in Kap. 4.1 gezeigten Untersuchungen der Bundesnetzagentur zum Reservekraftwerksbedarf für 2019/20 zeigen, dass kritische Versorgungssituationen bis auf Weiteres ausschließlich im Falle eines Stromüberschusses auftreten. Der Bau von zusätzlichen Reservekraftwerken in Süddeutschland blieb (vielleicht auch deshalb?) bisher bei den Netzentwicklungsplänen gänzlich unberücksichtigt.

(3) Leiterseiltemperaturmonitoring für Windstromtransport besonders interessant

Leiterseiltemperaturmonitoring erhöht den zulässigen Stromtransport insbesondere von 110-kV-Leitungen, die nahe von Windparks stehen und eben deren Stromproduktion abtransportieren. Im Gegensatz dazu wird bei weiter von den Windkraftwerken entfernt verlaufenden Leitungen der zulässige Stromtransport nicht mehr wesentlich erhöht. Wenn nämlich an der Küste Starkwind bei niedrigen Temperaturen herrscht, kann es im Einzelfall im deutschen Mittelgebirge insbesondere in Tälern durchaus windstill sein. Die Leiterseile erwärmen sich dann dort wegen der fehlenden windbedingten Kühlung, sodass in diesem Fall durch Leiterseiltemperaturmonitoring keine nennenswerte Erhöhung des zulässigen Stromtransports z.B. von 380-kV-Leitungen ermöglicht werden kann.

Leiterseiltemperaturmonitoring sollte deshalb für den Ferntransport am besten zusammen mit Hochtemperaturleiterseilen in besonders gefährdeten Leitungsabschnitten erfolgen: "Die kritischen Abschnitte der Freileitungen ('hot spots'), bei denen lokale Effekte die Strombelastbarkeit stark mindern können, stellen einen Engpass dar, wenn die Strombelastbarkeit der gesamten Leitung erhöht werden soll. ... [Bei] sehr ungünstigen Bedingungen, z.B. lange Waldschneisen mit hohem und dichtem Baumbestand, ist auch der Einsatz von Hochtemperaturleiterseilen zu prüfen, die dauerhaft mit einer höheren Temperatur als die von der Norm vorgesehenen 80°C betrieben werden können."[213]

6.2.2 Hochtemperaturleiterseile

(1) Gesicherte Erhöhung des zulässigen Stromtransports durch Hochtemperaturleiterseile

Hochtemperaturleiterseile[214] sind Freileitungsleiterseile, die eine höhere Leiterseiltemperatur ohne Schaden verkraften. Heute bieten die großen Hersteller Leiterseile an, die durch Materialwahl, Aufbau und Vorbehandlung die zulässigen Temperaturen auf deutlich über 120°C im Dauerbetrieb und auf über 200°C für kürzere Spitzenlast steigern lassen, ohne dass die Mindestabstände zum Erdboden unterschritten werden, v.a. aber ohne die Langzeitstabilität der Seile zu beeinträchtigen.[215]

Hochtemperaturleiterseile werden seit Längerem auch in Deutschland eingesetzt.[216] Bei einem Betrieb mit 150°C kann schon mit den preisgünstigeren der verfügbaren Hochtemperaturleiterseile die Grenzlast eines 380-kV-Systems von den heute zulässigen 1,8 GW pro System auf fast 3 GW (also auf das gut Eineinhalbfache) gesteigert werden, beim Einsatz hochfester Stähle auch mehr.

(2) Hochtemperaturleiterseile (bis 150°C) sind Stand der Technik

Hochtemperaturleiterseile sind nicht nur weltweit erprobte Technologie, sondern auch in Deutschland Stand der Technik, wie bereits die Dena-Netzstudie-II ausführt: "Konventionelle Hochtemperaturleiter (bis 150°C) sind Stand der Technik und werden bei deutschen Übertragungsnetzbetreibern je nach Bedarf eingesetzt."[217]

Auch durch das Gesetzgebungsverfahren zum EEG wurde bestätigt, dass Hochtemperaturleiterseile bis 150°C Stand der Technik sind: "Stand der Technik sind derzeit insbesondere:

- die Anwendung der saisonalen Fahrweise auf allen Netzebenen,
- der Einsatz lastflusssteuernder Betriebsmittel,
- der Einsatz von Hochtemperaturleiterseilen bis 150°C ...."[218]

Aus Kostengründen sollten Hochtemperaturleiterseile nicht auf ganzer Strecke, sondern nur in besonders gefährdeten Abschnitten der Leitung eingesetzt werden. Derartige Abschnitte kann man mittels durchgängigem Leiterseiltemperaturmonitoring gesichert herausfinden.[219]

6.2.3 Großes Potenzial von Leiterseiltemperaturmonitoring und Hochtemperaturleiterseilen

Eine Erhöhung des zulässigen Stromtransports ist kostengünstig **ohne** Leitungsneubau möglich durch Netzoptimierung und Netzverstärkung.

(1) Deutliche Erhöhung des zulässigen Stromtransports

Die europäischen Übertragungsnetzbetreiber geben eine dauerhafte Erhöhung des zulässigen Stromtransports durch Leiterseiltemperaturmonitoring um 20% bis 35% an und für Hochtemperaturleiterseile zusätzlich um 50%.[220] Kurzzeitig ist sogar eine größere Erhöhung möglich[221], was für den Transport der stark schwankenden erneuerbaren Stromproduktion genutzt werden kann.

Es existieren Hochtemperaturleiterseile, deren Gewicht, Umfang und Durchhang nahezu identisch mit konventionellen Leiterseilen sind, sodass keine Änderungen an den Masten erforderlich sind. Die Umrüstung auf Hochtemperaturleiterseile kann in wenigen windarmen Monaten mit einem Bruchteil der Kosten eines Leitungsneubaus durchgeführt werden.

Die Möglichkeit einer erheblichen kurzzeitigen Zusatzbelastung ist besonders für der Abtransport von erneuerbarem Strom wichtig: Im Störfall führen daraus resultierende erhebliche Zusatzbelastungen zu keinerlei Versorgungsproblemen, innerhalb weniger Minuten kann die erneuerbare Stromproduktion soweit reduziert werden, dass auch bei anhaltender Störung ein weiterer Störfall sicher beherrscht werden kann. Damit ist das Gesamtsystem (n-1)-sicher[222], auch wenn im Normalfall **alle** vorhandenen Leitungen voll mit Windstrom ausgelastet sind.

(2) Leiterseiltemperaturmonitoring und Hochtemperaturleiterseile deutlich kostengünstiger als Leitungsneubau

Durch Netzoptimierung mittels Leiterseiltemperaturmonitoring und Netzverstärkung mittels Hochtemperaturleiterseilen kann sehr kostengünstig eine Erhöhung des zulässigen Stromtransports gerade in windstarken Zeiten auf mindestens das Doppelte ermöglicht werden.

Genaue Kostenangaben liegen für deutsche Installationen nicht vor. Eine erste Abschätzung für die Obergrenze der Kosten ergibt: Für Echtzeit-Leiterseiltemperaturmonitoring fallen höchstens 10% der Freileitungsneubaukosten an[223], für Hochtemperaturleiterseile nur an kritischen Stellen ebenfalls höchstens 10%[224]. Alles in allem resultieren höchstens 20% Mehrinvestitionen für eine Erhöhung des zulässigen Stromtransports um bis zu 100% und häufig mehr.

Hochtemperaturleiterseile sind zwischen Bayern und Ostdeutschland seit Ende 2012 durch Umrüstung der 380-kV-Leitung im Bereich Remptendorf – Redwitz installiert. Auf der derzeit im Bau befindlichen Drehstromleitung Erfurt – Altenfeld – Redwitz sind allerdings nur normale Leiterseile vorgesehen.

Wie erläutert, sollten Hochtemperaturleiterseile nur an kritischen Abschnitten eingesetzt werden. Kostenschätzungen wie die DENA-Netzstudie, die einen flächendeckenden Ersatz normaler Seile durch Hochtemperaturleiterseile untersucht hat, kommen deshalb zu wirklichkeitsfremden, weit überhöhten Kostenschätzungen.

Die Leitungsverluste steigen grundsätzlich mit dem Quadrat der Stromstärke. Die Verluste betragen beispielsweise bei 380-kV-Höchstspannungsleitungen rund 1% pro 100 km Leitungslänge.

Wegen der stark schwankenden erneuerbaren Stromproduktion wird die Auslegungsleistung der Leitung allerdings nur selten erreicht. Die höheren Leitungsverluste pro transportierte Kilowattstunde, die bei den durch Leiterseiltemperaturmonitoring und Hochtemperaturleiterseilen häufig ermöglichten hohen zulässigen Strombelastungen auftreten, fallen also wenig ins Gewicht, falls der erhöhte Stromtransportbedarf durch den Ausbau der erneuerbaren Stromproduktion bedingt ist.[225]

Die genaue Höhe des zusätzlichen Verlusts durch Nutzung von Leiterseiltemperaturmonitoring und Hochtemperaturleiterseilen und ihr monetärer Wert können nur für jeden Einzelfall auf der Basis der voraussichtlichen Lastdauerlinie der Leitung und der daraus resultierenden Vollverluststunden bestimmt werden.

6.2.4 Technische Randbedingungen

Bei allen Maßnahmen zur Erhöhung des zulässigen Stromtransports müssen die thermische Grenzleistung und die dynamische Netzstabilität berücksichtigt werden.

(1) Thermische Grenzleistung

Beim Stromtransport müssen die Erwärmungseffekte der Leiterseile berücksichtigt werden[226]:
- bei Freileitungen z.B. vergrößerter Durchhang der Seile, reduzierte Reißfestigkeit, erhöhte Verluste;

Kap. 6 : Ausgleich von Stromtransportbedarf und zulässigem Stromtransport

- bei Erdkabeln z.B. Beeinträchtigungen des VPE-Kunststoffisolators, erhöhte Gefahr eines zerstörerischen Durchschlags zum geerdeten Kupfernetz-Mantel.

Dadurch ergibt sich für jeden Leitungstyp eine bestimmte thermische Grenzleistung. Für heute übliche Freileitungen und VPE-Erdkabel zeigt Tab. 6.1 den jeweiligen zulässigen Stromtransport durch Angabe der thermischen Grenzleistungen. Zudem wird in Z. (2.1b) die durch den Einsatz von Leiterseiltemperaturmonitoring grundsätzlich mögliche Erhöhung der thermischen Grenzleistung und damit des zulässigen Stromtransports angegeben und in Z. (2.1c) die mögliche Erhöhung durch Hochtemperaturleiterseile.

Tab. 6.1 : Thermische Grenzleistungen von Freileitungen und Erdkabeln

	Leitungsart	(1) Leitungstyp	(2) Querschnitt [mm^2]	(3) Dauerstrom-Belastbarkeit [A]	(4) Thermische Grenzleistung [MVA]
(1)	110 kV				
(1.1)	Freileitung	Standard	264/34 Al/St	680	130
(1.1a)		2er-Bündel	2*264/34 Al/St	1.360	260
(1.2)	Erdkabel		1.200 Cu	1.000	190
(2)	380 kV				
(2.1)	Freileitung	Standard	4*265/35 Al/St	2.720	1.790
(2.1a)		extra stark	4*564/72 Al/St	4.050	2.670
(2.1b)		Leiterseiltemperaturmonitoring		plus 20-35%	plus 20-50%
(2.1c)		Hochtemperaturleiterseile		plus 50%	plus 50%
(2.2)	Erdkabel		2.500 Cu	2.000	1.300
(2.2a)		zeitweilige Überlastung		plus 20%	plus 20%

Beispiel zu Z. (2.1): Nach DIN 48204 ist die Grenzstromstärke für 265/35-Al/St-Seile 680 A. Somit ergibt sich für eine Beseilung mit Viererbündeln 4*265/35-Al/St bei 380 kV eine Grenzlast von 1.790 MVA (= 4 * 680 A * 1,732 * 380 kV).

Hinweise. Sp. (2): Al/St steht für Aluminiumummantelung / Stahlkern mit den jeweils angegebenen Durchmessern; Cu steht für Kupferkabel. Sp. (4): Mega-Volt-Ampere [MVA] ist die gebräuchliche Einheit für den Betrag der 'Scheinleistung' S.

Mit Wirkleistung P und Blindleistung Q gilt: $S = \sqrt{(P^2 + Q^2)}$.
Ist die Blindleistung Null, weil kapazitiver und induktiver Belag vollständig kompensiert sind, so ist S = P [MW]. Die Netze werden nach Möglichkeit soweit kompensiert, dass die Wirkleistung etwa 95% der Scheinleistung erreicht, das bedeutet weniger als 30% Blindstrommantel.
Quelle: [Jarass/Obermair 2012, Tab. 4.1, S. 110].

Erhöhungen des zulässigen Stromtransports, z.B. durch Leiterseiltemperaturmonitoring und Hochtemperaturleiterseile, können nur genutzt werden, soweit die übrigen Komponenten des Netzes dies zulassen; andernfalls müssen Schalter, Transformatoren etc. ausgewechselt oder verstärkt werden, alles allerdings Maßnahmen, die auch bei einem Neubau einer Leitung in vielen Fällen durchgeführt werden müssen. D.h., diese Maßnahmen müssen bei allen Netzausbauplanungen berücksichtigt werden.

Bei Wahl geeigneter Hochtemperaturleiterseile sind keine Erhöhungen bzw. Verstärkungen an den bestehenden Masten erforderlich; die resultier-

enden höheren Leiterseilkosten fallen nicht stark ins Gewicht, da nur an kritischen Stellen ein Leiterseilaustausch erforderlich ist.

Die Übertragungsnetzbetreiber weisen auf eine Reihe von technischen Aspekten bei der Erhöhung des zulässigen Stromtransports hin:

- Schaltgeräte sind in der Normalausführung nur verfügbar bis maximal 4.000 Ampere, in Sonderausführung bis 5.000 Ampere.
- Die derzeitigen schutztechnischen Grenzen für die maximal über eine Leitung zu übertragende Wirk- und Blindleistung begrenzen den maximal zu übertragenden Strom auf 3.600 Ampere (entspricht bei 380-kV-Drehstrom ca. 2,3 MVA bzw. ca. 2,2 GW).
- Eine eigene Hausnorm für die Prüfung des Beseilungssystems, also der Seile und Armaturen, durch externe Fachleute und Prüffelder ist erforderlich, um nachweisen zu können, dass die neue Beseilung zumindest den allgemein anerkannten Regeln der Technik, wenn schon nicht einer Norm, entspricht.
- Die Spannungsstabilität ist weit vor Erreichen der thermischen Grenze der Freileitung gefährdet.
- Untersuchungen zu Ausgleichsvorgängen im Fehlerfall (transiente Betrachtung) sind erforderlich, um einen ausreichenden Abstand zur Stabilitätsgrenze des Netzes und der Generatoren zu gewährleisten.
- Hochausgelastete Netze verschärfen die Blindleistungsproblematik insbesondere bei Störfällen.
- Bei stärkerer Auslastung der Netze verschärft sich die Kurzschlussproblematik.

Je schneller man die neuen Technologien einführt, umso eher findet man hierfür dauerhafte Lösungen.

(2) Dynamische Netzstabilität

Die für eine einzelne kürzere Verbindungsstrecke mögliche Erhöhung der Grenzleistung durch Leiterseiltemperaturmonitoring und Hochtemperaturleiterseile kann bedauerlicherweise keinesfalls auf das gesamte vermaschte Höchstspannungsnetz ohne weitere Prüfung übertragen werden. Die Gründe beruhen letztlich auf der naturgesetzlichen Verflechtung von Wechselstrom und Wechselspannung und den daraus resultierenden Problemen, die mit technischen Mitteln nicht oder nur mit unvertretbar hohen Kosten behoben werden können.[227]

In vermaschten Stromtransportsystemen sind alle Ingredienzien für chaotisches Verhalten vorhanden und damit auch die Möglichkeit des ´Schmetterlingeffekts´: Ist genügend Strom im Netz vorhanden, so kann es an irgendeiner Stelle im Netz zu einer hohen Aufschaukelung kommen mit unbeherrschbar hohen lokalen Strömen. Es ist dann die Grenze der dynamischen Netzstabilität überschritten. Selbst mit Großcomputern und bei jeweils fast exakter Kenntnis des Jetzt-Zustands lässt sich das dynamische Verhalten des Systems nur für sehr kurze Zeit verlässlich vorausberechnen.

Während die Zeitkonstanten des chaotischen Systems Wetter/Klima im Bereich von Minuten bis Wochen liegen, geht es im Drehstromnetz um Bruchteile von Sekunden; es bleibt damit sehr wenig

Zeit, um im Sinne von 'controlling chaos' in das System aktiv einzugreifen. Um systemgefährdende Extrema zu verhindern, muss man deshalb dafür sorgen, dass die im Netz gespeicherte und deshalb dort möglicherweise vagabundierende Energie nicht zu groß ist. Diese Energie wiederum nimmt zu mit der Stromstärke, mit der die einzelnen Stromkreise des Systems betrieben werden.

Die Vermeidung solcher möglicherweise destruktiver Ereignisse, v.a. bei Schaltvorgängen oder beim Ausfallen einer Netzkomponente, wird als 'Einhaltung der dynamischen Netzstabilität' bezeichnet.

6.3 Erhöhung des zulässigen Stromtransports durch Leitungsneubau

6.3.1 Neubau von Freileitungen

Ein Neubau von Freileitungen ist heute in Deutschland, wie erläutert, nur noch bei Drehstrom-Höchstspannungsleitungen gesetzlich zulässig, soweit nicht auf Verlangen der für die Zulassung des Vorhabens zuständigen Behörde bei Annäherung an Siedlungen von mehr als 400 m und bei besonders schützenswerten Landschaften bei Pilotvorhaben eine Teilverkabelung auch bei Drehstrom-Höchstspannungsleitungen vorzusehen ist[228].

Alle Gleichstrom-Höchstspannungsleitungen[229] sowie 110-kV-Hochspannungsleitungen[230] müssen im Regelfall als Erdkabel ausgeführt werden.

Im Gegensatz zu Erdkabeln sind Freileitungen von extremen Wetterbedingungen betroffen, die mittlerweile nicht mehr der ganz seltene Ausnahmefall sind, sondern immer häufiger auftreten.

In größerem Umfang passierten Doppelausfälle eigentlich nur bei Freileitungen während sehr massiver äußerer Einwirkungen, z.B. durch Orkane und Windhosen. Die Abb. 6.2 und 6.3 zeigen Beispiele für Mastumbrüche durch extreme Wetterbedingungen, die mittlerweile nicht mehr der ganz seltene Ausnahmefall sind, sondern immer häufiger auftreten.

In allen derartigen Fällen zeigt sich, dass ungeplante Ausfälle von Freileitungssystemen immer wieder beide Systeme gleichzeitig betreffen, was die Versorgungssicherheit durch Freileitungs-Doppelsysteme deutlich vermindert.

Abb. 6.2 gibt einen Eindruck der Verwüstungen durch eine Windhose bei Eisleben am 07. Juli 2015. Der zuständige Netzbetreiber schreibt hierzu: "Eine Windhose hat am Abend des 7. Juli 2015 bei Eisleben (Sachsen-Anhalt) 14 Höchstspannungsmasten der von 50Hertz betriebenen 380-kV-Leitung zwischen Lauchstädt/Klostermansfeld und Wolmirstedt umgeknickt und drei weitere Masten beschädigt. Die Standorte der betroffenen Masten befinden sich bei den Orten Erdeborn (Landkreis Mansfeld-Südharz) und Alberstedt (Saalekreis)."[231] "Als Vorbereitung für die dauerhafte Wiederherstellung des betroffenen Leitungsabschnitts werde in den kommenden Monaten ein zweisystemiges Provisorium eingerichtet. Es bleibe voraussichtlich für rund einem Jahr bestehen und sichere in dieser Zeit die Stromversorgung in Sachsen-Anhalt."[232]

In diesem Fall beträgt die Ausfalldauer des Doppelsystems also mehr oder weniger deutlich über 1.000 Stunden.

Abb. 6.2 : Windhose knickt vierzehn 380-kV-Masten bei Eisleben am 07. Juli 2015

Quelle:
[50Hertz 2015].

Abb. 6.3 : Windhose knickt fünf 380-kV-Masten in Thüringen am 14. August 2015

Quelle:
[ZfK 2015],
basierend auf
dpa/Michael Reichel.

Abb. 6.3 gibt einen Eindruck der Verwüstungen durch eine Windhose in Nordthüringen: "Eine Windhose hat am Freitag, 14. August 2015 gegen 17:45 die 380-kV-Leitung Pulgar – Vieselbach schwer beschädigt. Fünf Masten sind umgebrochen."[233] Auch in diesem Fall dauerten Wiederaufbau der Masten und Wiederinbetriebnahme der Leitung sicher Monate. Dann betrug die Ausfalldauer des Doppelsystems also mehr oder weniger deutlich über 1.000 Stunden.

6.3.2 Neubau von Erdkabeln

Früher war es üblich, Freileitungen zu bauen, abgesehen von dicht besiedelten Regionen. Durch die Entwicklung von kostengünstigen und umweltfreundlichen VPE-Erdkabeln wurde es schon seit Längerem technisch möglich, neue Leitungen des Mittelspannungsnetzes zu verkabeln, aber auch – zur Erhöhung der Versorgungssicherheit – bestehende Leitungen durch Erdkabel zu ersetzen.

Mittlerweile sind Erdkabel vielfach nur mehr unwesentlich teurer als Freileitungen, v.a. auch wenn ihre geringeren Transportverluste berücksichtigt werden.[234] Zudem haben sie viel geringere soziale Kosten. Für das Nieder- und Mittelspannungsnetz unterhalb 110 kV werden heute v.a. Erdkabel eingesetzt.[235] Seit August 2011 sind in Deutschland Erdkabel beim Neubau von 110-kV-Leitungen im Regelfall gesetzlich vorgeschrieben.[236]

Auch im Hochspannungsbereich drängen die betroffenen Städte und Gemeinden seit Jahren immer stärker darauf, dass jedenfalls im Neubau zwingend Erdkabel eingesetzt werden.

Beispiel:

Die 380-kV-Uckermarkleitung Bertikow – Neuenhagen (vgl. Tab. A2.2, Nr. 50HzT-003) wurde als 115 km lange Freileitung durch besonders schützenswerte Landschaften und direkt durch die Stadt Eberswalde geplant. Sie durchquert das Vogelschutzgebiet Randow-Welse-Bruch, verläuft zwischen zwei Teilräumen des Vogelschutzgebiets Unteres Odertal und durchquert das Biosphärenreservat Schorfheide-Chorin mit dem darin gelegenen Vogelschutzgebiet sowie ein FFH-Gebiet[237]. Bürgerinitiativen und Umweltschutzverbände haben mit Unterstützung der betroffenen Städte und Gemeinden, u.a. Angermünde und Eberswalde, den Planfeststellungsbeschluss für diese Leitungsplanung vor dem Bundesverwaltungsgericht erfolgreich angefochten.[238] Es muss eine Neuplanung erfolgen, die hoffentlich durch eine Teilverkabelung besonders sensibler Abschnitte Umwelt und Menschen unnötige Belastungen erspart.

Als reale Alternative für den Leitungsneubau im Höchstspannungsnetz verbleibt häufig nur eine Drehstrom-Teilverkabelung oder eine Gleichstrom[239]-Vollverkabelung. Dies muss bei allen technischen und wirtschaftlichen Vergleichen berücksichtigt werden. Für Gleichstromleitungen wurde in den Eckpunkten der Bundesregierung vom 01. Juli 2015 eine Verkabelung als Regelfall festgelegt.[240] Aber auch für zukünftige Drehstrom-Höchstspannungsleitungen scheidet im Regelfall eine reine Freileitungsvariante aus, v.a. wegen der massiven Beeinträchtigung des Landschaftsbildes. So ist z.B. auf Verlangen der für die Zulassung des Vorhabens zuständigen Behörde bei Annäherung an Siedlungen von mehr als 400 m und bei besonders schützenswerten Landschaften bei einigen Pilotvorhaben eine Teilverkabelung vorzusehen.[241]

Im Höchstspannungsbereich wurde seit 2000 eine Verzehnfachung des zulässigen Stromtransports von VPE-Erdkabeln auf 1.100 MW pro System erreicht; bis zu 1.700 MW pro System werden in den nächsten Jahren erwartet.

Entsprechend dem (n-1)-Kriterium werden üblicherweise zur Erreichung einer ausreichenden Versorgungssicherheit Verbindungen in Netzen als Doppelleitungen gebaut, um bei Ausfall einer Leitung trotzdem die Versorgung gesichert aufrechterhalten zu können. Die Versorgung ist nur gefährdet, wenn beide Systeme gleichzeitig ausfallen. Deshalb ist für die Versorgungssicherheit die durchschnittliche Ausfalldauer eines Doppelsystems pro 100 km und Jahr relevant.

Die durchschnittliche Ausfalldauer eines Doppelsystems ist sowohl bei Freileitungen wie auch bei Erdkabeln sehr niedrig, soweit man extreme Wetterbedingungen unberücksichtigt lässt.[242] Bei Berücksichtigung von extremen Wetterbedingungen steigt die durchschnittliche Ausfalldauer eines Freileitung-Doppelsystems deutlich an, die Ausfalldauern von Erdkabeln bleiben hingegen unverändert, da sie von extremen Wetterbedingungen nicht betroffen sind.

Erdkabel haben zudem – im Gegensatz zu Freileitungen – aufgrund der Wärmekapazität des umgebenden Mediums (Magerbeton und/oder Erdreich) mindestens eine für Stunden bis wenige Tage reichende Überlastkapazität, abhängig von der Überlast auch für viele Tage oder gar einige Wochen. Dies ist bei der Übertragung des stark fluktuierenden Windstroms von besonderem Vorteil, weil es die Versorgungssicherheit deutlich erhöht sowie die Verkabelungskosten deutlich senkt.

Bei Leitungen an Land sind die Ausfallwahrscheinlichkeiten so niedrig und die typischen Reparaturdauern so kurz, dass im Durchschnitt nur für wenige Stunden im Jahr die Erzeugung abgeschaltet werden muss. Fällt diese 'Entsorgungsleitung' aus, wird der Windpark bis zum Abschluss der Leitungsreparatur abgeschaltet.

Die Betreiber von Windkraftwerken bauen deshalb üblicherweise nur ein Einfachsystem, meist Erdkabel, zum Anschluss an den nächsten Netzknotenpunkt des öffentlichen Netzes mit einem zulässigen Stromtransport in Höhe der installierten Generatorleistung.

Aus demselben Grund könnten auch neue 110-kV-Leitungen, die für den regionalen Anschluss von Windparks an das Höchstspannungsnetz erforderlich werden, grundsätzlich als Einfachsystem ohne (n-1)-Absicherung gebaut werden. Gerade bei Erdkabeln würde die Ausführung als Einfachsystem erhebliche Kosten einsparen, da bei Erdkabeln ein Doppelsystem fast doppelt so viel wie ein Einfachsystem kostet.[243] Dies steht im Gegensatz zu Freileitungen, wo ein Doppelsystem typischerweise nur ein Drittel mehr kostet wie ein Einfachsystem.

6.4 Vergleich der Maßnahmen zum Ausgleich von Stromtransportbedarf und zulässigem Stromtransport

Tab. 6.2 zeigt einen Vergleich der Maßnahmen zum Ausgleich von Stromtransportbedarf und zulässigem Stromtransport. Zudem werden ihre Einsatzmöglichkeiten beim derzeitigen Problemfall Stromüberschuss und beim zukünftigen zusätzlichen Problemfall Stromdefizit skizziert.

Tab. 6.2 : Vergleich der Maßnahmen zum Ausgleich von Stromtransportbedarf und zulässigem Stromtransport

	(1) Berücksichtigung des Netzentwicklungsplans 2025	(2) Stromüberschuss	(3a) Stromdefizit wegen Defizit an zulässigem Stromtransport	(3b) Stromdefizit wegen Defizit an Reservekraftwerken
A. Verringerung des Stromtransportbedarfs				
(1a) Abregelung von erneuerb. Einspeisespitzen	ja	xx		
(1b) Abregelung von konvent. Einspeisespitzen	nein	xx		
(2a) Stromspeicher (z.B. Pumpspeicher, Batterien)	ja	x	x	x
(2b) Power to Gas	nein		(x)	(x)
(3a) Nachfragemanagement	nein	x	x	x
(3b) Power to Heat	nein		x	
(4) Reservekraftwerke in Süddeutschland	nein	(x)	x	x
B. Erhöhung des zulässigen Stromtransports ohne Leitungsneubau				
(5) Leiterseiltemperaturmonitoring	(nein)	x	x	
(6) Hochtemperaturleiterseile	(ja)	x	x	
C. Erhöhung des zulässigen Stromtransports mit Leitungsneubau				
(7a) Freileitung	ja	x	x	
(7b) Erdkabel	ja	x	x	

Hinweise:
Z. (1b), Sp. (1): Im Netzentwicklungsplan 2025 wird nur eine CO_2-bedingte Limitierung des konventionellen Kraftwerkseinsatzes (in Szenario B2) berücksichtigt, vgl. Tab. 1.5.
Z. (2b), Sp. (3a) und (3b): Erneuerbares Gas kann in Reservekraftwerken genutzt werden.
Z. (3a), Sp. (1): Es bleibt unklar, ob Nachfragemanagement im Netzentwicklungsplan 2025 nennenswert berücksichtigt wird.
Z. (4), Sp. (2), (3a) und (3b): Der derzeit im Ausland gedeckte Reservekraftwerksbedarf (vgl. Tab. 4.1, Z. (2.3)) könnte dann durch diese Reservekraftwerke abgedeckt werden.

Wie in diesem Kap. 6 gezeigt, ist ein Ausgleich von Stromtransportbedarf und zulässigem Stromtransport durch unterschiedliche Maßnahmen möglich, nämlich durch eine Verringerung des benötigten Stromtransports sowie durch eine Erhöhung des zulässigen Stromtransports. Im folgenden Kap. 7 werden diese Möglichkeiten beispielhaft für eine regionale Netzplanung anhand einer konkreten 110-kV-Netzplanung untersucht. Das vorgestellte Bewertungsverfahren wurde für eine konkrete Neubauplanung in der Nordpfalz für die Stadt Kirchheimbolanden in Abstimmung mit dem zuständigen regionalen Netzbetreiber durchgeführt.

7 Regionale Netzplanung

Früher wurde der Strom meist außerhalb der Verbrauchsregion erzeugt und über das Stromnetz an die örtlichen Stromverbraucher geliefert. Eine Netzverstärkung oder ein Leitungsneubau wurde bei einer wesentlichen Erhöhung des örtlichen Stromverbrauchs erforderlich. Mittlerweile verursacht aber immer häufiger der massive Ausbau der erneuerbaren Energien den regionalen Netzausbaubedarf, da die wachsende erneuerbare Stromeinspeisung nicht mehr in der Region verbraucht werden kann und deshalb über das 110-kV-Hochspannungsnetz zum nächsten Einspeisepunkt in das überregionale 380-kV-Höchstspannungsnetz transportiert werden muss.

Im Folgenden wird für den regionalen Stromnetzausbau ein Verfahren erläutert, das eine Abwägung zwischen einem Leitungsneubau und einer Verstärkung bestehender Leitungen vornimmt. Das vorgestellte Bewertungsverfahren wurde für eine konkrete Neubauplanung in der Nordpfalz für die Stadt Kirchheimbolanden in Abstimmung mit dem zuständigen regionalen Netzbetreiber durchgeführt. Beispielhaft wird dabei anhand einer ganz konkreten regionalen Netzausbauplanung untersucht, ob bei einem weiteren massiven Ausbau der erneuerbaren Stromproduktion in dieser Region tatsächlich eine neue 110-kV-Leitung erforderlich und sinnvoll ist oder ob nicht besser Alternativen realisiert werden sollten:

- Dafür wird zuerst in Kap. 7.1 der regionale Stromtransportbedarf im Einzugsbereich einer bestehenden 110-kV-Leitung bestimmt.
- Anschließend wird in Kap. 7.2 untersucht, inwieweit die bestehende 110-kV-Leitung verstärkt und dadurch deren zulässiger Stromtransport ausreichend erhöht werden kann.
- Im abschließenden Kap. 7.3 werden die Ergebnisse zusammengefasst und erläutert, ob bei einem weiteren massiven Ausbau der erneuerbaren Stromproduktion in dieser Region tatsächlich eine neue 110-kV-Leitung erforderlich und sinnvoll ist oder ob nicht besser Alternativen realisiert werden sollten.

7.1 Regionaler Stromtransportbedarf

Die typischen Verbrauchsspitzen liegen im Einzugsbereich der hier beispielhaft untersuchten 110-kV-Netzausbauplanung nur bei rund 30 MW mit sinkender Tendenz. Der Stromtransportbedarf resultiert in diesem Fall ausschließlich aus der Einspeisung von erneuerbarem Strom in der Größenordnung von einigen 100 MW. Dieser Strom kann überwiegend nicht in der Region verbraucht werden und muss deshalb zum nächsten Einspeisepunkt in das 380-kV-Höchstspannungsnetz transportiert werden.

7.1.1 Maßnahmen zur Verringerung des regionalen Stromtransportbedarfs

Im Folgenden wird für den Einzugsbereich einer 110-kV-Netzausbauplanung untersucht, wie hoch dort der zukünftige Stromtransportbedarf ist. Die Bestimmung dieses Stromtransportbedarfs geschieht in den folgenden sechs Schritten:

a) Bestand an einspeisenden Kraftwerken

Die Bestände wurden zu einem Stichtag lagescharf erhoben. Im vorliegenden Beispiel hat eine große Verbandsgemeinde im Einzugsbereich einer bestehenden 110-kV-Leitung diese Werte für insgesamt 190 Gemeinden in 18 Verbandsgemeinden erhoben[244] (so genannter Bottom-Up-Ansatz) Die Daten liegen üblicherweise in den einzelnen Gemeinden vor. Die resultierenden Werte wurden mit stärker aggregierten Werten des zuständigen regionalen Netzbetreibers abgeglichen (so genannter Top-Down-Ansatz).

Im Einzugsbereich der geplanten 110-kV-Leitung gibt es keine konventionellen Kraftwerke, sondern nur Windkraftwerke und Photovoltaikanlagen mit einer insgesamt installierten Leistung von 236 MW (Tab. 7.1, Z. (1), Sp. (4)).

b) Zubaupotenzial an einspeisenden Kraftwerken

Diese Daten können meist den Flächennutzungsplänen der einzelnen Gemeinden entnommen werden oder liegen als ausgewiesene oder geplante Gebiete für Windenergienutzung und größere photovoltaische Anlagen vor. Die Daten wurden wiederum für insgesamt 190 Gemeinden in 18 Verbandsgemeinden erhoben und mit stärker aggregierten Werten des zuständigen regionalen Netzbetreibers abgeglichen. Es ergab sich ein Zubaupotenzial von insgesamt 478 MW (Tab. 7.1, Z. (2), Sp. (3)).

Die Summe aus dem Bestand von 236 MW und dem Zubaupotenzial von 478 MW ergibt eine Obergrenze für den maximalen Stromtransportbedarf in Höhe von 714 MW (Tab. 7.1, Z. (2), Sp. (4)).

c) Realisiertes Zubaupotenzial

In der Praxis werden nicht alle theoretisch möglichen Kraftwerksprojekte auch realisiert. Vom Zubaupotenzial werden im Referenzszenario die Hälfte (Tab. 7.1, Z. (3), Sp. (2)) als tatsächlich realisierbar und damit als tatsächlich genutzt angenommen. Dadurch wird die Obergrenze für den maximalen Stromtransportbedarf um 239 MW (Tab. 7.1, Z. (3), Sp. (3)) auf 475 MW (Tab. 7.1, Z. (3), Sp. (4)) reduziert.

d) Nicht zeitgleiche Einspeisung bei Starkwind

Maximal speist nur ein Teil der installierten Leistung ein, zum einen wegen technisch bedingter Nichtverfügbarkeiten einzelner Anlagen, zum anderen wegen Ungleichzeitigkeit der maximalen Stromproduktion einzelner Anlagen. Das Verhältnis von maximal eingespeister Leistung (ohne Berücksichtigung von Spitzenkappung) zu insgesamt installierter erneuerbarer Leistung wird als Gleichzeitigkeitsfaktor bezeichnet. Je höher der Gleichzeitigkeitsfaktor ist, umso höher ist der Stromtransportbedarf.

Als Gleichzeitigkeitsfaktor ergibt sich ein Wert von 90% (Tab. 7.1, Z. (4), Sp. (2)), wie er für die hier vorliegende kleinere, topografisch wenig gegliederte Region üblich ist. Dadurch wird der Stromtransportbedarf um 48 MW (Tab. 7.1, Z. (4), Sp. (3)) auf 428 MW (Tab. 7.1, Z. (4), Sp. (4)) reduziert.

e) Spitzenkappung der Stromeinspeisung

Die Bundesnetzagentur hat Ende 2014 eine Berücksichtigung der **Spitzenkappung** für zukünftige Netzplanungen vorgegeben[245], wodurch ein Verteilnetzbetreiber bei seinen Netzplanungen eine Spitzenkappung von bis zu 3% der möglichen Jahresstromproduktion berücksichtigen kann, wenn dadurch ein entsprechender Leitungsausbau eingespart werden kann.

Durch Spitzenkappung wird die erneuerbare Spitzenstromproduktion reduziert. Die Höhe der Reduzierung kann mittels Jahresgangdauerlinien der erneuerbaren Stromproduktion abgeschätzt werden, indem schrittweise so viel Leistung gekappt wird, bis eine vorgegebene Summe der durch die Spitzen ausgesperrten erneuerbaren Stromproduktion erreicht wird.

Die Höhe der möglichen Reduzierung der maximalen erneuerbaren Einspeiseleistung durch eine Spitzenkappung hängt also wesentlich von der Jahresgangdauerlinie der erneuerbaren Stromproduktion ab: Je fluktuierender und lokal ungleichmäßiger die erneuerbare Stromproduktion in der untersuchten Region ist, desto stärker kann die maximale erneuerbare Einspeiseleistung durch eine Spitzenkappung abgesenkt werden. Bei einer zulässigen Aussperrung von 3% der maximal möglichen Jahresstromproduktion ergab sich durch Spitzenkappung für die Jahresgangdauerlinie in der untersuchten Region eine Reduzierung der maximalen erneuerbaren Einspeiseleistung um 28% (Tab. 7.1, Z. (5), Sp. (2)).

Dadurch wird der Stromtransportbedarf um 120 MW (Tab. 7.1, Z. (5), Sp. (3)) auf 308 MW (Tab. 7.1, Z. (5), Sp. (4)) reduziert.

f) Nachfragemanagement

Das Nachfragemanagement (auch als 'Laststeuerung' oder 'Demand Side Management' bezeichnet) ist eine Möglichkeit, zunehmenden Schwankungen in der Stromproduktion durch flexible Nachfragesteuerung zu begegnen[246]:

Bei einem erwarteten **Stromüberschuss** werden Verbraucher z.B. über niedrigere Strompreise zu einem höheren Stromverbrauch animiert. Dabei wird entweder der Stromverbrauch zeitlich verlagert oder andere Energieträger werden durch Strom ersetzt:

- Bei einer zeitlichen Verlagerung des Stromverbrauchs wird ein später geplanter Stromverbrauch zeitlich vorgezogen: Z.B. kühlen Kühlhäuser bei einem Stromüberschuss und entsprechend niedrigeren Strompreisen stärker als üblich.
- Bei einer Substitution anderer Energieträger durch Strom wird z.B. vorübergehend warmes Wasser durch elektrische Heizstäbe in Heizkesseln erzeugt statt durch Verbrennung von Erdgas oder Heizöl.

Bei einem erwarteten **Stromdefizit** werden Stromverbraucher animiert, ihren Stromverbrauch zu reduzieren. Dabei wird wiederum der Stromverbrauch entweder zeitlich verlagert oder Strom wird durch andere Energieträger ersetzt:

Kap. 7 : Regionale Netzplanung

- Bei einer zeitlichen Verlagerung des Stromverbrauchs wird ein momentan geplanter Stromverbrauch zeitlich nach hinten verschoben: Zum Beispiel könnten Kühlhäuser bei einem Stromdefizit und entsprechend höheren Strompreisen momentan weniger stark kühlen als üblich.
- Bei einer Substitution von Strom durch andere Energieträger wird z.B. bei hybriden Plug-in-Elektrofahrzeugen der Verbrennungsmotor statt des Elektromotors genutzt.

Durch **Nachfragemanagement** werden Nachfragespitzen gekappt, und bei einem erwarteten Stromdefizit wird die Nachfrage reduziert. Dadurch kann der Netzausbau deutlich reduziert werden. Bei einem weiterhin sehr starken Ausbau der erneuerbaren Kraftwerke, nicht nur im Bereich der bestehenden 110-kV-Leitung, sondern letztlich in ganz Deutschland und schrittweise auch in den Nachbarländern, wird man immer stärker auch Nachfragemanagement zum Ausgleich der starken Fluktuationen der erneuerbaren Stromproduktion nutzen. Zudem wird man Stromspeicherung vor Ort in die Stromversorgung integrieren müssen, z.B.

- Power to Gas (Beispiel Stadtwerke Mainz mit einer ersten kommerziellen Anlage seit 2015),
- Power to Heat (bei kleinen Solaranlagen auf dem Dach des eigenen Hauses in Kombination mit einer Ölheizung besonders gut einsetzbar).

Dadurch können häufiger Stromüberschüsse vor Ort genutzt und zudem erwartete Stromdefizite ausgeglichen werden.

Die Auswirkungen von Nachfragemanagement auf den momentanen Stromtransportbedarf können derzeit nur schwer abgeschätzt werden. Deshalb wird für die Berechnungen eine Reduzierung des momentanen Stromtransportbedarfs von nur 5% (Tab. 7.1, Z. (6), Sp. (2)) angesetzt. Durch Nachfragemanagement wird der Stromtransportbedarf um 15 MW (Tab. 7.1, Z. (6), Sp. (3)) auf 293 MW (Tab. 7.1, Z. (6), Sp. (4)) reduziert.

7.1.2 Resultierender Stromtransportbedarf

(1) Realisierung von 50% des Zubaupotenzials (Referenzszenario)

Tab. 7.1 zeigt den Stromtransportbedarf im Einzugsbereich der bestehenden 110-kV-Leitung bei hälftiger Realisierung des erneuerbaren Zubaupotenzials.

Ergebnis:

Es resultiert ein Stromtransportbedarf von 293 MW (Tab. 7.1, Z. (6), Sp. (4)).

Hinweis: Der Stromtransportbedarf von 293 MW resultiert aus der Einspeisung und dem Abtransport von erneuerbarem Strom. Die Versorgung der lokalen Stromverbraucher beträgt insgesamt maximal nur rund 30 MW und ist damit für den Stromtransportbedarf vernachlässigbar. Die Stromversorgung der Stromverbraucher vor Ort ist also in jedem Fall auch ohne Leitungsverstärkung gesichert.

Tab. 7.1 : Stromtransportbedarf im Einzugsbereich der bestehenden 110-kV-Leitung

		(1) Jahr	(2) Parameter [%]	(3) Änderung [MW]	(4) Stromtransportbedarf [MW]	Erläuterungen
(1)	Bestand an einspeisenden Kraftwerken	2015			236	Sp. (4) laut Angaben der ansässigen Kommunen
(2)	Zubaupotenzial an einspeisenden Kraftwerken	2030		478	714	Sp. (3) laut Angaben der ansässigen Kommunen
(3)	Reduzierung durch nur hälftige Nutzung des Zubaupotenzials	2030	50%	-239	475	
(4)	Reduzierung durch nicht zeitgleiche Einspeisung bei Starkwind		90%	-48	428	Z.(4),Sp.(3) = Z.(3),Sp.(4) * {Z.(4),Sp.(2)-1}
(5)	Reduzierung durch Spitzenkappung	2017	-28%	-120	308	Z.(5),Sp.(3) = Z.(4),Sp.(4) * Z.(5),Sp.(2)
(6)	Reduzierung durch Nachfragemanagement	2025	-5%	-15	**293**	Z.(6),Sp.(4) = Z.(5),Sp.(4) * Z.(6),Sp.(2)

(2) Realisierung von 75% des Zubaupotenzials (Alternativszenario)

Je höher der realisierbare Anteil des Zubaupotenzials angesetzt wird, umso höher ist der Stromtransportbedarf. In einer Alternativrechnung wurde deshalb ein höheres realisiertes Zubaupotenzial von drei Vierteln angesetzt.

Durch Nachfragemanagement wird in diesem Fall eine Reduzierung um 10%, statt wie im Referenzszenario 5%, angesetzt, da das Einspeisemanagement umso stärker genutzt wird, je höher der potenzielle erneuerbare Stromüberschuss ist.

Ergebnis:

Setzt man die 75% in Tab. 7.1, Z. (3), Sp. (2) statt der 50% und die 10% in Tab. 7.1, Z. (6), Sp. (2) statt der 5% ein, so resultiert in dieser Alternativrechnung ein Stromtransportbedarf von 347 MW. Dies ist eine Erhöhung um 54 MW gegenüber dem in Tab. 7.1, Z. (6), Sp. (4) für das Basisszenario gezeigten Wert von 293 MW.

7.2 Zulässiger Stromtransport

Wie viele neue Stromleitungen in einer Region zur Integration der erneuerbaren Energien benötigt werden, hängt wesentlich von den Möglichkeiten zur besseren Ausnutzung und Verstärkung bestehender Leitungen ab.

7.2.1 Maßnahmen zur Erhöhung des zulässigen Stromtransports einer bestehenden 110-kV-Leitung

Im Einzugsbereich einer geplanten 110-kV-Leitung gibt es bereits eine 110-kV-Leitung. Im Folgenden wird untersucht, wie stark der zulässige Stromtransport im Einzugsbereich der bestehenden 110-kV-Leitung durch Maßnahmen ohne Leitungsneubau erhöht werden kann. Die Berechnung geschieht in folgenden fünf Schritten:

a) Bestehende 110-kV-Leitung

Ausgegangen wird vom IST-Zustand der bestehenden 110-kV-Leitung im Jahr 2014 laut Angaben des zuständigen regionalen Stromnetzbetreibers. Diese Leitung hat zwei Systeme. Jedes System hat eine zulässige Übertragungsleistung von 140 MW und ermöglicht damit einen zulässigen Stromtransport von jeweils 140 MW (Tab. 7.2, Z. (1), Sp. (3) und Sp. (4)).

Im öffentlichen Netz, das der Stromversorgung dient, gelten zumindest in Deutschland extrem hohe Standards der Versorgungssicherheit. Die hohe Sicherheit und Zuverlässigkeit der Stromversorgung, die den Stromkunden in Deutschland zur Verfügung steht, wird v.a. dadurch erreicht, dass eine hinreichende Redundanz der technischen Netzeinrichtungen gegeben ist. Hierfür wird das sogenannte (n-1)-Kriterium angewendet[247]:

- Fällt von n-vielen Betriebsmitteln, die im ungestörten Fall zur Verfügung stehen, **eines** durch eine Störung aus, so müssen die verbleibenden (n-1)-vielen Betriebsmittel den Stromverbrauch immer noch uneingeschränkt decken können ((n-1)-Kriterium). Z.B. darf der Ausfall **eines** Transformators oder **eines** Leitungssystems zu keinen für den Verbraucher spürbaren Versorgungsunterbrechungen führen.
- Die Versorgungssicherheit muss auch bei Ausfall eines der beiden Systeme gewährleistet sein. Deshalb sind die zulässige Übertragungsleistung und damit der zulässige Stromtransport durch die bestehende 110-kV-Leitung durch die Übertragungsleistung des verbleibenden Systems gegeben.

Es resultiert ein zulässiger Stromtransport der bestehenden 110-kV-Leitung von 140 MW (Tab. 7.2, Z. (1), Sp. (5)).

b) Überlastbarkeit der bestehenden 110-kV-Leitung

Die bestehenden Systeme können nach Angaben des zuständigen regionalen Netzbetreibers um mindestens 20% ohne Beeinträchtigung der Versorgungssicherheit überlastet werden (Tab. 7.2, Z. (2), Sp. (2)).

Dies erhöht die zulässige Übertragungsleistung jedes einzelnen Systems und damit auch den zulässigen Stromtransport der der bestehenden 110-kV-Leitung um 20% von 140 MW auf 168 MW (Tab. 7.2, Z. (2), Sp. (5)).

c) Umbau von Leitungssystem Nr. 1 mit Hochtemperaturleiterseilen

Durch Ersatz der bestehenden normalen Leiterseile durch Hochtemperaturleiterseile kann die Übertragungsleistung dieses Leitungssystems nach Angaben des zuständigen regionalen Netzbetreibers um 71% erhöht werden, nämlich von 168 MW auf 288 MW (Tab. 7.2, Z. (3), Sp. (3)).

Der zulässige Stromtransport der Leitung bleibt dadurch gemäß dem vorher erläuterten (n-1)-Kriterium allerdings unverändert, weil bei einem Ausfall dieses verstärkten Leitungssystems das verbleibende 2. Leitungssystem weiterhin nur eine zulässige Übertragungsleistung von 168 MW ermöglicht und dieser niedrigere Wert gemäß (n-1)-Kriterium den zulässigen Stromtransport der zweisystemigen 110-kV-Leitungen determiniert. Es resultiert also weiterhin ein zulässiger Stromtransport der bestehenden 110-kV-Leitung von 168 MW (Tab. 7.2, Z. (3), Sp. (5)).

d) Zusätzlicher Umbau von Leitungssystem Nr. 2 mit Hochtemperaturleiterseilen

Durch Ersatz der bestehenden normalen Leiterseile durch Hochtemperaturleiterseile kann die Übertragungsleistung des Leitungssystems Nr. 2 wie vorher schon beim Leitungssystem Nr. 1 um 71% erhöht werden, nämlich von 168 MW auf 288 MW (Tab. 7.2, Z. (4), Sp. (4)).

Der zulässige Stromtransport der Leitung wird nun gemäß dem vorher erläuterten (n-1)-Kriterium erhöht, weil bei einem Ausfall des Leitungssystems Nr. 1 das verbleibende und nun verstärkte Leitungssystem Nr. 2 auch eine zulässige Übertragungsleistung von 288 MW ermöglicht. Erst nach Umbau auch des zweiten Leitungssystems wird also der zulässige Stromtransport der bestehenden 110-kV-Leitung von 168 MW auf 288 MW erhöht (Tab. 7.2, Z. (4), Sp. (5)).

e) Leiterseiltemperaturmonitoring

Eine Erhöhung des zulässigen Stromtransports ist kostengünstig **ohne** Leitungsneubau möglich durch Netzoptimierung und Netzverstärkung[248]. Allein durch Hochtemperaturleiterseile kann die mittlere Belastbarkeit einer Leitung um mindestens 50% erhöht werden. Durch zusätzliches Leiterseiltemperaturmonitoring kann die gerade bei Windstromproduktion besonders wichtige kurzzeitige Erhöhung des zulässigen Stromtransports in vielen Fällen um über 100% erhöht werden.[249]

Nur bei einem Zusammentreffen hoher erneuerbarer Stromproduktion und dem sehr seltenen Ausfall[250] eines der beiden Leitungssysteme wird das verbliebene System kurzzeitig[251] bis zu maximal dem Doppelten seines nominal zulässigen Stromtransports ausgelastet. Dies ist zulässig, weil durch das Leiterseiltemperaturmonitoring sichergestellt wird, dass zu diesem Zeitpunkt die Leitungssysteme durch kühle Umgebungstemperatur und viel Wind so stark gekühlt werden, dass sie um das Doppelte stärker belastet werden können als beim DIN-Norm-Fall mit 35°C Lufttemperatur ohne nennenswerte Luftbewegung.

Die Rheinland-Pfalz-Verteilnetzstudie bestätigt das große Potenzial von dynamischem Einspeisemanagement (Dynamic Line Rating) mittels Leiterseiltemperaturmonitoring und Hochtemperaturleiterseilen gerade für Windstromproduktion. Danach lassen "Hochtemperaturleiterseile eine erhebliche Einsparung von konventionellem Netzausbau erwarten. ... Die verbesserte Kühlung von Freileitungen bei starkem Wind ist besonders vorteilhaft für die Wirksamkeit des Dynamic Line Rating, da der Effekt zeitgleich mit den Einspeisespitzen der Windenergie auftritt."[252]

Im Referenzszenario wird eine Nutzung von Leiterseiltemperaturmonitoring an der unteren Bandbreite angenommen, wodurch die maximale Übertragungsleistung beider Systeme um je 50% (Tab. 7.2, Z. (5), Sp. (5)) erhöht wird. Dadurch wird der zulässige Stromtransport der Leitung um 50% von 288 MW auf 432 MW erhöht (Tab. 7.2, Z. (5), Sp. (5)).

7.2.2 Resultierende Erhöhung des zulässigen Stromtransports einer bestehenden 110-kV-Leitung

(1) Erhöhung der zulässigen Übertragungsleistung durch Leiterseiltemperaturmonitoring um 50% (Referenzszenario)

Tab. 7.2 zeigt die Möglichkeiten zur schrittweisen Erhöhung des zulässigen Stromtransports der bestehenden 110-kV-Leitung. In diesem Referenzszenario wird von einer Erhöhung der zulässigen Übertragungsleistung beider Systeme um je 50% (Tab. 7.2, Z. (5), Sp. (5)) durch Leiterseiltemperaturmonitoring ausgegangen.

Tab. 7.2 : Erhöhung des zulässigen Stromtransports der bestehenden 110-kV-Leitung

		(1)	(2)	(3)	(4)	(5)	
				\multicolumn{3}{c}{Zulässiger Stromtransport [MW]}	Erläuterungen
		Jahr	Parameter	System Nr. 1	System Nr. 2	(n-1)- Kriterium	Sp.(5) = Minimum aus Sp.(3) und Sp.(4)
(1)	Bestehende 110-kV-Leitung	2014		140	140	140	Sp. (3) und Sp. (4) laut Angaben des regionalen Stromnetzbetreibers
(2)	Zulässige Überlastung	2014	20%	168	168	168	Z.(2),Sp.(3) = Z.(1),Sp.(3) * {1+ Z.(2),Sp.(2)}
(3)	Umbau von System Nr. 1 als Hochtemperaturleiterseil	2015	71%	288	168	168	Z.(3),Sp.(3) = Z.(2),Sp.(3) * {1+ Z.(3),Sp.(2)}
(4)	Umbau von System Nr. 2 als Hochtemperaturleiterseil	2020	71%	288	288	288	Z.(4),Sp.(4) = Z.(3),Sp.(4) * {1+ Z.(4),Sp.(2)}
(5)	Leiterseiltemperaturmonitoring bei beiden Systemen	2020	50%	432	432	**432**	Z.(5),Sp.(4) = Z.(4),Sp.(4) * {1+ Z.(5),Sp.(2)}

Ergebnis:

Durch Netzverstärkungsmaßnahmen resultiert eine Erhöhung des zulässigen Stromtransports der bestehenden 110-kV-Leitung von 140 MW auf 432 MW, also um 292 MW.

(2) Erhöhung der zulässigen Übertragungsleistung durch Leiterseiltemperaturmonitoring um 100% (Alternativszenario)

Je größer die Erhöhung der zulässigen Übertragungsleistung durch Leiterseiltemperaturmonitoring angesetzt wird, umso größer ist die Erhöhung des zulässigen Stromtransports der bestehenden 110-kV-Leitung.

In einer Alternativrechnung wurde eine größere Erhöhung der zulässigen Übertragungsleistung durch Leiterseiltemperaturmonitoring angesetzt, nämlich 100% statt nur 50% wie im Referenzszenario.

Ergebnis:

Setzt man diese 100% in Tab. 7.2, Z. (5), Sp. (2) statt der 50% ein, so resultiert in dieser Alternativrechnung eine Erhöhung des zulässigen Stromtransports der bestehenden 110-kV-Leitung auf 576 MW. Dies ist eine Erhöhung um 144 MW gegenüber dem in Tab. 7.2, Z. (5), Sp. (5) für das Basisszenario gezeigten Wert von 432 MW.

7.3 Vergleich von Stromtransportbedarf und zulässigem Stromtransport

Das vorgestellte Bewertungsverfahren wurde für eine konkrete Neubauplanung in der Nordpfalz für die Stadt Kirchheimbolanden in Abstimmung mit dem zuständigen regionalen Netzbetreiber durchgeführt. Tab. 7.3 zeigt einen Vergleich von Stromtransportbedarf und zulässigem Stromtransport.

Tab. 7.3 : Vergleich von Stromtransportbedarf und zulässigem Stromtransport

[MW]	(1) Referenzszenario	(2) Alternativszenario
(1) Stromtransportbedarf	293	347
(2) Zulässiger Stromtransport	432	576
(3) Sicherheitspuffer	139	229

Der zulässige Stromtransport kann durch eine Verstärkung der bestehenden 110-kV-Leitung kostengünstig auf 432 MW im Referenzszenario und auf 576 MW im Alternativszenario erhöht werden. Der Stromtransportbedarf für den in dieser Region erwarteten Zubau von erneuerbaren Kraftwerken liegt dann sowohl im Referenzszenario mit 293 MW als auch im Alternativszenario mit 347 MW jeweils deutlich unterhalb des zulässigen Stromtransports von 432 MW bzw. 576 MW. Sowohl im Referenzszenario als auch im Alternativszenario kann also durch eine Verstärkung der bestehenden 110-kV-Leitung ein hoher Sicherheitspuffer gewährleistet werden.

Die Maßnahmen zur Ertüchtigung der bestehenden Leitung, nämlich Ersatz der bestehenden Leiterseile durch Hochtemperaturleiterseile sowie Leiterseiltemperaturmonitoring, sind deutlich kostengünstiger als der geplante Neubau einer 110-kV-Leitung.

Ergebnis:

- In diesem Beispielfall ist es kostengünstiger, statt einer neuen 110-kV-Leitung das bestehende Leitungssystem geeignet zu verstärken.
- Zudem ist die Umsetzung der Maßnahmen schrittweise möglich entsprechend dem Zubau an erneuerbarer Kraftwerksleistung.

Folgende weitere Möglichkeiten zur Erhöhung des zulässigen Stromtransports müssen noch berücksichtigt werden:

- Beibehaltung der Netzkopplung zum Nachbarnetz.
- Erhöhung der (kurzfristigen) Überlastungsgrenze von 120% auf über 120%.
- Zweier-Bündel-Leiterseile.[253]

Gemäß geltender Rechtslage müsste ein Leitungsneubau wohl als Erdkabel erfolgen.[254] Fragen zur Verkabelung[255] würden sich allerdings erst stellen, wenn die Notwendigkeit einer geplanten 110-kV-Leitung zweifelsfrei belegt werden könnte.

Für eine überregionale Netzplanung hat die Bundesnetzagentur den Netzentwicklungsplan 2025 vorgelegt, der im folgenden Kapitel erläutert und bewertet wird.

8 Überregionale Netzplanung: Netzentwicklungsplan 2025

8.1 Leitungsprojekte

8.1.1 Vom Szenariorahmen zum Planfeststellungsverfahren

Der Netzentwicklungsplan[256] hat die Aufgabe zu ermitteln, welcher Netzausbaubedarf in den folgenden zehn bis zwanzig Jahren erforderlich sein wird. Dies geschieht gemäß Erläuterung der dafür zuständigen Bundesnetzagentur in folgenden Schritten[257]:

- **Szenariorahmen**: Der Szenariorahmen beschreibt unterschiedliche mögliche Entwicklungspfade der deutschen Stromversorgung mit Angaben zur installierten Leistung, zur Last, zum Verbrauch und zur Versorgung. Zum einen wird ein Prognosezeitraum von zehn Jahren mit verschiedenen Szenarien[258] der Stromversorgung verwendet, zum anderen ein mittleres Szenario zur Stromversorgung in zwanzig Jahren untersucht.[259]

- **Regionalisierung**: Für die Regionalisierung wird eine Abschätzung der Erzeugungsleistung bzw. Verbrauchslast für jeden einzelnen der insgesamt 450 Netzknoten des deutschen Übertragungsnetzes vorgenommen.

- **Marktmodellierung**: Der Netzentwicklungsplan 2025 berücksichtigt die Stromproduktion aller konventionellen Kraftwerke, deren variable Herstellkosten niedriger sind als der momentane Börsenstrompreis, und zwar unabhängig vom jeweiligen Standort.[260] Dies gilt auch, falls diese Stromproduktion nicht für die deutsche Stromversorgung erforderlich ist, sondern exportiert wird.

  Dabei bleiben allerdings die Kosten des Netzausbaus, der für einen derartigen Kraftwerkseinsatz erforderlich ist, bei der Netzentwicklungsplanung unberücksichtigt: Dies ist ein schwerer Planungsfehler, der die Aussagekraft des gesamten Netzentwicklungsplans insgesamt fragwürdig macht, wie in Kap. 8.2.3 gezeigt wird.

- **Netzplanung**: Mittels Lastflussberechnungen wird aus den resultierenden Netzbelastungen der Netzentwicklungsbedarf abgeleitet.

Abb. 8.1 erläutert die einzelnen Schritte vom Szenariorahmen bis zum Planfeststellungsverfahren bei der Netzentwicklungsplanung 2025.

Für länderübergreifende Höchstspannungsleitungen wurde das herkömmliche Raumordnungsverfahren durch die Bundesfachplanung ersetzt. Ein in der Bundesfachplanung festgelegter Trassenkorridor (ca. 0,5 km bis 1 km breit) ist für das anschließende Planfeststellungsverfahren verbindlich (§ 15 Abs. 1 NABEG).

Abb. 8.1 : Vom Szenariorahmen zum Planfeststellungsverfahren

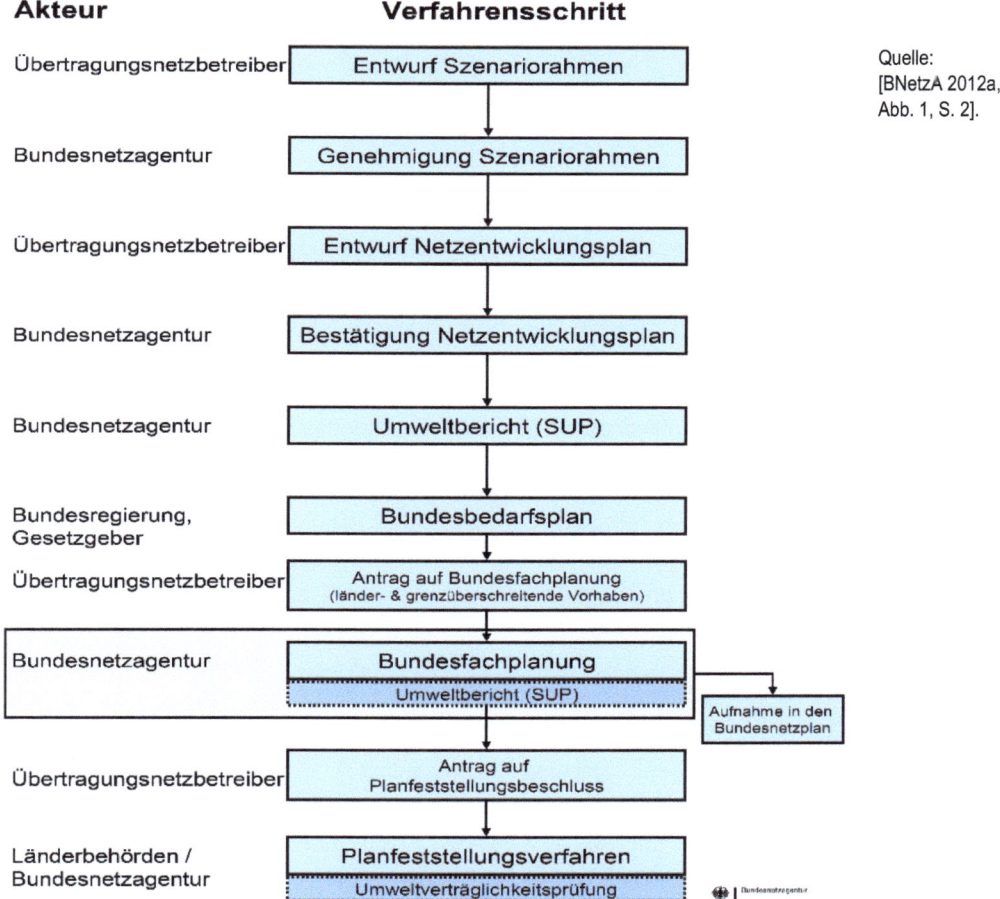

Quelle: [BNetzA 2012a, Abb. 1, S. 2].

Wichtig: Im Gegensatz zum rein behördeninternen Raumordnungsverfahren ist in der Bundesfachplanung auch die Öffentlichkeit eingebunden, die sich zwar zu den beabsichtigten Trassenkorridoren äußern kann (§ 9 Abs. 6 NABEG), aber das Ergebnis der Bundesfachplanung nicht gerichtlich überprüfen lassen kann (§ 14 und § 15 Abs. 3 NABEG), sondern nur den nachfolgenden Planfeststellungsbeschluss. Wer allerdings bei der Bundesfachplanung keine Einwendungen gegen einen vorgeschlagenen Trassenkorridor erhoben hat, kann beim Planfeststellungsverfahren diese Einwendungen nicht vortragen. Dies dürfte die Möglichkeiten für eine gerichtliche Überprüfung erheblich einschränken.

8.1.2 Geplanter Leitungsneubau steigt jährlich an

Beim Netzentwicklungsplan 2025 werden insgesamt sechs Szenarien untersucht[261]:

- Szenario A 2025: EE-Ausbau am unteren Prognoserand und größter konventioneller Kraftwerkspark.
- Szenario B1 2025: EE-Ausbau am oberen Prognoserand und erhöhter Anteil von Erdgas.
- Szenario B2 2025: zusätzlich zu Szenario B1 eine CO_2-Emissionsreduzierung auf 187 Mio. t CO_2 in 2025.
- Szenario B1 2035: EE-Ausbau am oberen Prognoserand und erhöhter Anteil von Erdgas.
- Szenario B2 2035: zusätzlich zu Szenario B2 eine CO_2-Emissionsreduzierung auf 134 Mio. t CO_2 in 2035.
- Szenario C 2025: Stromverbrauchsreduzierung sowie geringster konventioneller Kraftwerkspark und CO_2-Emissionsreduzierung auf 134 Mio. t CO_2 in 2035.

Abb. 8.2 zeigt alle Leitungsprojekte in Deutschland gemäß Netzentwicklungsplan 2025 für das mittlere Szenario B2, das die Klimaschutzvorgaben der deutschen Bundesregierung einhält.[262]

Laut Netzentwicklungsplan 2025 sollen ost- und westdeutsche Braunkohlekraftwerke als Ersatz für süddeutsche Kernkraftwerke dienen. Dafür sind starke neue Stromleitungen von den Braunkohlerevieren zu den süddeutschen Kernkraftwerksstandorten geplant. Das ist eine technisch einfache und sichere Lösung, die aber viele kommunale und private Energiewende-Investitionen und die Energiewende insgesamt konterkariert. Auch deshalb haben sich z.B. alle betroffenen bayerischen Landkreise strikt gegen die geplanten neuen Leitungen von Ostdeutschland nach Bayern ausgesprochen.

Mit folgenden Investitionskosten für den geplanten Netzausbau ist gemäß Netzentwicklungsplan 2025 zu rechnen:

- Maßnahmen des Startnetzes (Tab. A.2.1 im Anhang) rund 5 Mrd. €.[263]
- Maßnahmen im Zubaunetz (Tab. A.2.2 im Anhang) rund 25 Mrd. €, bei Vollverkabelung aller geplanten HGÜ-Leitungen rund 34 Mrd. €.[264] Mitte Dezember 2015 wurde gesetzlich festgelegt, dass die geplanten HGÜ-Leitungen SuedLink und SuedostLink verkabelt werden müssen.[265]

Kap. 8 : Netzentwicklungsplan 2025

Abb. 8.2 : Leitungsprojekte gemäß Netzentwicklungsplan 2025

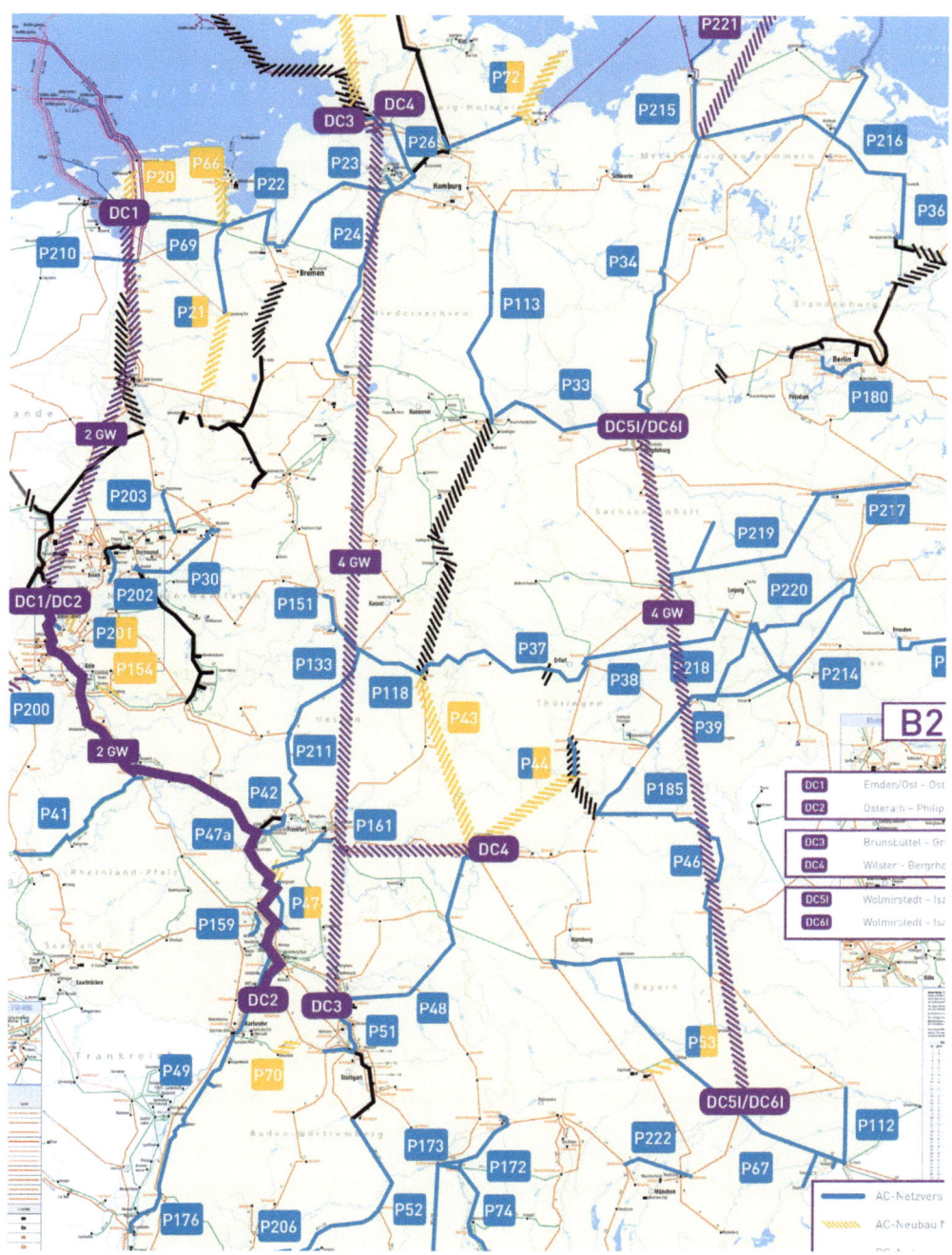

Quelle: [NEP 2025/2, Abb. 42, S. 106: Szenario B2 2025 (also **mit** CO_2-Begrenzung)].

Tab. 8.1 zeigt den Leitungsneubau gemäß den amtlichen Netzausbauplanungen aus den Jahren 2013, 2015 und 2016.

Tab. 8.1 : Leitungsneubau gemäß Bundesbedarfsplangesetz 2013 und Netzentwicklungsplänen 2014 und 2016

[km]	(1) Bundesbedarfs- plangesetz in Kraft getreten 07/2013	(1.1)	(1.2)	(2) Netzentwicklungs- plan 2024 bestätigt durch Bundesnetzagentur 09/2015	(2.1)	(2.2)	(3) Netzentwicklungs- plan 2025 2. Entwurf 02/2016	(3.1)	(3.2)
	Summe	neue Trasse	besteh. Trasse	Summe	neue Trasse	besteh. Trasse	Summe	neue Trasse	besteh. Trasse
(1) Drehstrom (380 kV)	3.267	861	2.406	4.202	1.107	3.095	6.237	999	5.238
(2) Gleichstrom (HGÜ)	3.463	2.543	920	3.463	2.543	920	3.463	2.543	920
(3) Summe	6.730	3.404	3.326	7.665	3.650	4.015	9.700	3.542	6.158

Hinweise:
Werte in Sp. (1) gemäß Bundesbedarfsplangesetz aus dem Jahr 2013. Werte in Sp. (2) gemäß von der Bundesnetzagentur Anfang September 2015 bestätigtem Netzentwicklungsplan[266] mit Zieljahr 2024, dessen überarbeiteter Entwurf[267] von den Übertragungsnetzbetreibern Anfang November 2014 vorgelegt wurde. Werte in Sp. (3) gemäß Netzentwicklungsplan mit Zieljahr 2025 (Szenario B2, also mit CO_2-Begrenzung), dessen 2. Entwurf[268] von den Übertragungsnetzbetreibern Ende Februar 2016 vorgelegt wurde. Die Bundesnetzagentur prüft anschließend diesen 2. Entwurf und wird dann die energiewirtschaftliche Notwendigkeit für einen mehr oder weniger großen Teil der in diesem 2. Entwurf enthaltenen Netzbaumaßnahmen bestätigen. Leitungen, die gemäß Sp. (3) im neuesten 2. Entwurf des Netzentwicklungsplans mit Zieljahr 2025 nicht enthalten sind, bleiben auch in den Sp. (1) und (2) unberücksichtigt.
Quellen: Tab. A2.1 und Tab. A2.2 im Anhang. Beispiel: Z. (1), Sp. (1.1) = Tab. A2.1, Z. (1a), Sp. (2) plus Tab. A2.2, Z. (1a), Sp. (2).

Ergebnis:

- Der aktuelle Netzentwicklungsplan von Februar 2016 verlangt einen Leitungsneubau von 9.700 km.
- Davon waren im Bundesbedarfsplangesetz von 2013 nur 6.730 km enthalten.
- Der Netzausbaubedarf hat sich also innerhalb von knapp 3 Jahren um fast 3.000 km erhöht.

Dieser große Zuwachs an erforderlichem Leitungsneubau resultiert ganz überwiegend aus der Vorgabe des Netzentwicklungsplans, dass Kohlekraftwerke gesichert einspeisen können, auch wenn diese Stromproduktion nicht für die deutsche Stromversorgung erforderlich ist, sondern ausschließlich dem Stromexport dient[269]. Mit jeder Steigerung der erneuerbaren Stromproduktion ist dann bei in etwa konstanter Kohlestromproduktion ein entsprechender Netzausbau erforderlich. Zudem bleibt eine Spitzenkappung[270] von konventionellen Kraftwerken bei der Netzplanung völlig unberücksichtigt.

8.2 Netzentwicklungsplan 2025 hat gravierende Defizite

Der Netzentwicklungsplan 2025 hat gravierende Defizite:
- Der geplante kohlebedingte Netzausbau konterkariert die Energiewende.
- Kostengünstige Alternativen werden unzureichend berücksichtigt.
- Die Kosten des Netzausbaus bleiben gänzlich unberücksichtigt.
- Der Netzentwicklungsplan führt zu überhöhten Stromkosten.

8.2.1 Kohlebedingter Netzausbau konterkariert Energiewende

Die Untersuchungen der Bundesnetzagentur zeigen, dass kritische Versorgungssituationen nicht etwa bei prognostizierten Stromdefiziten ('Dunkelflauten') auftreten, sondern ausschließlich im Falle eines Stromüberschusses.[271] Dabei führt nicht etwa eine hohe erneuerbare Stromproduktion zu einer Netzüberlastung, sondern die zusätzliche, zeitgleiche Kohlestromproduktion.

Gemäß Netzentwicklungsplan soll das Stromnetz für eine wachsende erneuerbare Stromproduktion ausgebaut werden, OHNE dass die Kohlestromproduktion nennenswert reduziert wird. Bei wachsender erneuerbarer Stromproduktion erfordert dies zwangsläufig einen laufenden Ausbau des Stromnetzes. Zudem werden durch den resultierenden überdimensionierten Stromnetzausbau Bau und Betrieb von Gaskraftwerken, die in Süddeutschland dringend für die Umsetzung der Energiewende benötigt werden, endgültig unrentabel gemacht.

(1) Beispiel: HGÜ-SuedostLink erforderlich für Kohlestromexport zeitgleich zu hoher erneuerbarer Stromproduktion

Der Netzentwicklungsplan 2025 sieht eine neue **H**öchstspannungs-**G**leichstrom-**Ü**bertragung (HGÜ-Leitung) vom Raum Magdeburg nach Bayern in den Raum KKW Isar (nördlich von München) vor (siehe Abb. 8.2, Leitung DC5/DC6 nach DC5/DC6). Die Übertragungsnetzbetreiber begründen die Notwendigkeit von SuedostLink auch im Netzentwicklungsplan 2025 keineswegs mit der ostdeutschen Braunkohlestromproduktion zeitgleich zu hoher ostdeutscher erneuerbarer Stromproduktion, dem wahren Grund für den geplanten Netzausbau, sondern – wie schon in den früheren Netzentwicklungsplänen – mit der wachsenden erneuerbaren Stromproduktion.

Die Notwendigkeit dieser HGÜ-Leitung wird von den Netzbetreibern zweifach begründet[272]:
- Wegen der Abschaltung aller süddeutschen Kernkraftwerke bis 2023 drohe in Süddeutschland ein Stromengpass.
- Die geplante HGÜ-Leitung diene der Versorgungssicherheit in Bayern und dem Transport erneuerbaren ostdeutschen Stroms.

Auch die Bundesnetzagentur behauptet, dass der geplante SuedostLink wegen des Transports von erneuerbarem Strom erforderlich ist: "Das langfristige Ziel des Projekts ist es, die Einbindung der Offshore-Windkraftanlagen und der landseitigen Windkraftanlagen in Nordostdeutschland mit der Deckung des Verbrauchs in Bayern nach Abschaltung der Kernkraftwerke zu verbinden."[273]

Die in Kap. 4.1 gezeigten Untersuchungen der Bundesnetzagentur zum Reservekraftwerksbedarf zeigen aber, dass – jedenfalls bis auf Weiteres – kritische Versorgungssituationen nicht etwa bei Dunkelflauten[274] auftreten, sondern ausschließlich im Falle eines prognostizierten Stromüberschusses. Dabei führt nicht etwa eine hohe erneuerbare Stromproduktion zu einer Netzüberlastung, sondern die zusätzliche, zeitgleiche Kohlestromproduktion.[275] Im Klartext: Die in Süddeutschland stillzulegenden Kernkraftwerke sollen durch ostdeutsche Braunkohlekraftwerke ersetzt werden, wofür zusätzliche Stromleitungen erforderlich sind.

Die beiden Blöcke des Kernkraftwerks Gundremmingen, die Ende 2017 bzw. Ende 2021 stillgelegt werden, werden dann nicht durch erneuerbare Kraftwerke in Verbindung mit schnell regelbaren Reservekraftwerken ersetzt, sondern durch schmutzige und schlecht regelbare ostdeutsche Braunkohlekraftwerke. Der hierfür erforderliche Netzausbau wird aber gegenüber den Stromverbrauchern, die diesen Netzausbau bezahlen müssen, mit dem Ausbau der erneuerbaren Kraftwerke begründet.

Nicht nur die Übertragungsnetzbetreiber, sondern auch die Bundesnetzagentur erwecken den Eindruck, als ob in Süddeutschland ohne Leitungsneubau ein Versorgungsengpass drohen würde. Die Bundesnetzagentur erwähnt zwar ausdrücklich die hohe Braunkohlestromproduktion in Ostdeutschland[276], vergisst aber zu erwähnen, dass diese Braunkohlestromproduktion gemäß ihren eigenen Prognosen zeitgleich zu hoher erneuerbarer Stromproduktion erfolgt und genau deshalb der geplante massive Netzausbau erforderlich ist.

Unsere auf der Basis von Daten der Bundesnetzagentur für das Zieljahr 2022 durchgeführten Untersuchungen geben hierzu ein besonders beredtes Beispiel[277]:

- Abb. 8.3 zeigt für einen Starkwindzeitraum in Abb. 8.3a die stark fluktuierende erneuerbare Stromproduktion.
- Die in Abb. 8.3b gezeigte konventionelle Stromproduktion passt sich gemäß dieser Plandaten der Bundesnetzagentur keineswegs an die Stromproduktion aus Wind und Sonne an, sondern ist, von technisch bedingten Abschaltungen abgesehen, weitgehend konstant.

Wenn trotz hoher erneuerbarer Stromproduktion die Kohlestromproduktion – wie in Abb. 8.3 gezeigt – nicht zurückgeregelt wird, werden die bestehenden Leitungen durch den wachsenden Kohlestromexport tendenziell überlastet. Würden die konventionellen Kraftwerke ausreichend abgeregelt, wären keine neuen Leitungen erforderlich. Die von Ostdeutschland nach Bayern geplanten Leitungen sind also AUSSCHLIESSLICH für den Weiterbetrieb von ostdeutschen Braunkohlekraftwerken trotz hoher erneuerbarer ostdeutscher Stromproduktion erforderlich. Der Öffentlichkeit aber wird erklärt, die wachsende erneuerbare Stromproduktion verursache den erhöhten Netzausbaubedarf.

Abb. 8.3 : Keine Abregelung ostdeutscher Kohlekraftwerke trotz zeitgleicher hoher ostdeutscher Wind- und Photovoltaikstromproduktion

a) Ostdeutsche Wind- und Photovoltaikstromproduktion

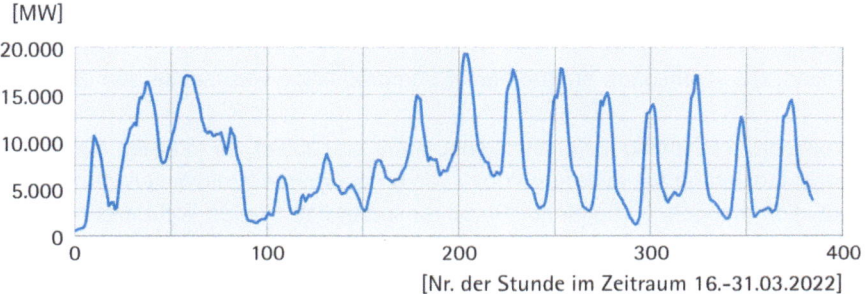

b) Ostdeutsche Stromproduktion durch sonstige Kraftwerke (v.a. Kohle)

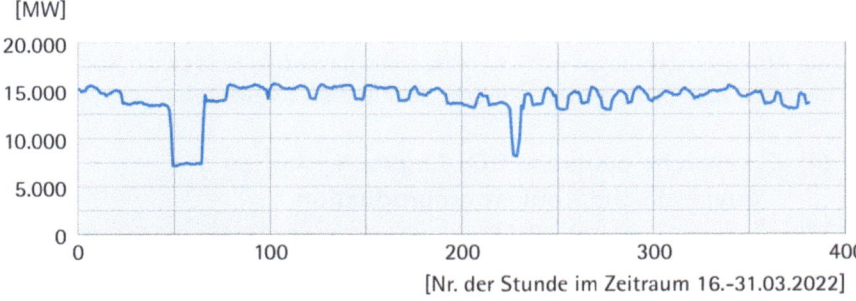

Hinweis: Stromproduktion in der 50 Hertz-Regelzone gemäß Prognosen der Bundesnetzagentur, Prognosezeitraum 16. bis 31. März 2022.

Quelle: [Jarass 2015, S. 45].

(2) Keine Spitzenkappung bei konventioneller Stromproduktion

Bei der Netzplanung wird zwar ab 2015 bei erneuerbaren Kraftwerken eine Spitzenkappung berücksichtigt. Hingegen wird die Möglichkeit einer Spitzenkappung bei konventionellen Kraftwerken bei der Netzausbauplanung nicht berücksichtigt, sondern nur im konkreten Betrieb bei einem Netzengpass. Dies führt zu einem unnötigen Leitungsausbau und zu unnötigen Kosten für den Stromverbraucher.[278]

Es ist in vielen Fällen volkswirtschaftlich kostengünstiger, einzelne Produktionsspitzen von konventionellen Kraftwerken abzuschneiden, wenn dadurch ein kostenaufwändiger Leitungsneubau vermieden werden kann.

(3) Kohlebedingter Netzausbau behindert sozialverträgliche Stilllegung von Kohlekraftwerken

Nach dem derzeit im Netzentwicklungsplan angewendeten Marktmodell wird der Kraftwerkseinsatz von einzelnen Erzeugungsanlagen gemäß deren jeweiligen variablen Kosten bestimmt[279]: Ein gegebener Stromverbrauch wird durch die im In- und Ausland einsatzbereiten Kraftwerke mit den niedrigsten variablen Kosten der Stromproduktion gedeckt. Entsprechend werden in Deutschland auch bei hoher erneuerbarer Stromproduktion Kohlekraftwerke für den Kohlestromexport betrieben, und zwar deshalb, weil die variablen Kosten der deutschen Kohlekraftwerke niedriger sind als die variablen Kosten der damit konkurrierenden ausländischen Kraftwerke.[280]

Kritische Versorgungssituationen sind gemäß Bundesnetzagentur NICHT durch die erneuerbare Stromproduktion bedingt, sondern durch den wachsenden Export von Kohlestrom.[281] Der Öffentlichkeit aber wird erklärt, die wachsende erneuerbare Stromproduktion verursache den erhöhten Netzausbaubedarf.

Würde für den Kohlestrom zukünftig kein Netzausbau mehr eingeplant, so müssten die Kohlekraftwerke in den nächsten Jahren bei weiterem Zubau von erneuerbaren Kraftwerken immer häufiger ihre Stromproduktion mangels vorhandener Stromtransportmöglichkeiten vorübergehend reduzieren.

Die weniger flexiblen Kohlekraftwerke würden zuerst unrentabel, die flexibleren erst später. Dadurch könnte die aus Klimaschutzgründen erforderliche Stilllegung der Kohlekraftwerke in kleinen Schritten erfolgen, die für alle Beteiligten planbar wären. Insbesondere die dadurch wegfallenden Arbeitsplätze könnten so sozialverträglich abgebaut werden.

Solange den Kohlekraftwerken die von ihnen verursachten Netzausbaukosten nicht angelastet werden, sie vielmehr für Abregelungen sogar weiterhin entschädigt werden, werden die Kohlekraftwerksbetreiber kein Interesse haben, die Kohlekraftwerke schrittweise stillzulegen.

(4) Zusätzliche deutsche CO_2-Abgaben erhöhen ausländische Kohlestromproduktion

Für den Netzentwicklungsplan 2025 schreibt die Bundesnetzagentur die Untersuchung eines zusätzlichen Szenarios mit geringeren CO_2-Emissionen vor, und zwar bei konstanter installierter Leistung der konventionellen Kraftwerke: Für die "... Ermittlung des Transportbedarfs der Marktsimulation" wird als Nebenbedingung vorgegeben, "... dass der deutsche Kraftwerkspark im Jahr 2025 maximal 187 Mio. t CO_2 emittiert ..., im Jahr 2035 maximal 134 Mio. t CO_2 ..."[282].

Entsprechend untersucht der Netzentwicklungsplan 2025 in einem CO_2-Begrenzungsszenario eine CO_2-bedingte Abregelung bzw. Stilllegung von konventionellen Kraftwerken. Die in der früheren Tab. 8.1 angegebenen Werte für den Leitungsneubau basieren auf diesem Szenario. Die Begrenzung wird erreicht, indem im Netzentwicklungsplan 2025 für deutsche Kraftwerke, nicht aber für ausländische Kraftwerke, pro t CO_2 ein Zertifikatspreis von 60 € statt 21 € angesetzt wird, und für 2035 von 71 € statt 31 €.[283] Wegen dieses nationalen CO_2-Aufschlags erhöhen sich die Produktionskosten der deutschen Kraftwerke, v.a. der deutschen Kohlekraftwerke, gegenüber den ausländischen Kraftwerken.

Abb. 8.4 zeigt das Ergebnis der CO_2-Begrenzung mittels zusätzlicher rein deutscher CO_2-Abgaben.

Kap. 8 : Netzentwicklungsplan 2025

Abb. 8.4 : Zusätzliche deutsche CO_2-Abgaben reduzieren deutschen Stromexport

a) **Strom<u>ex</u>port 71,2 TWh**
   <u>ohne</u> CO_2-Begrenzung

b) **Strom<u>im</u>port 32,0 TWh**
   <u>mit</u> CO_2-Begrenzung

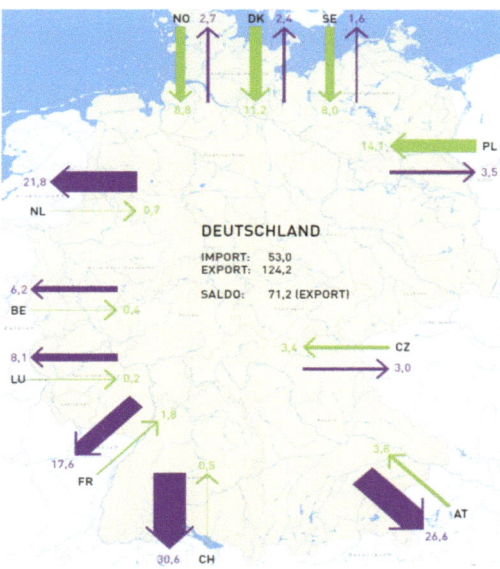
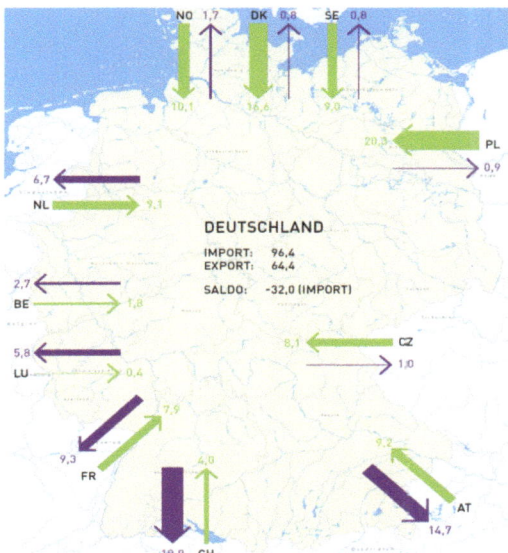

Quelle: [NEP 2025/2, Abb. 16, S. 64, Szenario B1 2025].   Quelle: [NEP 2025/2, Abb. 17, S. 64, Szenario B2 2025].

Ergebnis:

- Die deutsche Stromproduktion wird in 2025 um insgesamt 106 TWh von 640 TWh[234] auf 534 TWh reduziert.
- Die deutsche Kohlestromproduktion wird dabei um 95 TWh[285] reduziert.
- Die geringere deutsche Kohlestromproduktion wird durch erhöhten Einsatz von ausländischen konventionellen Kraftwerken (v.a. von Kohlekraftwerken) ausgeglichen.

Zusätzliche deutsche CO_2-Abgaben bringen also gemäß dem vom Netzentwicklungsplan verwendeten Simulationsmodell für den Klimaschutz wenig.

(5) Zusätzliche deutsche CO_2-Abgaben erhöhen deutschen Netzausbaubedarf

Eine CO_2-Begrenzung erhöht den Stromimport insbesondere von osteuropäischem Kohlestrom, wofür gemäß Netzentwicklungsplan 2025 zusätzliche Leitungen insbesondere im östlichen Teil Ostdeutschlands erforderlich werden.

Tab. 8.2 zeigt die zusätzlichen und die entfallenden Leitungen: Durch die CO_2-Begrenzung werden 855 km zusätzlich benötigt, aber nur 487 km eingespart; saldiert werden also zusätzlich 368 km benötigt.

Tab. 8.2 : Zusätzliche deutsche CO₂-Abgaben erhöhen gemäß Netzentwicklungsplan den Netzausbaubedarf

Änderungen des Leitungsbedarfs	[km]
(1) zusätzliche Leitungen durch CO₂-Begrenzung	855
(2) entfallende Leitungen durch CO₂-Begrenzung	-487
(3) Saldo	368

Quellen: Tab. A2.2, Erläuterungen in der Randspalte.

Die Werte in der vorherigen Tab. 8.1 berücksichtigen bereits die CO₂-Begrenzung. Ohne CO₂-Begrenzung würden nicht 9.700 km (Tab. 8.1, Z. (3), Sp. (3)) Leitungsneubau benötigt, sondern, wie in Tab. 8.2 gezeigt, 368 km weniger, also nur 9.332 km. Ohne CO₂-Begrenzung wäre also der Leitungsbedarf rund 4% (= 368 km / 9.700 km) niedriger.

Fazit:

Durch die CO₂-Begrenzung und die dadurch bewirkte Reduzierung der deutschen Kohlestromproduktion werden also nicht etwa weniger Leitungen benötigt, sondern mehr Leitungen. Neue Trassen werden allerdings nicht benötigt.

Die deutschen Stromverbraucher bezahlen die deutschen Kohlestromproduzenten, damit diese weniger Kohlestrom erzeugen, und zudem den Ausbau des Netzes, damit ein Teil der in Deutschland reduzierten Kohlestromproduktion durch polnische Kohlekraftwerke nach Deutschland und weiter nach West- und Südeuropa geliefert werden kann: "Ist dies schon Wahnsinn, so hat es doch Methode"[286].

8.2.2 Kostengünstige Alternativen werden unzureichend berücksichtigt

Es gibt eine Reihe von kostengünstigen Alternativen zur Erhöhung des zulässigen Stromtransports ohne Netzneubau, die im Netzentwicklungsplan 2025 nur unzureichend berücksichtigt werden.

(1) Leiterseiltemperaturmonitoring und Hochtemperaturleiterseile unzureichend berücksichtigt

Leiterseiltemperaturmonitoring und Hochtemperaturleiterseile können zu einer deutlichen Reduzierung des Netzausbaubedarfs führen.[287]

Die Übertragungsnetzbetreiber berücksichtigen nach ihren Angaben das "NOVA-Prinzip: Das NOVA-Prinzip bedeutet Netzoptimierung vor Netzverstärkung vor Netzausbau. ... Ein Leitungsneubau wird nur dann vorgeschlagen, wenn vorher alle anderen Optionen geprüft wurden."[288] Das klingt gut, aber die offiziellen Netzentwicklungsplanungen verstehen unter Netzoptimierung und Netzverstärkung im Wesentlichen nur Optimierung von Stromflüssen, Auflegung von zusätzlichen Leiterseilen auf bisher nicht voll genutzte Masten und Ersatz von bestehenden 220-kV-Freileitungen durch den Neubau von 380-kV-Freileitungen.

Eine Netzoptimierung mittels **Leiterseiltemperaturmonitoring**[289] durch Messung der Leiterseiltemperatur in allen Teilbereichen der Leitungsabschnitte wird bei keiner Einzelmaßnahme auch nur erwähnt. Vielmehr werden nur nicht näher spezifizierte Erhöhungen des zulässigen Stromtransports "bei Mittel- oder Starkwindszenarien"[290] für die Netzentwicklungsplanung nach vier Kategorien berücksichtigt, ohne die einzelnen Leitungen zu benennen.

Der Einsatz von **Hochtemperaturleiterseilen**[291] wird im Netzentwicklungsplan 2025 bei deutlich mehr Leitungsplanungen vorgesehen als in den früheren Netzentwicklungsplänen: "Auf den Leitungsabschnitten, bei denen ein Einsatz aufgrund der Statik der Masten möglich ist, wird die Nutzung von Hochtemperaturleiterseilen berücksichtigt."[292]

Wegen der fehlenden Leiterseiltemperaturmessungen können die Netzbetreiber aber nur Vermutungen anstellen, wo besonders gefährdete Teilbereiche einzelner Leitungsabschnitte liegen könnten, z.B. in windgeschützten Tallagen. Deshalb können die Netzbetreiber die teuren Hochtemperaturleiterseile nicht kostenoptimal nur für besonders gefährdete Teilbereiche einplanen, sondern pauschal für den gesamten Leitungsabschnitt.

(2) Neubau von Reservekraftwerken in Süddeutschland unzureichend berücksichtigt

Die Untersuchungen der Bundesnetzagentur zum Reservekraftwerksbedarf für den Winter 2019/20 zeigen, dass kritische Versorgungssituationen bis auf Weiteres ausschließlich im Falle eines Stromüberschusses auftreten. Dabei führt nicht etwa eine hohe erneuerbare Stromproduktion zu einer Netzüberlastung, sondern die zeitgleiche Kohlestromproduktion.

Wegen des Ausbaus der erneuerbaren Kraftwerke resultieren immer häufiger sehr niedrige Strompreise, weshalb mehr und mehr konventionelle Kraftwerke wegen sinkender betriebswirtschaftlicher Konkurrenzfähigkeit stillgelegt werden. Zudem wurde in den Regierungs-Eckpunkten vom 01. Juli 2015 beschlossen, bis 2020 schrittweise 2,7 GW Braunkohlekraftwerksleistung in die deutsche Netzreserve zu überführen und bis 2024 endgültig stillzulegen.[293]

Inwieweit zukünftig wegen fehlender Kraftwerksleistung bei Dunkelflauten kritische Versorgungssituationen resultieren und v.a. wann diese voraussichtlich eintreten könnten, wurde bisher nicht untersucht. Spätestens dann ist wohl zusätzliche Reserveleistung insbesondere in Süddeutschland erforderlich.

In den Regierungs-Eckpunkten vom 01. Juli 2015 wurde beschlossen, in Süddeutschland spätestens bis zum Jahr 2020 bis zu 2 GW neue Reservekraftwerke zu installieren.[294] Die Vorgabe von 2 GW stellt eine Untergrenze eines politischen Kompromisses dar, für eine kostenoptimale Netzentwicklungsplanung sind mittelfristig wahrscheinlich deutlich mehr Reservekraftwerke in Süddeutschland erforderlich. Dies sollte zumindest beim Szenario 20$\underline{3}$5 des Netzentwicklungsplans 2025 berücksichtigt werden.

Durch den beschlossenen Bau von zusätzlichen süddeutschen Reservekraftwerken wird es nun ermöglicht, die bestehenden Nord-Süd-Leitungen durch Leiterseiltemperaturmonitoring deutlich stärker auszulasten (häufig mehr als eine Verdopplung). In den sehr seltenen Stunden einer nicht möglichen Erhöhung (z.B. bei sehr hoher Lufttemperatur und wenig Wind in Süddeutschland) kann die erneuerbare Stromproduktion in Nord- und Ostdeutschland vorübergehend reduziert werden und zum Ausgleich können die süddeutschen Reservekraftwerke hochgefahren werden.

Der Netzausbaubedarf würde so qualitativ verändert und deutlich reduziert. Dies bleibt bei der bisherigen Netzausbauplanung unberücksichtigt, was die Ergebnisse des Netzentwicklungsplans fragwürdig macht. Der im Netzentwicklungsplan 2025 geplante Stromnetzausbau führt zu sehr niedrigen Benutzungsdauern für diese Reservekraftwerke und macht sie betriebswirtschaftlich endgültig unrentabel. Die für Regel- und Reserveleistung in Süddeutschland dringend benötigten Gaskraftwerke werden deshalb nur gebaut nach Zusicherung hoher Vorhalteprämien, die wiederum der ohnehin schon gebeutelte Stromverbraucher bezahlen muss.

(3) Spitzenkappung von erneuerbarem Strom unzureichend berücksichtigt

Der Netzentwicklungsplan 2025 sieht erstmalig bei der Netzdimensionierung die Möglichkeit einer Abregelung von Produktionsspitzen vor, um einen Netzausbau für selten auftretende Produktionsspitzen zu vermeiden. Dies gilt allerdings nur für Windkraftwerke onshore und für Photovoltaikanlagen.

Bei der Umsetzung dieser Abregelung gibt es in jedem Fall mindestens zwei erhebliche Defizite:
- Zum einen werden die Abregelungen übernommen, die sich aus Engpässen in den vorgelagerten Verteilnetzen ergeben.[295] Aber Engpasssituationen in den Verteilnetzen führen nicht notwendig zu Engpässen im übergelagerten Übertragungsnetz.
- Zum anderen werden die Abregelungen pauschal bei hoher erneuerbarer Stromproduktion durch ein **statisches** Einspeisemanagement umgesetzt. Dies ist nicht sinnvoll, da eine hohe erneuerbare Stromproduktion nicht zwingend zu Netzengpässen im Übertragungsnetz führt.

Gemäß Netzentwicklungsplan 2025 werden im Standardszenario B 2025 maximal 8,2 GW abgeregelt[296], das sind nur gut 20% der in 2015 installierten erneuerbaren Kraftwerksleistung von 96,4 GW[297].

Zukünftig sollten Abregelungen nicht nur im Verteilnetz berücksichtigt werden, sondern insbesondere auch störungsbedingte Engpässe im Übertragungsnetz durch ein **dynamisches** Einspeisemanagement. Dadurch könnte die Einsparung an Netzausbau deutlich erhöht werden.

8.2.3 Netzentwicklungsplan führt zu überhöhten Stromkosten

(1) Kosten des Netzausbaus bleiben unberücksichtigt

Auch der Netzentwicklungsplan 2025 geht in seinem Marktmodell fälschlicherweise von der Prämisse aus, dass eine kostengünstige Stromversorgung sichergestellt wird, indem ausschließlich die variablen Stromproduktionskosten für den Kraftwerkseinsatz berücksichtigt werden (merit order) und die dadurch verursachten Netzausbaukosten unberücksichtigt bleiben können. Für den Kraftwerkseinsatz spiele gemäß den derzeitigen gesetzlichen Regelungen die Distanz zwischen Erzeugern und Verbrauchern keine Rolle[298] und deshalb bleiben die resultierenden Netzausbaukosten unberücksichtigt: "Die Planung des Kraftwerkseinsatzes durch die Betreiber/Händler erfolgt daher nur auf Basis der Minimierung der Erzeugungskosten."[299]

Beispiel Stromexport:
- Strom wird ins Ausland exportiert, "wenn er in Deutschland billiger produziert wird als im Ausland, was typischerweise in Zeiten eines hohen Windstromangebots der Fall ist, aber auch zu extrem sonnenreichen Zeiten auftreten kann."[300]
- Die durch den Stromexport resultierenden Netzausbaukosten bleiben unberücksichtigt.

Beispiel Reserveleistung:
- Ein zusätzlicher Stromverbrauch in Süddeutschland wird gemäß dem Marktmodell des Netzentwicklungsplans grundsätzlich zuerst durch Kohlekraftwerke mit ihren gegenüber Gaskraftwerken niedrigeren variablen Erzeugungskosten abgedeckt, auch wenn die Kohlekraftwerke in Nord- oder Ostdeutschland stehen und in Süddeutschland Gaskraftwerke verfügbar wären. Für einen daraus resultierenden Stromtransportengpass, z.B. von Hamburg nach Stuttgart oder von Leipzig nach München, wird in den Netzentwicklungsplan eine neue Leitung eingestellt, ohne deren Kosten zu berücksichtigen.
- Jedenfalls bei der Netzausbauplanung müssen die Netzausbaukosten dem Kostenverursacher, in unserem Beispiel dem angeblich kostengünstigeren Kohlekraftwerk, zugerechnet werden. Durch diese Kostenzurechnung würde das norddeutsche Kohlekraftwerk gegenüber einem süddeutschen Gaskraftwerk in vielen Fällen seine Konkurrenzfähigkeit verlieren, eine neue Leitung wäre dann nicht erforderlich.
- Im Netzentwicklungsplan hingegen wird wegen der fehlerhaften Kostenzurechnung für das Kohlekraftwerk in jedem Fall eine neue Leitung eingeplant, was die Gesamtkosten der Stromversorgung unnötig erhöht.

Die Bundesnetzagentur schreibt hierzu: "Auch im Jahre 2024 werden aller Voraussicht nach diejenigen Kraftwerke Strom produzieren und ins Netz einspeisen, die dies am preiswertesten können. ... Derzeit fehlen jegliche Anhaltspunkte, dass der Gesetzgeber eine Abkehr von marktwirtschaftlichen Prinzipien auch nur in Erwägung ziehen könnte."[301]

Marktwirtschaft soll doch sicherstellen, dass die Stromverbraucher Strom zu möglichst niedrigen Kosten erhalten. Um einen kostenoptimalen Netzausbau zu gewährleisten, müssen deshalb für den Kraftwerkseinsatz nicht nur die variablen Stromproduktionskosten der jeweiligen Kraftwerke berücksichtigt werden (merit order), sondern auch die durch die einzelnen Alternativen jeweils verursachten Netzausbaukosten. Ansonsten werden die Stromverbraucher mit unnötigen Kosten belastet.

Hier liegt einer der zentralen Fehler der derzeitigen Netzplanung: Statt die gesamten Kosten der Stromversorgung zu minimieren, werden nur die Stromproduktionskosten frei Kraftwerk minimiert[302], nicht hingegen die gesamten Stromversorgungskosten inklusive dem hierfür erforderlichen Netzausbau. Die fehlende Berücksichtigung der Netzausbaukosten ist ein schwerer methodischer Fehler, der die gesamte Bedarfsanalyse des Netzentwicklungsplans 2025 fragwürdig macht.

(2) Netzentwicklungsplan führt zu überhöhtem Netzausbau

In den Regierungs-Eckpunkten wird ein "marktwirtschaftlicher Wettbewerb der Flexibilitätsoptionen" gefordert, "sei es auf der Erzeugungs- oder auf der Nachfrageseite. ... Im Energiewirtschaftsrecht werden wir klar den Grundsatz festlegen, dass die Politik und die Regulierungsbehörde in die Preisbildung am Markt nicht eingreifen."[303]

Wenn aber die durch bestimmte Produktionsstrukturen verursachten zusätzlichen Netzausbaukosten nicht den Verursachern angelastet werden und insbesondere bei der Netzentwicklungsplanung diese Kosten gänzlich unberücksichtigt bleiben, dann greifen Politik und Regulierungsbehörden aktiv in die Preisbildung am Markt ein.

Dann kommt nicht zwingend das für den Verbraucher kostengünstigste Kraftwerk in der Netzplanung zum Zug, sondern gegebenenfalls ein Kraftwerk, das zwar im Moment niedrigere variable Stromproduktionskosten hat, aber unter Berücksichtigung der von ihm zusätzlich verursachten Netzausbaukosten für den Verbraucher höhere Stromkosten verursacht als ein Kraftwerk mit höheren variablen Stromproduktionskosten, das aber z.B. wegen seiner verbrauchsgünstigeren Lage keine zusätzlichen Netzausbaukosten verursacht.

Deshalb muss schon bei der Netzplanung geprüft werden, ob durch die Stromproduktion mit geringeren variablen Kosten tatsächlich auch die kostengünstigere Versorgung der Stromverbraucher erreicht wird. Dies ist nur dann zwingend der Fall, wenn durch diese günstigere Stromproduktion kein Netzausbaubedarf verursacht wird.

Der Netzentwicklungsplan 2025 führt diese erforderliche Prüfung nicht durch, wodurch eine überhöhte Netzausbauplanung resultiert. Die Kosten für diesen unnötigen Netzausbau bezahlt der deutsche Stromverbraucher, der schon die Mehrkosten für die EEG-Vergütung trägt. Der Öffentlichkeit aber wird erklärt, der erhöhte Netzausbaubedarf werde durch die wachsende erneuerbare Stromproduktion verursacht.

Die stark steigenden Redispatchkosten resultieren übrigens nicht aus dem fehlenden Netzausbau, sondern aus der fehlenden Kostenzurechnung des Netzausbaus auf die Kostenverursacher. Kostenverursacher sind Kohlekraftwerke, die zeitgleich zu hoher erneuerbarer Stromproduktion produzieren und derzeit nicht etwa die dadurch von ihnen verursachten Netzausbaukosten tragen müssen, sondern bei Abregelung sogar für entgangenen Gewinn entschädigt werden. Mit der Einsparung dieser marktwirtschaftswidrigen und die Energiewende konterkarierenden Entschädigungs- und Redispatchkosten wird dann ein geplanter Netzausbau gegenüber der Öffentlichkeit gerechtfertigt.

Ganz zu Recht bemerkt das Bayerische Energieprogramm vom Oktober 2015, dass die neuen geplanten Gleichstromleitungen nach Bayern deshalb erforderlich sind, weil für die Reihenfolge des Kraftwerkseinsatzes ausschließlich die variablen Stromproduktionskosten der einzelnen Kraftwerke ohne jede Berücksichtigung der dadurch gegebenenfalls verursachten Netzausbaukosten ausschlaggebend seien.[304]

Bau- und Betriebskosten des Netzausbaus, die derzeit bei der Netzentwicklungsplanung gänzlich unberücksichtigt bleiben, müssen zukünftig berücksichtigt werden[305] und zwar sowohl bei erneuerbarer als auch bei konventioneller Stromproduktion:

- Stromproduktion fernab von den Verbrauchszentren (z.B. Windkraftwerke offshore) erhöht tendenziell den Netzausbaubedarf. Zur Reduzierung der dadurch bedingten und den Verursachern zuzurechnenden Netzausbaukosten würden diese Kraftwerke in der Netzentwicklungsplanung (insbesondere bei erwarteten Netzengpässen) dann stärker abgeregelt als verbrauchsnähere Kraftwerke. Dadurch würden auch die Vorteile einer dezentralen Stromproduktion bei der Netzentwicklungsplanung stärker berücksichtigt.

- Bei der Netzentwicklungsplanung müssen gemäß den marktwirtschaftlichen Prinzipien denjenigen Kraftwerken, die nicht aus technisch-physikalischen Gründen für die Stromversorgung erforderlich sind, sondern Stromüberschuss produzieren[306], die dadurch verursachten Netzausbaukosten zugerechnet werden. Ein Einsatz dieser Kraftwerke sollte also bei der Netzentwicklungsplanung zukünftig unberücksichtigt bleiben, soweit nicht die eingesparten Betriebskosten die verursachten Netzausbaukosten übersteigen. Eine derartige Netzentwicklungsplanung stellt sicher, dass die Stromversorgungskosten für den Endverbraucher minimiert werden, und nicht nur, wie bisher, die Produktionskosten frei Kraftwerk.

Durch Berücksichtigung der Bau- und Betriebskosten des Netzausbaus, die derzeit bei der Netzentwicklungsplanung gänzlich unberücksichtigt bleiben, könnten die Kosten für die Stromverbraucher reduziert werden.

8.3 Seit 2014 wachsende Zweifel an der Notwendigkeit des geplanten Netzausbaus

8.3.1 Parteienübergreifender Konsens zum Netzausbau schwindet

(1) Bis 2013 parteienübergreifender Konsens zum Netzausbau

Medien und Politik bestätigen sich wechselseitig die Notwendigkeit der Leitungen mit dem Argument: 'Im Norden werden Windkraftwerke zugebaut, im Süden die Kernkraftwerke stillgelegt. Deshalb würden neue Nord-Süd-Leitungen benötigt zur Aufrechterhaltung der Versorgungssicherheit in Süddeutschland´:

- "Sitzen wir bald im Dunkeln?", fragte WELT-Online bereits am 10. September 2012.
- "Der für die Energiewende unerlässliche Stromnetzausbau stockt", so FAZ-Online am 07. Dezember 2013.
- "SuedLink zu torpedieren ist ein Angriff auf Energiewende und Versorgungssicherheit", so eine Erklärung der Energieminister der SuedLink-Anrainerländer Schleswig-Holstein, Niedersachsen, Nordrhein-Westfalen, Hessen und Baden-Württemberg zu den Äußerungen des bayerischen Ministerpräsidenten SEEHOFER zum Energiewendeprojekt SuedLink vom 08. Oktober 2014.
- "Seehofer ist ein energiepolitischer Irrläufer. Der muss dringend ins Abklingbecken", wird NRW-Wirtschaftsminister DUIN von SPIEGEL-Online am 07. Februar 2015 zitiert. Und der DIHK-Hauptgeschäftsführer WANSLEBEN wird dort zitiert mit "Wir brauchen neue Stromautobahnen".
- "Droht Bayern ein Energie-Engpass?", fragt die Augsburger Allgemeine am 06. März 2015.
- "Neue Trassen sind zentral für die Energiewende. ... Denn klar ist: Neue Trassen werden in Deutschland dringend gebraucht.", so die Süddeutsche-Online am 15. April 2015.
- "Deutschland braucht wegen des stockenden Stromnetzausbaus für den Winter weiter erhebliche Reservekapazitäten bei der Stromproduktion", so FOCUS-Online am 04. Mai 2015.
- "Der Widerstand der bayerischen Staatsregierung gegen neue Stromtrassen behindert massiv die Energiewende. Ohne neue Leitungen aus dem windreichen Norden zu den Verbrauchszentren im Süden riskieren wir spätestens

2022 einen Versorgungsengpass in Süddeutschland, wenn die letzten AKWs vom Netz gehen, oder aber eine Diskussion über eine erneute Laufzeitverlängerung", so der stellvertretende Fraktionsvorsitzende der GRÜNEN Bundestagsfraktion KRISCHER zusammen mit den GRÜNEN Energieministern HABECK aus Schleswig-Holstein und UNTERSTELLER aus Baden-Württemberg in einem Gastbeitrag im Handelsblatt am 23. Juni 2015.

- "Zu viel Strom im Norden, zu wenig im Süden. Die Sache ist klar: Die Energiewende braucht mehr Netze, um zu gelingen", so das Handelsblatt am 13. Juli 2015.
- "Kommen die Stromtrassen nicht, kann die Energie des windreichen Nordens nicht in den Süden gelangen", wird von Prof. STERNER in der Juli-Ausgabe 2015 der Zeitschrift Neue Energie behauptet.
- "Erforderlich werden die zusätzlichen Stromleitungen, weil ... immer mehr Windstrom ... aus dem Norden Deutschlands in den Westen und Süden geleitet werden" muss, so das Handelsblatt am 06. Oktober 2015, und nochmals am 12. Januar 2016: "Tatsächlich kann der Strom aus erneuerbaren Quellen oftmals nicht mehr sinnvoll ins System integriert werden, weil die Stromleitungen fehlen."

Und auch die Bundesnetzagentur erweckt – im klaren Widerspruch zu ihren eigenen Untersuchungsergebnissen[307] – in einer aktuellen Veröffentlichung den Eindruck, als ob der Netzausbau durch den Ausbau der erneuerbaren Kraftwerke bedingt sei, und dass ohne Netzausbau die Versorgungssicherheit gefährdet sei: "Fortschreitender Zubau von Windkraftanlagen vornehmlich in Norddeutschland und Photovoltaik in Süddeutschland. ... Verzögerungen beim Ausbau der Übertragungsnetze führen kurz- bis mittelfristig zu einer Erhöhung der Risiken für eine sichere und zuverlässige Energieversorgung."[308]

Und irgendwann glauben das immer mehr Leute: "61% der Deutschen sehen die Energiewende durch den schleppenden Ausbau der „Strom-Autobahnen" in Gefahr. Gleichzeitig fordert die Mehrheit der privaten Haushalte, die Nutzung von grünem Strom zu forcieren."[309]

(2) Bayern will Belege für die Notwendigkeit neuer Leitungstrassen

Die bayerische Staatsregierung, die bis 2014 alle politischen Entscheidungen zum Netzausbau aktiv mitgetragen hat, stellte in ihrem im Januar 2015 veröffentlichten Fazit ihres Energiedialogs fest, dass die Notwendigkeit neuer Stromleitungen noch belegt werden müsse, in jedem Fall aber neue Reservekraftwerke in Bayern erforderlich seien:

- "... es muss geklärt werden, wie ab 2023 eine Deckungslücke von ~40 TWh bzw. eine Kapazitätslücke von ~5 GW gesicherter Leistung ohne Kernkraft gedeckt werden kann."[310]
- "Unter Berücksichtigung der Thüringer Strombrücke (10-15 TWh), für die mittlerweile der Planfeststellungsbeschluss vorliegt, bestehen Zweifel an der Notwendigkeit der vorgesehenen Neubautrassen, um den Bedarf in Bayern zu decken. Der Bund hat den Bedarf zu belegen."[311]

Die Landtagsfraktion der FREIE WÄHLER Bayern hat seit Längerem erhebliche Zweifel an der Notwendigkeit der geplanten Leitungen. "Die Entscheidung für die beiden Stromtrassen durch Bayern ist höchst umstritten", so ihr stellvertretender Fraktionsvorsitzender GLAUBER am 07. Juli 2015.[312]

Der hessische Ministerpräsident BOUFFIER, dessen Landesregierung ebenfalls bis 2014 den Netzausbau unterstützt hat, erklärte im Februar 2015 zur geplanten HGÜ-Leitung SuedLink: "Wir werden es nicht mitmachen, eine ganze Region in Aufruhr zu bringen, solange nicht erwiesen ist, dass man diese Leitung überhaupt braucht."[313]

8.3.2 Regierungs-Eckpunkte vom 01. Juli 2015

Am 01. Juli 2015 haben die Parteivorsitzenden von CDU, CSU und SPD Eckpunkte für eine erfolgreiche Umsetzung der Energiewende beschlossen ('Regierungs-Eckpunkte')[314], die Anfang Dezember 2015 gesetzlich umgesetzt wurden[315].

(1) Beschlüsse zu Trassenänderungen

Insbesondere für die in Bayern geplanten neuen Wechsel- und Gleichstromleitungen gibt es für den Netzentwicklungsplan 2025 gegenüber 2024 wesentliche Änderungen[316]:

- **HGÜ-SuedostLink** soll von Raum Magdeburg nicht mehr zum Kernkraftwerk Gundremmingen (östlich von Ulm) führen, sondern zum Kernkraftwerk Isar (nördlich von München).
- **HGÜ-SuedLink** soll grundsätzlich direkt von Raum Hamburg in den Raum Stuttgart geführt werden, möglicherweise mit einer Abzweigung zum stillgelegten Kernkraftwerk Grafenrheinfeld.

Die beiden geplanten Drehstromleitungen vom Kernkraftwerk Grafenrheinfeld nach Altenfeld (südlich Erfurt) und nach Mecklar (bei Fulda) entfallen.

(2) Beschlüsse zu Erdkabeln

Bei HGÜ-Leitungen wird ein Vorrang von Erdverkabelung eingeführt. Die Bundesregierung will, jedenfalls bei den geplanten HGÜ-Leitungen, Erdkabel zum Regelfall machen: "Erdkabel werden bei neuen Gleichstromtrassen in der Bundesfachplanung Vorrang erhalten. Bisher hatten Freileitungen den Vorrang und Erdkabel waren die Ausnahme. Die Mehrkosten sind gerechtfertigt, da die Maßnahme zu mehr Akzeptanz und zu einem schnelleren Ausbau führt."[317] Dies erfordert gemäß Übertragungsnetzbetreiber eine komplette Neutrassierung der geplanten HGÜ-Leitungen.[318]

Bei neuen Drehstromleitungen soll eine Erdkabelausführung erleichtert werden. Bei Drehstromleitungen (im folgenden Zitat untechnisch mit Wechselstrom bezeichnet) sollen zwar weiterhin nur Pilotprojekte zulässig sein: "Aus technischen Gründen ist der Einsatz von Erdkabeln bei Wechselstrom erheblich schwieriger und teurer. Mit zusätzlichen Pilotprojekten wollen wir Erfahrungen sammeln und die technische Entwicklung vorantreiben."[319]

Eine Verkabelung soll aber grundsätzlich erleichtert werden[320]:

- Zu den bisher vorgesehenen vier Pilotstrecken für eine teilweise Erdverkabelung kommen weitere hinzu.
- Diese Vorhaben können mit einer Länge von zehn bis zwanzig Kilometern auch länger sein als die bisher geplanten Erdkabelprojekte, die nur eine Länge von maximal drei bis fünf Kilometern aufweisen durften.
- Erdkabel können künftig verlegt werden, wenn eine Freileitung gegen bestimmte Belange des Naturschutzes verstößt oder wenn große Bundeswasserstraßen wie Rhein oder Elbe zu queren sind.

Die Beschlüsse zu Erdkabeln wurden Ende 2015 gesetzlich umgesetzt.[321]

(3) Beschlüsse zu Reservekraftwerken

Gemäß den Regierungs-Eckpunkten vom 01. Juli 2015 sollen die bestehenden Reservekraftwerke in Bayern gesichert und der Bau neuer Reservekraftwerke in Süddeutschland von bis zu 2 GW vorangetrieben werden.[322]

8.4 Gesamtwirtschaftliche Optimierung der Netzplanung erforderlich

Es bedarf dringend einer grundlegenden Neuberechnung des Netzentwicklungsplans, flankiert von einer Reform des Energiewirtschaftsgesetzes.

8.4.1 Gravierende Defizite machen den Netzentwicklungsplan untauglich

Auch der Netzentwicklungsplan 2025 hat gravierende Defizite, die zu einem überhöhten Netzausbau führen und die gesamte Bedarfsanalyse dieses Netzentwicklungsplans unbrauchbar machen:

- Bei der Optimierung der Netzausbauplanung werden nur die variablen Stromproduktionskosten der jeweiligen Kraftwerke berücksichtigt, nicht jedoch die Kosten des hierfür gegebenenfalls erforderlichen Netzausbaus. Beispiel: Falls für den Einsatz eines ostdeutschen Braunkohlekraftwerks eine neue Leitung nach Bayern erforderlich ist, bleiben die Kosten für diese neue Leitung bei der Netzausbauplanung unberücksichtigt.
- Der überhöhte Netzausbau ermöglicht den Weiterbetrieb von ost- und westdeutschen Braunkohlekraftwerken, wodurch süddeutsche Gaskraftwerke endgültig unwirtschaftlich gemacht werden. Dieser derzeit geplante kohlebedingte Netzausbau behindert die Energiewende.
- Zwar wird eine Spitzenkappung von erneuerbaren Kraftwerken berücksichtigt, nicht aber von konventionellen Kraftwerken.
- Der Neubau von Reservekraftwerken in Süddeutschland sowie kostengünstige Möglichkeiten zur Erhöhung des zulässigen Stromtransports **ohne** Netzneubau werden unzureichend berücksichtigt.

Für eine gesamtwirtschaftliche Optimierung muss ein neuer Netzentwicklungsplan folgende Vorgaben berücksichtigen:

- Kein kohlestrombedingter Netzausbau.
- Abregelungsmöglichkeit nicht nur bei erneuerbaren, sondern auch bei konventionellen Kraftwerken.
- Stärkere Berücksichtigung von Nachfragemanagement und dezentraler Energieversorgung.
- Bau von Reservekraftwerken in Süddeutschland zur Reduzierung des erforderlichen Netzausbaus.
- Angemessene Berücksichtigung von kostengünstigen Alternativen zur Erhöhung des zulässigen Stromtransports ohne Netzneubau, insbesondere durch Leiterseiltemperaturmonitoring und Hochtemperaturleiterseile.

- Leitungsneubau nicht nur bei Gleichstrom-, sondern auch bei Drehstromleitungen vorrangig als Erdkabel statt als Freileitung.

8.4.2 Grundlegende Neuberechnung des Netzentwicklungsplans erforderlich

Der aktuelle Netzentwicklungsplan mit Zieljahr 2025 fordert einen Netzausbau für den Export von Kohlestrom zeitgleich zu hoher erneuerbarer Stromerzeugung. Wenn man aber die erneuerbare Stromproduktion ausbaut und die konventionellen Kraftwerke auch bei hoher erneuerbarer Stromproduktion weiter einspeisen lassen will, ist offensichtlich ein massiver Netzausbau erforderlich:

- Der aktuelle Netzentwicklungsplan von Februar 2016 verlangt einen Leitungsneubau von 9.700 km.
- Davon waren im Bundesbedarfsplangesetz von 2013 nur gut 6.700 km Leitungsneubau enthalten.
- Der Netzausbaubedarf hat sich also innerhalb von knapp 3 Jahren um fast 3.000 km erhöht.

Dieser Netzausbau ist nach den im Netzentwicklungsplan gemachten Angaben ganz überwiegend **nicht** für die Integration von erneuerbarem Strom erforderlich. Durch den dort vorgeschlagenen weit überhöhten Netzausbau würde die Energiewende behindert sowie Umwelt und betroffene Anlieger würden unnötig belastet. Die deutschen Stromverbraucher müssten diesen überhöhten Netzausbau, der über 25 Mrd. € kosten wird, durch weitere Strompreiserhöhungen bezahlen.

Der Deutsche Bundestag hat am 8. Juli 2016 beschlossen, dass das Verfahren zur Erstellung des Netzentwicklungsplans Strom 2025 nicht fortgeführt wird. Laut Bundesnetzagentur soll spätestens 2017 ein Entwurf für einen neuen Netzentwicklungsplan 2030 veröffentlicht werden.

Anhang

A1 Konventionelle Kraftwerke in Bau und in Planung, 2015 bis 2035

Tab. A1.1 zeigt die konventionellen Kraftwerke, die 2014/15 in Bau waren, insgesamt rund 8,6 GW.

Tab. A1.1 : Neugebaute konventionelle Kraftwerke, 2014 und 2015

	Kraftwerke	(1) Bundesland	(2) Brennstoff	(3) Inbetriebnahme	(4) Installierte Leistung netto [MW]	(4a) Anteil
(1)	**Summe Norden**				2.919	33%
	Moorburg, Block A und B	HH	Steinkohle	2014	1.660	
	Wilhelmshaven	NI	Steinkohle	2014	731	
	Bremen, KW Mittelsbüren	HB	Erdgas	2014	445	
	Kiel, GT 7/8	SH	Erdgas	2014	10	
	Rendsburg, HKW, Block 12	SH	Erdgas	2015	73	
(2)	**Summe Osten**				405	5%
	Lichterfelde	BE	Erdgas	2016	300	
	Lubmin Industriekraftwerk	MV	Erdgas	2014	37	
	Leppersdorf, GuD	SN	Erdgas	2014	35	
	Erfurt, HKW	TH	Erdgas	2014	33	
(3)	**Summe Westen**				3.696	42%
	Hamm-Uentrop, Block D-E	NW	Steinkohle	2014	1.530	
	Datteln	NW	Steinkohle	≤ 2025	1.055	
	BHKW Braunschweig	NI	Erdgas	2014	10	
	Düsseldorf, GuD, Block F	NW	Erdgas	2015	595	
	Köln, Niehl III	NW	Erdgas	2016	446	
	Marl, KW IV	NW	Erdgas	2015	60	
(4)	**Summe Süden**				1.753	20%
	Karlsruhe, RDK 8	BW	Steinkohle	2014	842	
	Mannheim, GKM, Block 8	BW	Steinkohle	2015	843	
	HKW Freiburg	BW	Erdgas	2015	8	
	Schongau, HKW 3	BY	Erdgas	2014	60	

Fortsetzung von Tab. A1.1 : Neugebaute konventionelle Kraftwerke, 2014 und 2015

(5) Summe gesamt			8.772	100%
davon				
(5.1) Kernenergie			0	0%
(5.2) Braunkohle			0	0%
(5.3) Steinkohle			6.661	76%
(5.4) Erdgas			2.111	24%
(5.5) Speicher			0	0%

Quelle: [NEP 2025/2, Begleitdokumente, NEP und O-NEP 2025, Kraftwerksliste zum Entwurf Szenariorahmen NEP/O-NEP 2025].

Ergebnis:

- Nur ein Fünftel der geplanten konventionellen Kraftwerke soll im Süden Deutschlands errichtet werden (Tab. A1.1, Z. (4)), also dort, wo Reservekraftwerke besonders dringend benötigt werden.
- Insgesamt machen Erdgaskraftwerke, die besonders gut regelbar sind und deshalb für die Integration des stark fluktuierenden erneuerbaren Stroms besonders nützlich sind, nur knapp ein Viertel der insgesamt in Bau oder in Planung befindlichen konventionellen Kraftwerksleistung aus (Tab. A1.1, Z. (5.4)).

Tab. A1.2 zeigt die geplanten Stilllegungen von konventionellen Kraftwerken bis 2025, soweit sie Ende 2015 bekannt waren. Insgesamt werden rund 21,8 GW stillgelegt (Tab. A1.2, Z. (5)), davon gut die Hälfte Kernkraftwerke (Tab. A1.2, Z. (5.1)).

Tab. A1.2 : Geplante Stilllegungen von konventionellen Kraftwerken, 2014 bis 2025

	Kraftwerke	(1) Bundesland	(2) Brennstoff	(3) Geplante Stilllegung	(4) Installierte netto [MW]	(4a) Leistung Anteil
(1)	Summe Norden				4.994	23%
	Emmerthal, KW Grohnde	NI	Kernenergie	2021	1.360	
	Emsland	NI	Kernenergie	2022	1.329	
	Brockdorf	SH	Kernenergie	2021	1.410	
	Wedel 1-2	SH	Steinkohle	2021	260	
	Kiel, GMK	SH	Steinkohle	2015	323	
	Stade, DOW	NI	Erdgas	2018	190	
	Kiel, GT 5/6, DT 1	SH	Erdgas	2019	20	
	Hannover, KWH, Block B	NI	Erdgas	2016	102	
(2)	Summe Osten				605	3%
	Kraftwerk Dessau	SA	Braunkohle	2018	49	
	Berlin, Reuter	BE	Steinkohle	2021	124	
	Lichterfelde 1-3	BE	Erdgas	2018	432	

Fortsetzung von Tab. A1.2 : Geplante Stilllegungen von konventionellen Kraftwerken, 2014 bis 2025

	Kraftwerke	(1) Bundesland	(2) Brennstoff	(3) Geplante Stilllegung	(4) Installierte Leistung netto [MW]	(4a) Anteil
(3)	**Summe Westen**				**4.547**	**21%**
	Goldenberg, Block E	NW	Braunkohle	2015	66	
	Goldenberg, Block F	NW	Braunkohle	2015	85	
	Niederaußem, Block D	NW	Braunkohle	2019	297	
	Niederaußem, Block F	NW	Braunkohle	2019	299	
	Niederaußem, Block C	NW	Braunkohle	2019	294	
	Niederaußem, Block E	NW	Braunkohle	2019	295	
	Gelsenkirchen, Scholven, D-F	NW	Steinkohle	2014	1.366	
	Hamm-Uentrop	NW	Steinkohle	2016	284	
	Krefeld, KW N230	NW	Steinkohle	2018	110	
	Veltheim	NW	Steinkohle	2015	303	
	Werne, Gersteinwerk, K2	NW	Steinkohle	2017	608	
	Wuppertal, HKW Elberfeld, Block 3	NW	Steinkohle	2019	85	
	Bielefeld, GT KW	NW	Erdgas	2015	55	
	KW Veltheim 4 GT	NW	Erdgas	2015	65	
	KW Veltheim 4 DT	NW	Erdgas	2015	335	
(4)	**Summe Süden**				**11.593**	**53%**
	Neckarwestheim, GKB II	BW	Kernenergie	2022	1.310	
	Philippsburg, KKP 2	BW	Kernenergie	2019	1.402	
	Essenbach, KKI 2	BY	Kernenergie	2022	1.410	
	Grafenrheinfeld	BY	Kernenergie	2015	1.275	
	Gundremmingen, Block B	BY	Kernenergie	2017	1.284	
	Gundremmingen, Block C	BY	Kernenergie	2021	1.288	
	Staudinger, nahe Hanau, Block 4	HE	Steinkohle	2016	622	
	Heilbronn, HKW, HLB 5-6	BW	Steinkohle	2015	220	
	Mannheim, GKM 3-4	BW	Steinkohle	2015	406	
	Walheim, WAL 1-2	BW	Steinkohle	2014	244	
	Ensdorf, Block 1	SL	Steinkohle	2020	106	
	Heizkraftwerk Pforzheim	BW	Erdgas	2016	41	
	München, Freimann GT 1	BY	Erdgas	2015	80	
	München, Freimann GT 2	BY	Erdgas	2015	80	
	Irsching, Block 3	BY	Erdgas	2016	415	
	Dingolfing, GT 1	BY	Erdgas	2016	7	
	Dingolfing, GT 2	BY	Erdgas	2016	7	
	Schongau	BY	Erdgas	2015	45	
	Marbach II GT	BW	Mineralöl	2014	77	
	Marbach III GT	BW	Mineralöl	2014	85	
	Marbach III DT	BW	Mineralöl	2014	262	
	Ingolstadt, Block 3	BY	Mineralöl	2015	386	
	Ingolstadt, Block 4	BY	Mineralöl	2015	386	

Fortsetzung von Tab. A1.2 : Geplante Stilllegungen von konventionellen Kraftwerken, 2014 bis 2025

Kraftwerke	(1) Bundesland	(2) Brennstoff	(3) Geplante Stilllegung	(4) Installierte Leistung netto [MW]	(4a) Anteil
Süden, Fortsetzung					
Hausham, GT 1-4	BY	Mineralöl	2024	93	
Deggendorf	BY	Mineralöl	2015	19	
Forbach	BW	Speicher	2021	43	
(5) Summe gesamt davon				**21.739**	**100%**
(5.1) Kernenergie				12.068	56%
(5.2) Braunkohle				1.385	6%
(5.3) Steinkohle				5.061	23%
(5.4) Erdgas/Mineralöl				3.182	15%
(5.5) Speicher				43	0%

Quelle: [NEP 2025/2, Begleitdokumente, NEP und O-NEP 2025, Kraftwerksliste zum Entwurf Szenariorahmen NEP/O-NEP 2025].

Ergebnis:

- Im Süden Deutschlands sollen mit 11,6 GW (Tab. A1.2, Z. (4)) über die Hälfte der insgesamt geplanten Stilllegungen durchgeführt werden, also dort, wo Reservekraftwerke besonders dringend benötigt werden.

Tab. A1.3 zeigt die konventionellen Kraftwerke, die 2015 in Planung waren, davon 5,9 GW mit erwarteter Fertigstellung bis 2025 und 14,2 GW bis 2035 (Tab. A1.3, Z. (5)).

Ergebnis:

- Immerhin sollen im Süden Deutschlands bis 2025 mit gut 1,5 GW (Tab. A1.3, Z. (4)) rund ein Viertel der insgesamt geplanten Neuinstallationen errichtet werden, also dort, wo Reservekraftwerke besonders dringend benötigt werden, und bis 2025 sogar rund zwei Drittel.
- Für die Integration von erneuerbarem Strom kontraproduktiv sind neue konventionelle Kraftwerke außerhalb Süddeutschlands. Denn für diese Kraftwerke ist ein zusätzlicher Netzausbau erforderlich, wenn deren Leistung auch bei Starkwindlagen gesichert nach Süden transportiert werden soll. Nur in diesem Fall ist aber eine ausreichend hohe Benutzungsdauer dieser Kraftwerke möglich. Im Norden Deutschlands werden ohnehin nur 0,3 GW (Tab. A1.3, Z. (1)) geplant, im Osten allerdings 1,5 GW und im Westen Deutschlands sogar 2,6 GW.
- In Süddeutschland waren insgesamt fast 3 GW Pumpspeicher im Jahr 2012 geplant[323], u.a. im Südschwarzwald das Pumpspeicherkraftwerk Atdorf mit 1,4 GW. Durch neue Pumpspeicher können neuen Leistungsspitzen der erneuerbaren Stromproduktion zukünftig besser genutzt und gleichzeitig die Versorgungssicherheit in Süddeutschland verbessert werden. Von diesen Speicherplanungen sollen bis 2025 2,3 GW realisiert werden (Tab. A1.3, Z. (5.5)), wegen deren derzeitiger mangelnden Rentabilität eine sehr mutige Prognose, und bis 2035 sogar 3,8 GW.

Tab. A1.3 : Geplante konventionelle Kraftwerke, 2016 bis 2035

	Kraftwerke	(1) Bundesland	(2) Brennstoff	(3) Geplante Inbetriebnahme	(4) [MW]	(4a) Anteil	(5) [MW]	(5a) Anteil
					Installierte Leistung (netto)			
					NEP2025		NEP2035	
(1)	**Summe Norden**				**280**	**5%**	**710**	**5%**
	Kiel, Gas-HKW, Phase 1	SH	Erdgas	≤ 2035			200	
	Wedel	SH	Erdgas	2018	280			
	Kiel, Gas-HKW, Phase 2	SH	Erdgas	≤ 2035			90	
	Kiel, Gas-Motoren-HKW	SH	Erdgas	≤ 2035			200	
	PSW Leinetal 1-4	NI	Speicher	≤ 2035			220	
(2)	**Summe Osten**				**1.462**	**25%**	**1.157**	**8%**
	Blockdammweg	BE	Erdgas	≤ 2035			300	
	GuD-KW Havelland	BB	Erdgas	≤ 2035			457	
	Leipzig	SN	Erdgas	≤ 2035			20	
	Elsteraue GuD	SN	Erdgas	≤ 2035			130	
	Sondershausen, PSW Hainleite	TH	Speicher	≤ 2035			250	
	Tambach, Trianel PSW A-D	TH	Speicher	2024	1.060			
	Leutenberg PSW, A und B	TH	Speicher	2022	402			
(3)	**Summe Westen**				**2.642**	**45%**	**3.152**	**22%**
	KW Wolfsburg		Erdgas	≤ 2025	100			
	Leverkusen GuD	NW	Erdgas	2016	573			
	Bocholt Power	NW	Erdgas	≤ 2035			525	
	Krefeld, Trianel	NW	Erdgas	2019	1.160			
	Köln, Niehl IIIb	NW	Erdgas	2020	754			
	Weisweiler, GuD DT	NW	Erdgas	2020			364	
	Weisweiler, GuD GT	NW	Erdgas	2020			353	
	Herne, GuD	NW	Erdgas	≤ 2035			800	
	Gelsenkirchen, Scholven	NW	Erdgas	≤ 2035			400	
	Hagen, Stora Enso	NW	Erdgas	≤ 2025	55			
	Lüdge, PSW Lippe 1-4	NW	Speicher	≤ 2035			320	
	Beverungen, Trianel PSW	NW	Speicher	≤ 2035			390	
(4)	**Summe Süden**				**1.520**	**26%**	**9.154**	**65%**
	HKW Heidelberg	BW	Erdgas	2017	50			
	Karlsruhe, RDK 6 DT	BW	Erdgas	≤ 2035			233	
	Karlsruhe, RDK 6 GT	BW	Erdgas	≤ 2035			233	
	Karlsruhe, GuD Oberrhein	BW	Erdgas	≤ 2035			1.200	
	Karlsruhe, KW Mineralölindustrie	BW	Erdgas	≤ 2035			80	
	Stuttgart	BW	Erdgas	≤ 2035			230	
	München, Energiezentrale 20	BY	Erdgas	≤ 2035			17	

Kap. A1 : Konventionelle Kraftwerke in Bau und in Planung

Fortsetzung von Tab. A1.3: Geplante konventionelle Kraftwerke, 2016 bis 2035

Kraftwerke	(1) Bundesland	(2) Brennstoff	(3) Geplante Inbetriebnahme	(4) [MW]	(4a) Anteil	(5) [MW]	(5a) Anteil
Süden, Fortsetzung							
CCPP Haiming, Block 1	BY	Erdgas	≤ 2035			423	
CCPP Haiming, Block 2	BY	Erdgas	≤ 2035			423	
München, Energiezentrale 20	BY	Erdgas	≤ 2035			4	
KW Leipheim	BY	Erdgas	≤ 2025	600		600	
KW Schweinfurt	BY	Erdgas	≤ 2035			1.000	
KW Karlstein	BY	Erdgas	≤ 2035			300	
KW Gundremmingen GuD	BY	Erdgas	≤ 2035			500	
KW Biblis	HE	Erdgas	≤ 2035			300	
Quierschied, Weiher 4	SL	Erdgas	≤ 2035			400	
Ensdorf, VSE Block 1	SL	Erdgas	≤ 2035			280	
Forbach	BW	Speicher	2019	220			
Forbach	BW	Speicher	2019	50			
PSW Zollernalb	BW	Speicher	≤ 2035			320	
Atdorf	BW	Speicher	≤ 2035			700	
Atdorf	BW	Speicher	≤ 2035			700	
Blaubeuren, PSW Blautal	BY	Speicher	≤ 2035			60	
Rintsbach PSW	BY	Speicher	≤ 2035			150	
Jachenau	BY	Speicher	≤ 2035			700	
Jochenstein/Donau I	BY	Speicher	2022	150			
Jochenstein/Donau II	BY	Speicher	2022	150			
Waldeck/Edertal	HE	Speicher	≤ 2025	300			
Schwaich	RP	Speicher	≤ 2035			300	
(5) Summe gesamt				**5.904**	**100%**	**14.173**	**100%**
davon							
(5.1) Kernenergie				0	0%	0	0%
(5.2) Braunkohle				0	0%	0	0%
(5.3) Steinkohle				0	0%	0	0%
(5.4) Erdgas				3.572	61%	9.538	67%
(5.5) Speicher				2.332	39%	3.810	27%
(6) zusätzliche Planungen:							
(6.1) Summe KWK-Anlagen < 10 MW		Erdgas	2020	3.000	51%		
(6.2) Summe KWK-Anlagen < 10 MW		Erdgas	2030			2.000	14%

Quelle: [NEP 2025/2, Begleitdokumente, NEP/O-NEP 2025, Kraftwerksliste zum Entwurf Szenariorahmen NEP/O-NEP 2025]

A2 Leitungsplanungen gemäß Netzentwicklungsplan 2025

Der Netzentwicklungsplan unterscheidet bei seinen Angaben zu den benötigten Leitungen in Startnetz und in Zubaunetz:

- Das Startnetz besteht neben dem Ist-Netz (Stand 31.12.2015) aus den EnLAG-Maßnahmen, den bereits in der Umsetzung befindlichen Netzausbaumaßnahmen (planfestgestellt bzw. in Bau) sowie Maßnahmen aufgrund sonstiger Verpflichtungen (KraftNAV bzw. Anschlusspflicht der Industriekunden).[324]
- Das Zubaunetz besteht aus allen weiteren geplanten Netzausbaumaßnahmen.

Entsprechend zeigt Tab. A2.1 die Neubauleitungen gemäß Startnetz und Tab. A2.2 die Neubauleitungen gemäß Zubaunetz.

Es wird zudem jeweils angegeben, ob die Leitung bereits in dem von der Bundesnetzagentur bestätigten Netzentwicklungsplan 2024 enthalten war.

Die Angaben in den folgenden Tabellen basieren genauso wie die in der früheren Abb. 8.2 gezeigten Leitungsprojekte auf dem Szenario B2 des Netzentwicklungsplans 2025. In diesem Szenario wird eine CO_2-Begrenzung vorgegeben, damit die Vorgaben der Bundesregierung zum Klimaschutz eingehalten werden können.[325]

Tab. A2.1: Leitungsneubau gemäß Netzentwicklungsplan – Startnetz, 2016 bis 2025

Startnetz Nr.	Übertragungsleistung je Leitung ca. 4 GW		(1) EnLAG Nr.	(2) Neubau in neuer Trasse [km]	(3) Neubau in bestehender Trasse [km]	(4) NEP 2024 bestätigt anvisierte Inbetriebnahme	(5) NEP 2025 2. Entwurf
(1) Drehstromleitungen (380 kV)							
50HzT-002	b	Altenfeld – Redwitz bis Landesgrenze TH/BY (4 Systeme, also ca. 8 GW bis Schalkau)	4	26		2015	2016
50HzT-003	a	Neuenhagen – Vierraden – Bertikow	3	55	65	2017	2020
	b	2. Einschleifung Vierraden	3	5		2017	2020
50HzT-007		Neuenhagen – Hennigsdorf – Wustermark	11	10	70	2016/2018	2017/2018
50HzT-011	a	3. Interkonnektor Deutschland – Polen	12	8		2022	nein
	b	2. Einschleifung Eisenhüttenstadt	12	7		2022	nein

Fortsetzung von Tab. A2.1 : Leitungsneubau gemäß Netzentwicklungsplan – Startnetz, 2016 bis 2025

Startnetz Nr.		Übertragungsleistung je Leitung ca. 4 GW	(1) En-LAG Nr.	(2) Neubau in neuer Trasse [km]	(3) Neubau in bestehender Trasse [km]	(4) NEP 2024 bestätigt anvisierte Inbetriebnahme	(5) NEP 2025 2. Entwurf
AMP-001		Wehrendorf – St. Hülfe	4		35	2016	2017
AMP-009	a	Niederrhein – Punkt Wettringen	5		85	2018	2019
	b	Punkt Wettringen – Punkt Meppen	5	65		2018	2019
AMP-010	a	Lüstringen – Wehrendorf	16		20	2020	2020
	b	Lüstringen – Hesseln	16		28	2019	2019
	c	Hesseln – Gütersloh	16		22	2017	2020
AMP-013		Punkt Wittenhorst – Millingen – Isselburg	13		10	2016	2017
AMP-014	a	Utfort – Punkt Hüls West	14		15	2018	2019
	b	Punkt Fellerhöfe – Punkt St. Tönis	14	8		2015	2019
	c	Osterath – Gohrpunkt	14		20	2016	2018
	d	Gohrpunkt – Rommerskirchen	14	10		2016	2018
AMP-018		Rommerskirchen – Sechtem	15		35	2017	2018
AMP-022	a	Kruckel – Punkt Ochsenkopf	19		18	2018	2021
	b	Punkt Ochsenkopf – Dauersberg	19		92	2020	2021
AMP-032		Niederrhein – Utfort	14		25	2018	2019
TTG-004		Altenfeld ab Landesgrenze TH/BY – Redwitz	4	31		2015	2016
TTG-005	a	Hamburg/Nord – Dollern	1		45	2015	2016
	b	Audorf – Hamburg/Nord	1		70	2017	2017
	c	Audorf – Flensburg – Kassø	1		90	2019	2019
TTG-006		Wahle – Mecklar	6	230		2018	2018
TTG-007		Dörpen/West – Niederrhein (Punkt Meppen)	5	32		2017	2017
TTG-009		Ganderkesee – St. Hülfe	2	60		2017	2017
TTG-P25a		Brunsbüttel – Süderdonn (früher Barlt)		18		2016	2016
(1a) Summe Drehstromleitungen, BBPlG 2013				547	745		
(1b) Summe Drehstromleitungen, NEP 2024, durch Bundesnetzagentur bestätigt				565	745		
(1c) Summe Drehstromleitungen, NEP 2025, 2. Entwurf				550	745		

Fortsetzung von Tab. A2.1 : Leitungsneubau gemäß Netzentwicklungsplan – Startnetz, 2016 bis 2025

Startnetz Nr.	Übertragungsleistung je Leitung ca. 4 GW	(1) EnLAG Nr.	(2) Neubau in neuer Trasse [km]	(3) Neubau in bestehender Trasse [km]	(4) NEP 2024 bestätigt	(5) NEP 2025 2. Entwurf anvisierte Inbetriebnahme
(2) Gleichstromleitungen (HGÜ)						
P68-M108a	Deutschland – Norwegen (NordLink onshore)	33	54		2018	2019/ 2020
P68-M108a	Deutschland – Norwegen (NordLink offshore bis zur AWZ-Grenze)	33	154		2018	2019/ 2020
(2a) Summe Gleichstromleitungen, BBPlG 2013			208	0		
(2b) Summe Gleichstromleitungen, NEP 2024, durch Bundesnetzagentur bestätigt			208	0		
(2c) Summe Gleichstromleitungen, NEP 2025, 2. Entwurf			208	0		
(3) Summe Drehstrom- plus Gleichstromleitungen						
(3a) Summe BBPlG 2013			755	745		
(3b) Summe NEP 2024, durch Bundesnetzagentur bestätigt			773	745		
(3c) Summe NEP 2025, 2. Entwurf			758	745		

Hinweis zu Z. (2): Die noch in [NEP 2024/2] vorgesehenen HGÜ-Leitungen B04 Wehrendorf – Urberach und C06WDL Kreis Segeberg – Wendlingen sind in [NEP 2025/2] entfallen.

Quellen: Sp. (1), (2), (3), (5): [NEP 2025/2, S. 127-132]; Sp. (4): [BNetzA 2015b, S. 7, S. 105-153]; aufgelistet sind nur Leitungsneubauten mit einer Länge von größer 3 km.

Tab. A2.2 zeigt den geplanten Leitungsneubau gemäß Zubaunetz des Netzentwicklungsplans 2025.

Tab. A2.2 : Leitungsneubau gemäß Netzentwicklungsplan – Zubaunetz, 2016 bis 2025

Projekt Nr.	Maßnahme Nr.	Übertragungsleistung je Leitung ca. 4 GW	(1) BBPlG Nr.	(2) Neubau in neuer Trasse [km]	(3) Neubau in bestehender Trasse [km]	(4) NEP 2024 bestätigt anvisierte Inbetriebnahme	(5) NEP 2025 2. Entwurf
(1) Drehstromleitungen (HGÜ)							
P20	M69	Emden/Ost – Halbemond	37 (2015)	25		2021	2021
P21	M51a	Conneforde – Cloppenburg/Ost	6		60	2022	2022
	M51b	Cloppenburg/Ost – Merzen	6	55		2022	2022
P22	M82	Conneforde – Unterweser/West			33	nein	2024
	M87	Unterweser/West – Elsfleth/West			30	nein	2024
P23	M20	Dollern – Elsfleth/West	38 (2015)		100	2024	2024
P24	M71	Stade/West – Sottrum	7		65	2021	2021
	M72	Sottrum – Grafschaft Hoya (früher Wechold)	7		35	2022	2022
	M73	Grafschaft Hoya (früher Wechold) – Landesbergen	7		45	2022	2022
P25	M42	Süderdonn (früher Barlt) – Heide/West	8	28		2017	2017
	M43	Heide/West – Husum/Nord	8	39		2018	2018
	M44	Husum/Nord – Niebüll/Ost	8	43		2018	2018
	M45	Niebüll/Ost – Bundesgrenze (DK)	8	12		2021	2021
P26	M432	Brunsbüttel – Büttel			3	-	2021
	M76	Büttel – Wilster			8	nein	2021
	M89	Wilster – Dollern			55	-	2016/ 2025
P33	M24a	Wolmirstedt – Helmstedt – Wahle	10		111	2024	2022
P34	M22a	Perleberg – Stendal/West – Wolmirstedt	39 (2015)		112	2020	2020
	M22b	Parchim/Süd – Perleberg	39 (2015)		38	2020	2020
	M22c	Güstrow – Parchim/Süd	39 (2015)		49	2020	2020
P36	M21	Bertikow – Pasewalk	11		30	2018	2019
P37	M25a	Vieselbach – PSW Talsperre Schmalwasser (Punkt Sonneborn)	12		27	2022	2023
	M25b	PSW Talsperre Schmalwasser (Punkt Sonneborn) – Mecklar	12		108	2023	2023

Fortsetzung von Tab. A2.2 : Leitungsneubau gemäß Netzentwicklungsplan – Zubaunetz, 2016 bis 2025

Projekt Nr.	Maßnahme Nr.	Übertragungsleistung je Leitung ca. 4 GW	(1) BBPIG Nr.	(2) Neubau in neuer Trasse [km]	(3) Neubau in bestehender Trasse [km]	(4) NEP 2024 bestätigt anvisierte Inbetriebnahme	(5) NEP 2025 2. Entwurf	
	M25c	Vieselbach – PSW Talsperre Schmalwasser (Punkt Sonneborn)			27	nein	2025	zusätzlich in B2 gegenüber B1
P38	M27	Pulgar – Vieselbach	13		103	2024	2024	
P39	M29	Röhrsdorf – Weida – Remptendorf	14		107	2021	2024	
	M29b	Röhrsdorf – Remptendorf			107	nein	2025	zusätzlich in B2 gegenüber B1
P40	M26	Graustein – Bärwalde			22	-	2025	
P41	M57	Punkt Metternich – Niederstedem	15		108	2018/2021	2021	
P42	M53	Kriftel – Punkt Obererlenbach	16 (2013)		12	nein	2021	
P43 mod	M74 mod	Mecklar – Dipperz – Urberach	(17)		164	-	2025	
P43	M74	Alternative: Mecklar – Bergrheinfeld/West (früher Grafenrheinfeld) (bleibt bei Z. (3c) unberücksichtigt)	17	130		2022	(2022)	
P44	M28a	Altenfeld – Schalkau – Landesgrenze Thüringen/Bayern (Mast 77)			26	-	2024	
P44 mod	M28a	Landesgrenze Thüringen/Bayern (Mast 77) – Würgau – Ludersheim			123	-	2025	
P44	M28b	Alternative: Landesgrenze Thüringen/Bayern (Mast 77) – Grafenrheinfeld (bleibt bei Summe NEP 2025, 2. Entwurf unberücksichtigt)		81		2024*	(2025)	* mit Maßgabe einer Prüfung von Alternativen in [NEP 2025/1].
P46	M56	Redwitz – Schwandorf (Ostbayernring)	18		185	2020	2020	
P47	M31	Weinheim – Daxlanden	19		68	2022	2022	
	M32	Weinheim – G380	19		16	2022	2022	
	M33	G380 – Altlußheim	19		22	2022	2022	
	M34	Altlußheim – Daxlanden	19		38	2022	2022	
P47	M60	Urberach – Pfungstadt – Weinheim	19	7	60	2022	2025	
P47a	M64	Punkt Kriftel – Farbwerke Höchst/Süd	19		5	-	2022	
P48	M38a	Grafenrheinfeld – Kupferzell	20		110	2020	2020	
	M39	Kupferzell – Großgartach	20		48	2020	2020	
P49	M41a	Daxlanden – Bühl/Kuppenheim – Weier – Eichstetten	21		121	2021	2021	

Fortsetzung von Tab. A2.2 : Leitungsneubau gemäß Netzentwicklungsplan – Zubaunetz, 2016 bis 2025

Projekt Nr.	Maßnahme Nr.	Übertragungsleistung je Leitung ca. 4 GW	(1) BBPlG Nr.	(2) Neubau in neuer Trasse [km]	(3) Neubau in bestehender Trasse [km]	(4) NEP 2024 bestätigt anvisierte Inbetriebnahme	(5) NEP 2025 2. Entwurf	
P51	M41	Oberjettingen – Engstlatt			34	nein	2020	entfällt in B2 gegenüber B1
P52	M59	Herbertingen – Tiengen	23		115	nein	2020	
	M93	Punkt Rommelsbach – Herbertingen	24		62	2018	2018	
	M94b	Punkt Neuravensburg – Punkt Bundesgrenze (AT)			7	2023	2023	
P53	M54	Raitersaich – Ludersheim	41 (2015)		40	2024	2024	
	M350	Ludersheim – Sittling – Altheim	41 (2015)		119	2024	2018/ 2024	
	M431	Irsching – Sittling		25		-	2018	
P64	M107 offshore	Combined Grid Solution (CGS)	29 (2015)	15		2018	2018	
P66	M101	Wilhelmshaven – Conneforde		35		2018	2018	
P67	M102	Simbach – Matzenhof – Bundesgrenze (AT)	32 (2015)		12	2018	2018	
	M103a	Altheim – Adlkofen	32 (2015)		7	2018	2020	
	M103	Altheim – Matzenhof (Abzweigung Simbach)	32 (2015)		65	2018	2020	
P69	M105	Emden/Ost – Conneforde	34 (2015)		60	2019	2019	
P70	M106	Birkenfeld – Mast 115A	35 (2015)	15		2019	2019	
P72	M49	Lübeck – Siems	42 (2015)		20	2021	2021	
	M50	Kreis Segeberg – Lübeck	42 (2015)		50	2019	2019	
	M351	Göhl – Lübeck	42 (2015)	58		2021	2021	
P84	M368	Krümmel – Hamburg/Ost			28	nein	2024	entfällt in B2 gegenüber B1
P112	M201	Pleinting – St. Peter			60	2022	2022	
	M212	Abzweig Pirach			11	2022	2022	
P123	M208	Dresden/Süd – Schmölln			37	-	2025	zusätzlich in B2 gegenüber B1
P150	M352b	Querfurt/Nord – Wolkramshausen			71	2024	2024	entfällt in B2 gegenüber B1
P159	M62	Bürstadt – BASF			13	nein	2021	
P161	M91	Großkrotzenburg – Urberach			24	nein	2025	
P172	M382	Gundelfingen – Vöhringen			46	nein	2022	zusätzlich in B2 gegenüber B1
P173	M383	Vöhringen – Dellmensingen			17	nein	2022	zusätzlich in B2 gegenüber B1
P176	M387	Eichstetten – Bundesgrenze (FR)			18	nein	2025	

Fortsetzung von Tab. A2.2 : Leitungsneubau gemäß Netzentwicklungsplan – Zubaunetz, 2016 bis 2025

Projekt Nr.	Maßnahme Nr.	Übertragungsleistung je Leitung ca. 4 GW	(1) BBPlG Nr.	(2) Neubau in neuer Trasse [km]	(3) Neubau in bestehender Trasse [km]	(4) NEP 2024 bestätigt anvisierte Inbetriebnahme	(5) NEP 2025 2. Entwurf	
P180	M406	Marzahn – Mitte – Reuter – Teufelsbruch (33 km als Erdkabel)		33		nein	2024	
P200	M426	Hambach			16	-	2025	
P201	M427	Netzverstärkung zwischen St. Peter und Norf			3	-	2025	
P203	M429	Raum Amelsbüren / Walstedde			18	-	2025	
P204	M430	Tiengen – Beznau			4	-	2025	
P205	M416	Einschleifung Eichstetten – Kühmoos			4	-	2025	
P206	M417	Gurtweil – Kreis Konstanz			36	-	2025	
P210	M414	Diele – Bundesgrenze (NL)			10	-	2025	
P211	M434	Gießen/Nord – Karben			51	-	2025	
P212	M435	Grohnde – Würgassen			57	-	2025	entfällt in B2 gegenüber B1
P214	M453	Streumen – Rörsdorf			83	-	2025	
P215	M454	Bentwisch – Güstrow			36	-	2025	
P216	M455	Güstrow – Jördenstorf – Siedenbrünzow – Iven – Lubmin – Pasewalk/Nord – Pasewalk			197	-	2025	zusätzlich in B2 gegenüber B1
P217	M456	Jessen/Nord – Ragow			74	-	2025	zusätzlich in B2 gegenüber B1
P218	M457	Weida – Eula – Röhrsdorf			119	-	2025	zusätzlich in B2 gegenüber B1
P219	M458	Jessen/Nord – Marke – Lauchstädt			147	-	2025	zusätzlich in B2 gegenüber B1
P220	M459	Streumen – Eula			84	-	2025	zusätzlich in B2 gegenüber B1
P221	M460	Hansa Power-Bridge (HPB)		60		-	2023/2025	
P222	M461	Otterbachern – Ottenhofen	47 (2015)		44	-	2022	
P223	M462	Güstrow – Wessin – Görries – Krümmel			147	-	2025	entfällt in B2 gegenüber B1
P224	M463	Wolkramshausen – Eheleben – Vieselbach	44 (2015)		66	-	2024	entfällt in B2 gegenüber B1
(1a) Summe Drehstromleitungen, BBPlG 2013				314	1.661			
(1b) Summe Drehstromleitungen, NEP 2024, durch Bundesnetzagentur bestätigt				543	2.350			
(1c) Summe Drehstromleitungen, NEP 2025, 2. Entwurf				450	4.493			

Fortsetzung von Tab. A2.2 : Leitungsneubau gemäß Netzentwicklungsplan – Zubaunetz, 2016 bis 2025

Projekt Nr.	Maßnahme Nr.	Übertragungsleistung je Leitung ca. 4 GW	(1) BBPIG Nr.	(2) Neubau in neuer Trasse [km]	(3) Neubau in bestehender Trasse [km]	(4) NEP 2024 bestätigt anvisierte Inbetriebnahme	(5) NEP 2025 2. Entwurf
(2) Gleichstromleitungen (HGÜ)							
DC1	DC1	Emden/Ost – Osterath	1 EnLAG	320		2022	2025
DC2	DC2	Osterath – Philippsburg (Ultranet)	2 EnLAG		340	2019	2019
DC3	DC3	Brunsbüttel – Großgartach (SuedLink)	3 EnLAG	770		2022	2022
DC4	DC4	Wilster – Bergrheinfeld/West nahe Grafenrheinfeld (SuedLink), bisher CO6mod	4 EnLAG	620		2022	2022
DC5l	DC5l	Wolmirstedt – Isar (SuedostLink) (wird bei Summe BBPIG 2013 und bei Summe NEP 2024 statt Wolmirstedt - Gundremmingen berücksichtigt)		580		-	2022
DC6l	DC6l	Wolmirstedt – Isar (SuedostLink)			580	-	2022
P65	M98	Oberzier – Punkt Bundesgrenze (BE)	30 EnLAG	45		2018	2019
(2a) Summe Gleichstromleitungen, BBPIG 2013				2.335	920		
(2b) Summe Gleichstromleitungen, NEP 2024, durch Bundesnetzagentur bestätigt				2.335	920		
(2c) Summe Gleichstromleitungen, NEP 2025, 2. Entwurf				2.335	920		
(3) Summe Drehstrom- plus Gleichstromleitungen							
(3a) Summe BBPIG 2013				2.649	2.581		
(3b) Summe NEP 2024, durch Bundesnetzagentur bestätigt				2.878	3.270		
(3c) Summe NEP 2025, 2. Entwurf				2.785	5.413		

Quellen:
Sp. (1), (2), (3), (5): [NEP 2025/2, S. 133-143];
Sp. (4): [BNetzA 2015b, S. 7, S. 105-153];
aufgelistet sind nur Leitungsneubauten mit einer Länge von größer 3 km.

A3 Liste der Abbildungen, Tabellen und Kästen

A3.1 Liste der Abbildungen

Abb. 1.1 : Strombedingte CO_2-Emissionen bis 2014 und Reduktionsziele bis 2050 14
Abb. 1.2 : Ausbau der erneuerbaren Stromproduktion, 2015 bis 2050 14
Abb. 1.3 : Offshore-Windparks in der deutschen Nordsee, 2016 15
Abb. 1.4 : Stromverbrauch versus installierte Kraftwerksleistung, 2015 bis 2035 17
Abb. 1.5 : Konventionelle versus erneuerbare installierte Kraftwerksleistung, 2015 bis 2035 19
Abb. 1.6 : CO_2-Emissionen durch Stromproduktion, 2010 bis 2035, ab 2015 ohne und mit CO_2-Begrenzung 20
Abb. 1.7 : Stromproduktion, 2015 bis 2035, ab 2025 ohne und mit CO_2-Begrenzung 22
Abb. 2.1 : Stündliche Wind- und Photovoltaikstromproduktion und installierte Kraftwerksleistungen, 2011 bis 03/2015 26
Abb. 2.2 : Stündliche Auslastung der Wind- und Photovoltaikanlagen, 2011 bis 03/2015 29
Abb. 2.3 : Tägliche Wind- und Photovoltaikstromproduktion, 2014 30
Abb. 2.4 : Wöchentliche Wind- und Photovoltaikstromproduktion, 2014 32
Abb. 2.5 : Monatliche Wind- und Photovoltaikstromproduktion, 2014 33
Abb. 2.6 : Extremwerte der stündlichen Wind- und Photovoltaikstromproduktion, 2014 35
Abb. 2.7 : Tages- und Jahresgang des Stromverbrauchs – Schema 39
Abb. 2.8 : Wind- und Photovoltaikstromproduktion im Vergleich zum Stromverbrauch, 12/2012 bis 02/2013 ..40
Abb. 3.1 : Gesicherte Leistung – Schema 44
Abb. 3.2 : Pumpspeicherkraftwerke in Deutschland 51
Abb. 3.3 : Vergleichmäßigung der Stromproduktion durch Pumpspeicher 53
Abb. 3.4 : Potenzial des Nachfragemanagements 59
Abb. 3.5 : Virtuelles Stromversorgungssystem – Schema 64
Abb. 4.1 : Stromexporte bei deutschem Stromüberschuss, Winter 2015/16 bis 2019/20 71
Abb. 4.2 : Stromimporte bei niedriger erneuerbarer Stromproduktion, Winter 2015/16 bis 2019/20 73
Abb. 5.1 : Deutsches Höchstspannungsnetz, 2016 80
Abb. 5.2 : Spitzenkappung der Stromproduktion – Schema 86
Abb. 5.3 : Eingesparter Netzausbau in Abhängigkeit der abgeregelten Stromproduktion 88
Abb. 5.4 : Optimierung des 110-kV-Netzanschlusses eines Onshore-Windparks 90
Abb. 6.1 : Leiterseiltemperaturmonitoring – Schema 99
Abb. 6.2 : Windhose knickt vierzehn 380-kV-Masten bei Eisleben am 07. Juli 2015 106
Abb. 6.3 : Windhose knickt fünf 380-kV-Masten in Thüringen am 14. August 2015 106
Abb. 8.1 : Vom Szenariorahmen zum Planfeststellungsverfahren 121
Abb. 8.2 : Leitungsprojekte gemäß Netzentwicklungsplan 2025 123
Abb. 8.3 : Keine Abregelung ostdeutscher Kohlekraftwerke trotz zeitgleicher hoher ostdeutscher Wind- und Photovoltaikstromproduktion 127
Abb. 8.4 : Zusätzliche deutsche CO_2-Abgaben reduzieren deutschen Stromexport 129

A3.2 Liste der Tabellen

Tab. 1.1 : Strombedingte CO_2-Emissionen bis 2014 und Reduktionsziele bis 2050 13
Tab. 1.2 : Installierte Kraftwerksleistung 2015 und Prognosen für 2025 und 2035 16
Tab. 1.3 : Neubau minus Stilllegung von konventioneller Kraftwerksleistung, 2015 bis 2025 17
Tab. 1.4 : Neubau von konventioneller Kraftwerksleistung ohne Berücksichtigung von Stilllegunger, 2025 bis 2035 19
Tab. 1.5 : Stromproduktion, 2015 bis 2035, ab 2025 ohne und mit CO_2-Begrenzung 21
Tab. 1.6 : Auslastung einzelner Kraftwerksarten, 2015 bis 2035 23
Tab. 2.1 : Minimale, durchschnittliche und maximale Wind- und Photovoltaikstromproduktion, 2011 bis 03/2015 28
Tab. 2.2 : Extreme Fluktuationen von Wind- und Photovoltaikstromproduktion, 2014 34
Tab. 2.3 : Stromverbrauch versus Stromproduktion 38
Tab. 2.4 : Maximaler Stromüberschuss durch konventionelle und erneuerbare Kraftwerke, 2015 bis 2035 41
Tab. 3.1 : Flexibilität der verschiedenen Kraftwerksarten 45
Tab. 3.2 : Pumpspeicherkraftwerke in Deutschland 52
Tab. 4.1 : Erforderlicher Redispatch und Reservekraftwerke bei Stromüberschuss, 2015/16 bis 2019/20 67
Tab. 4.2 : Stromverbrauch und Stromproduktion bei Stromüberschuss, 2015/16 bis 2019/20 69
Tab. 4.3 : Stromverbrauch und gesamte Stromproduktion bei niedriger erneuerbaren Stromprodukt on, 2015/16 bis 2019/20 72
Tab. 4.4 : Nicht Stromdefizit ist gemäß Bundesnetzagentur ein Problemfall, sondern Stromüberschuss 74
Tab. 6.1 : Thermische Grenzleistungen von Freileitungen und Erdkabeln 103
Tab. 6.2 : Vergleich der Maßnahmen zum Ausgleich von Stromtransportbedarf und zulässigem Stromtransport 109
Tab. 7.1 : Stromtransportbedarf im Einzugsbereich der bestehenden 110-kV-Leitung 114
Tab. 7.2 : Erhöhung des zulässigen Stromtransports der bestehenden 110-kV-Leitung 117
Tab. 7.3 : Vergleich von Stromtransportbedarf und zulässigem Stromtransport 118
Tab. 8.1 : Leitungsneubau gemäß Bundesbedarfsplangesetz 2013 und Netzentwicklungsplänen 2014 und 2016 124
Tab. 8.2 : Zusätzliche deutsche CO_2-Abgaben erhöhen gemäß Netzentwicklungsplan den Netzausbaubedarf 130
Tab. A1.1 : Neugebaute konventionelle Kraftwerke, 2014 und 2015 140
Tab. A1.2 : Geplante Stilllegungen von konventionellen Kraftwerken, 2014 bis 2025 141
Tab. A1.3 : Geplante konventionelle Kraftwerke, 2016 bis 2035 144
Tab. A2.1 : Leitungsneubau gemäß Netzentwicklungsplan – Startnetz, 2016 bis 2025 146
Tab. A2.2 : Leitungsneubau gemäß Netzentwicklungsplan – Zubaunetz, 2016 bis 2025 149

A3.3 Liste der Kästen

Kasten 3.1 : Ausgleich von Windstromschwankungen 49
Kasten 3.2 : Langzeitspeicherung durch erneuerbare Gaserzeugung (Power to Gas) 55
Kasten 3.3 : Nutzung von Stromüberschüssen zur Wärmeerzeugung (Power to Heat) 60
Kasten 3.4 : Elektrofahrzeuge als abschaltbare Verbraucher und Stromspeicher? 62
Kasten 5.1 : Gesicherte Stromversorgung bei Störfällen, (n-1)-Kriterium 81

Fußnoten

1. [BReg 2015, S. 2].
2. [BNetzA 2014a, S. 109]: "Die mittel- und langfristigen energiepolitischen Ziele der Bundesregierung werden im Wesentlichen durch das Energiekonzept der Bundesregierung vom 28.09.2010 definiert. Ergänzt werden diese Ziele durch das sog. Energiepaket der Bundesregierung vom 06.06.2011 und gesetzlich verankerte Ziele. Darüber hinaus wurden diese Ziele im Aktionsprogramm Klimaschutz am 03.12.2014 seitens der Bundesregierung nochmals bekräftigt."
3. [Jope 2015, S. 174].
4. Festlegung durch die EEG-Reform vom 01. August 2014. Siehe hierzu auch [BReg 2015a, Erneuerbare Energien – der Ausbau läuft]: Konzentration auf kostengünstige Technologien. Für die Geothermie und Wasserkraft, für die nur sehr geringe Zuwächse erwartet werden, wurden keine Zubaukorridore festgelegt.
5. Zzgl. Ersatz bestehender Anlagen (also zzgl. Repowering).
6. 6,5 GW im Jahr 2020 und 15 GW im Jahr 2030 als Zielgrößen.
7. Einschließlich Ersatz bestehender Anlagen, Stopp der EEG-Vergütungsgarantie für Neuanlagen ab einer insgesamt installierten Photovoltaikleistung von 52 GW.
8. Deutliche Absenkung gegenüber den bisherigen Planungen wegen ihrer hohen Kosten.
9. Tab. 1.2, Z. (4.1): Der maximale momentane Stromverbrauch wird häufig als Jahreshöchstlast bezeichnet. Zu den Problemen bei der Messung der Jahreshöchstlast siehe [BNetzA 2014a, S. 79-81]. Tab. 1.2, Z. (4.2) = Tab. 1.5, Z. (4) / 8.760 h/a * 1.000. Tab. 1.2, Z. (4.3): Es wird angenommen, dass der minimale Stromverbrauch proportional zum maximalen Stromverbrauch ist.
10. Der Anteil von Strom aus Kraft-Wärme-Kopplung soll bis 2020 auf 25% erhöht werden (Anteil bezogen auf die thermische Stromproduktion, Änderung durch [Eckpunkte 2015, S. 9]).
11. Vgl. hierzu auch die späteren Abb. 2.6b und 2.8.
12. Siehe Tab. A1.1, Sp. (4).
13. Siehe Tab. A1.3, Sp. (4).
14. Siehe Tab. A1.2, Sp. (4).
15. [BNetzA 2014a, S. 97].
16. [Eckpunkte 2015, S. 7]; vgl. hierzu auch das spätere Kap. 8.3.2.
17. [BNetzA 2014a, S. 97].
18. Vgl. Kap. 8.2.1(4).
19. Vgl. Kap. 8.2.1(3).
20. [NEP 2025/2, Abb. 21, S. 68].
21. Tab. 1.6, Z. (2.2), Sp. (1): Ende 2014 waren rund 1,0 GW Offshore-Windkraftwerke installiert [BWE 2016], Ende 2015 rund 3,3 GW (Tab. 1.2, Z. (2.2), Sp. (1)), die in 2015 knapp 9 TWh Strom produzierten (Tab. 1.5, Z. (2.2), Sp. (1). Bei jahresdurchschnittlich gut 2 GW installierter Leistung in 2015 ergibt damit die in Tab. 1.6, Z. (2.2), Sp. (1) gezeigte Auslastung von rund 50% (= knapp 9 TWh / gut 2 GW).
22. Die gezeigten Werte unterschätzen die tatsächlichen Werte um ein knappes Zehntel, da die gezeigten Produktionswerte nur gut 90% der gesamten erneuerbaren Stromproduktion umfassen, hingegen für die Berechnungen alle installierten Leistungen verwendet wurden. Zudem wurden für die Stromproduktion die momentanen Werte verwendet, für die installierten Leistungen hingegen die Werte zum Jahresende gemäß amtlicher Statistik, wodurch wegen der stark steigenden installierten Leistung die tatsächliche Auslastung zusätzlich unterschätzt wird.
23. 18,4 % = [{ 22% (Tab. 1.6, Z. (2.1), Sp. (1)) * 79 TWh (Tab. 1.5, Z. (2.1), Sp. (1)) } + { 11% (Tab. 1.6, Z. (2.3), Sp. (1)) * 39 TWh (Tab. 1.5, Z. (2.3), Sp. (1)) }] / { 79 TWh + 39 TWh}.
24. Siehe hierzu auch Abb. 2.5.
25. [Jarass/Obermair/Voigt 2009, Kap. 2.1.1, S. 24ff.].
26. [EWEA 2010, S. 50ff.].
27. [PV-Strom 2015].
28. Siehe Kap. 2.1.
29. Siehe Kap. 4.1.3.
30. Im Minuten- und Stundenbereich ist die Produktionsreduzierung eines Kraftwerks durch die technisch vorgegebene Flexibilität dieses konventionellen Kraftwerks beschränkt, siehe Tab. 3.1.
31. Siehe z.B. Abb. 2.1, Abb. 2.2 und Tab. 2.2.
32. Vgl. zum Folgenden [Jarass/Obermair 2012, Kap. 3.3, S. 76ff.].
33. [Jarass/Obermair/Voigt 2009, Abb. 11.1 und Abb. 11.2, S. 232/233].
34. Die gezeigten Daten basieren auf EEX-Daten, die nur ca. 90% der Gesamtdaten berücksichtigen. Die wahren Werte sind also durchschnittlich gut 10% höher.
35. Energietechnisch als Last bezeichnet.
36. Vgl. die Ausführungen zur gesicherten Leistung in Kap. 3.1.1 und in Kasten 5.1.

Fußnoten

37 Vgl. zum Folgenden [Jarass/Obermair 2012, Kap. 3.4, S. 80ff.].
38 Siehe Kap. 3.4.3.
39 Siehe Tab. 1.2, Z. (2.4) und Z. (2.5).
40 Siehe hierzu Kap. 2.2.
41 Auslastung von Gaskraftwerken unter 25%, vgl. Tab. 1.6, Z. (1.4).
42 [Vattenfall 2011, S. 11].
43 Tab. 1.6, Z. (1.1) und (1.2).
44 [Leitstudie 2011, S. 250/251].
45 [Leitstudie 2010, S. 19].
46 [Wiese 2008, S. 39f.].
47 [VGB 2004, S. 89]; [Leitstudie 2011, Tab. 8.1, S. 251].
48 [Wiese 2008, Abb. 2.9].
49 [BDEW 2015].
50 [Eckpunkte 2015, S. 7].
51 [Eckpunkte 2015, S. 4].
52 Vgl. Kap. 4.3.2(2).
53 Gasturbinen, Gas- und Dampfkraftwerke (GuD), stromgeführte Kraft-Wärme-Kopplung (KWK), Stromspeicher.
54 [Jarass/Obermair 2013, Teil 2, S. 11].
55 [Eckpunkte 2015, S. 4].
56 Vgl. hierzu [Jarass/Obermair 2012, Kap. 7.3.1, S. 182-184].
57 Vgl. hierzu [Jarass/Obermair 2012, Tab. 1.7, S. 35, Kap. 3.4.4, S. 90-93].
58 [Leitstudie 2010, S. 12, Punkt 4.3].
59 Siehe zum Folgenden auch [Jarass/Obermair 2012, Kap. 1.2.4, S. 34ff. und Kap. 3.4.4, S. 90ff.].
60 [Pumpspeicher 2011, S. 2].
61 Vgl. die frühere Tab. 1.4, Z. (5), Sp. (5) und die dortigen Erläuterungen.
62 [Jarass 1981a, Kap. 7.1.3, S. 108].
63 Vgl. Kap. 6.1.2(1).
64 [Younicos 2014, S. 1]; zudem garantiert der Zellhersteller Samsung SDI die Leistung der verwendeten Lithium-Ionen-Zellen 20 Jahre lang.
65 [Gas 2016].
66 [NEP 2022/1, S. 19ff.].
67 [Leitstudie 2011, S. 97f.].
68 Siehe Kap. 3.1.2.
69 Siehe Kap. 8.2.1.
70 15% = 85 TWh (Tab. 1.5, Z. (5.1), Sp. (1)) / 565 TWh (Tab. 1.5, Z. (4), Sp. (1).
71 Vgl. Kap. 8.3.1(1).
72 [Prognos 2015, S. 2].
73 Siehe Kap. 4.1.

74 Soweit sie nicht zur Aufrechterhaltung der Systemstabilität erforderlich sind.
75 [ENTSO-E 2014, S. 10/11, Fig. 0-3]; siehe hierzu auch [EWEA 2010, S. 101ff.].
76 Siehe Kap. 4.2.3.
77 17% = 96 TWh (Tab. 1.5, Z. (5.2), Sp. (4)) / 566 TWh (Tab. 1.5, Z. (4), Sp. (4).
78 [Greenpeace 2008, S. 27].
79 [Desertec 2014], am 14. Oktober 2014 wurde DESERTEC aufgelöst.
80 So der frühere GRÜNE MdB FELL [Fell 2015].
81 Vgl. Tab. A2.1, Projekt Nr. P68.
82 [Leitstudie 2011, S. 165].
83 [Leitstudie 2011, S. 165].
84 Vgl. Kap. 3.1.3.
85 [Dena 2010, S. 405ff.]; [Leitstudie 2011, S. 192ff.].
86 [Leitstudie 2010, S. 73].
87 [Leitstudie 2011, S. 196].
88 [Prius 2013].
89 Die dezentrale Stromversorgung ist von einer lokalen Stromautarkie zu unterscheiden, wo einzelne Verbraucher oder gar Gemeinden keinen Anschluss an ein überregionales Stromverbundnetz haben.
90 Siehe hierzu auch Tab. 6.2.
91 [BNetzA 2015a, S. 24].
92 § 13a EnWG und § 10 ResKV; siehe hierzu auch [Fietze 2014, S. 356].
93 [BNetzA 2015, Ergebnisdokumentation, S. 20].
94 [BNetzA 2015, S. 9/10].
95 Siehe zum Folgenden [Jarass 2016a].
96 Zu den folgenden Zahlenangaben siehe [BNetzA 2015, S. 10-14].
97 [BNetzA 2015, Abb. 2, S. 14].
98 [BNetzA 2015, S. 12].
99 [BNetzA 2015, S. 12].
100 Zur Abschätzung der Größenordnung siehe die Werte in Tab. 4.2, Z. (2.1).
101 [BNetzA 2015, Abb. 1, S. 12]. In Tab. 4.2, Z. (2.2a), Sp. (1) wird von einer maximalen Windstromeinspeisung bei Stromüberschuss von 37 GW ausgegangen.
102 [BNetzA 2014a, S. 3].
103 Zurückregelung von Windkraftwerken v.a. in Nord- und Ostdeutschland.
104 Die Fußnoten in den folgenden Zitaten sind von den Buchautoren zur Erläuterung eingefügt worden.
105 [BNetzA 2015, S. 87]; ganz ähnlich auch die BNetzA-Darstellung für 2015/16 [BNetzA 2015, S. 53] und für 2016/17 [BNetzA 2015, S. 68/69].

106 Deutsche Höchstlast von 86 GW (Tab. 4.2, Z. (1.1), Sp. (3a)) plus Übertragungsverluste von 1,7 GW (Tab. 4.2, Z. (2.3), Sp. (3a)).

107 Vgl. Tab. 4.2, Z. (1.2), Sp. (3a).

108 [BNetzA 2015, S. 87]; ganz ähnlich auch die BNetzA-Darstellung für 2015/16 [BNetzA 2015, S. 53] und für 2016/17 [BNetzA 2015, S. 68/69)].

109 [BNetzA 2015, S. 14].

110 Siehe Tab. A2.1, Leitungen DC3 und DC5l.

111 Kap. 8.2.1(1) zeigt auf der Basis von Daten der Bundesnetzagentur für das Zieljahr 2023, dass der SuedostLink ausschließlich zum Transport von Kohlestrom erforderlich ist.

112 Die Bundesnetzagentur schreibt bezgl. dieses Defizits: "Das Entstehen eines solchen Handelsdefizits ist dabei noch kein ernstes Anzeichen für eine Gefährdung der Versorgungssicherheit durch fehlende Erzeugungseinheiten zur Lastdeckung in Deutschland. Vielmehr bildet es einen europäischen Kraftwerkseinsatz ab, der nach ökonomischen Gesichtspunkten optimiert ist, sodass verglichen mit dem deutschen Kraftwerkspark günstigere Erzeugung im Ausland zur Deckung der Last beiträgt." [BNetzA 2015, S. 83].

113 Vgl. Tab. 4.2, Z. (1.2), Sp. (3b).

114 [BNetzA 2015, S. 87]; ganz ähnlich auch die BNetzA-Darstellung für 2015/16 [BNetzA 2015, S. 53] und für 2016/17 [BNetzA 2015, S. 68/69)].

115 Aufgrund von deutschen Leitungsengpässen wird ein kleiner Teil dieser Exporte über Polen und Tschechien transportiert.

116 Siehe Abb. 4.1.

117 [BNetzA 2014a, S. 115].

118 Die im Stromhandel kontrahierte (virtuelle) Stromleistung wird derzeit über Polen und Tschechien transportiert bzw. insbesondere im Störfall mangels ausreichender Exportleitungen von vornherein durch andere Reservekraftwerke sichergestellt.

119 "Durch den hohen Export in das Ausland und die geringe Erzeugung in Süddeutschland stellt sich ein erheblicher Transportbedarf von Energie von Norddeutschland nach Süddeutschland und ins europäische Ausland ein." [BNetzA 2015, S. 87]. Ganz ähnlich auch die BNetzA-Darstellung für 2015/16 [BNetzA 2015, S. 53] und für 2016/17 [BNetzA 2015, S. 68/69)].

120 2015/16: [BNetzA 2015, S. 52, Tab. 16, S. 52]; 2016/17: [BNetzA 2015, S. 67, Tab. 26, S. 68]; 2019/20: [BNetzA 2015, S. 86, Tab. 36, S. 86]: "... wurde ... explizit der Starklast-Starkwindfall als der bedarfsdimensionierende Netznutzungsfall herausgearbeitet. Diesem gegenüber ist der Fall der Starklast-Dunkelflaute alleine mittels topologischer Maßnahmen, also Schaltmaßnahmen im Netz, sowie Redispatch mit am Markt agierenden Kraftwerken beherrschbar."

121 2015/16: [BNetzA 2015, S. 52, Tab. 16, S. 52]; 2016/17: [BNetzA 2015, S. 67, Tab. 26, S. 68]; 2019/20: [BNetzA 2015, S. 86, Tab. 36, S. 86]. Zur Höhe des erforderlichen Redispatches werden keine Angaben gemacht.

122 [BNetzA 2015, S. 65/66].

123 Vgl. Kap. 2.2.1.

124 Vgl. Kap. 6.1.1(2); siehe auch [Jarass 2014, S. 231].

125 Vgl. Abb. 4.1.

126 Siehe Kap. 3.3.2.

127 [BDEW 2015].

128 [Eckpunkte 2015, S. 7].

129 Siehe z.B. die früheren Tab. 1.3 und 1.4.

130 Zum leichteren Verständnis der folgenden Überlegungen wird in diesem Buch der Begriff Strom verwendet, dabei aber immer verdeutlicht, ob es sich um elektrische Leistung (kW) oder um elektrische Energie (kWh) handelt.
Die elektrische Leistung ergibt sich aus dem Produkt von Stromstärke und elektrischer Spannung und wird in Watt (W) gemessen bzw. einem Vielfachen davon, z.B. 1 kW = 1.000 W, 1 MW = 1 Mio. W oder 1 GW = 1 Mrd. W (manchmal wird auch W_{el} verwendet zur Unterscheidung einer elektrischen Leistung von einer thermischen Leistung). Wird eine elektrische Leistung (z.B. 1 kW) eine bestimmte Zeit lang (z.B. 1 Stunde) genutzt, so ist elektrische Arbeit in Höhe von 1 Kilowattstunde (kWh) geleistet und diese elektrische Energie z.B. in Heizwärme umgewandelt worden. Elektrische Energie wird in Wattstunden (Wh) gemessen bzw. einem Vielfachen davon, z.B. 1 kWh = 1.000 Wh, 1 MW = 1 Mio. Wh und 1 GW = 1 Mrd. Wh. Umgangssprachlich ausgedrückt: Vom Stromversorgungsunternehmen wurde dem Stromkunden 1 kWh Strom geliefert und dort ´verbraucht´.

131 Zum Folgenden siehe [Jarass/Obermair 2012, Kap. 3.1.4, S. 67-69].

132 Eine Zusammenlegung der vier deutschen Regelzonen würde zu einer deutlichen Reduzierung der erforderlichen Regel- und Reserveleistung führen, weil sich dann ein momentaner Stromüberschuss in einer Regelzone mit einem Stromdefizit in einer benachbarten Regelzone zumindest teilweise ausgleichen könnte. Seit Mai 2010

133 Zum Folgenden siehe [Jarass/Obermair 2012, S. 67-73].
134 Zu einer möglichen Modifizierung des (n-1)-Kriteriums beim Transport von erneuerbarem Strom siehe [Jarass/Obermair 2012, Kap. 3.2.2, S. 73].
135 Siehe Kap. 2.2.
136 § 8 Abs. 1 EEG.
137 § 9 Abs. 1 EEG.
138 Zum Folgenden siehe die Ausführungen in [Jarass/Obermair 2012, Kap. 6, S. 140ff.].
139 § 9 Abs. 3 EEG; siehe auch § 11 Abs. 1 S. 1 EnWG.
140 [Jarass/Nießlein/Obermair 1989, Kap. 2, S. 17ff.].
141 Jarass/Obermair 2012, Kap. 6.2.1, S. 143-150].
142 Vgl. Kap. 6.2.
143 Vgl. Kap. 6.3.2 und [Jarass/Obermair 2012, Kap. 5.3.3, S. 134ff.].
144 Zu detaillierten Erläuterungen siehe [Jarass/Obermair/Voigt 2009, Kap. 8, S. 157ff. und Kap. 10, S. 195ff.].
145 [BNetzA 2015, S. 27].
146 Vgl. hierzu auch Kap. 8.2.3(2). Die Monopolkommission plädierte 2015 in ihrem Sondergutachten zu den Energiemärkten dafür, den Einsatz von Redispatch-Maßnahmen mit den Kosten eines zunehmenden Netzausbaus abzuwägen [Zenke/Heymann/Poppe 2015, S. 320].
147 § 9 Abs. 3 EEG; siehe auch § 11 Abs. 1 S. 1 EnWG; siehe hierzu auch Kap. 5.2.
148 § 9 Abs. 3 EEG.
149 Zu einer detaillierten Erläuterung am Beispiel eines windstrombedingten Netzausbaus siehe [Jarass/Obermair 2012, Kasten 6.3 und Abb. 6.4, S. 154/155].
150 [BNetzA 2012, S. 21]; siehe zu erneuerbarem Strom [Jarass/Obermair 2012, Kap. 6, S. 140ff.].
151 Resultiert daraus auch die relativ kleine Reduzierung des Netzausbaubedarfs in den Sensitivitätsuntersuchungen der Bundesnetzagentur zur Spitzenkappung [BNetzA 2013, Kap. 4.2, S. 15ff.]?
152 [BNetzA 2015, S. 27].
153 Vgl. hierzu auch Kap. 8.2.3(2).
154 [BNetzA 2013, S. 16]. Die Rheinland-Pfalz-Verteilnetzstudie sieht ein besonders hohes Potenzial der Spitzenkappung zur Vermeidung von Leitungsneubau [Verteilnetzstudie 2014, S. 4].
155 [NEP 2023/1, S. 25].
156 [BNetzA 2014a, S. 3]. Damit wurde eine von [Jarass/Obermair 2005, S. 52] erstmalig erhobene Forderung endlich umgesetzt; siehe hierzu auch Kap. 6.1.1.
157 Detaillierte Erläuterungen der folgenden Überlegungen in [Jarass/Obermair 2012, Kasten 6.2 S. 148-150]; siehe auch [Jarass/Obermair/Voigt 2009, Kap. 8.3, S. 167ff.].
158 § 19 EEG.
159 Zu detaillierten Kostenabschätzungen siehe [Jarass/Obermair 2012, Tab. 6.1, S. 151].
160 [Jarass/Nießlein/Obermair 1989, S. 67]; [Apfelstedt/Jarass/Obermair 1996].
161 [Obermair/Jarass 2010, S. 231/232].
162 [Jarass/Obermair 2012, Kap. 6.3.2(1), S. 158].
163 Vgl. Kap. 6.3.2.
164 [Jarass/Obermair 2012, Abb. 6.6, S. 160].
165 Siehe Kap. 6.2.1.
166 Siehe Kap. 6.2.2.
167 Siehe Kap. 6.3.2.
168 [Jarass/Obermair 2012, Kap. 6.3.2(3), S. 161/162].
169 [Jarass/Obermair/Voigt 2009, Kap. 10.3.3, S. 223].
170 Leitungstechnisch im Höchstspannungsbereich (380 kV) als Stromübertragung und bei niedrigeren Spannungsebenen (110 kV und darunter) als Stromverteilung bezeichnet.
171 Siehe Kap. 6.3.2.
172 § 2 EnLAG 2009.
173 [NEP 2025/2, Kap. 4.1.2, S. 89].
174 Siehe Kap. 5.4.
175 [BNetzA 2014a, S. 3].
176 [BNetzA 2015, S. 27].
177 [BayWiMi 2015, S. 13].
178 [BNetzA 2015, S. 27].
179 Zzgl. zur Netzstabilisierung unabdingbar erforderliche konventionelle Kraftwerke, vgl. [Jarass 2013, S. 576/577].
180 [EU 2006]; [EU 2009]; [EU 2009a].
181 Z.B. gemäß § 11 Abs. 1, § 12 Abs. 3, § 17 Abs. 1, § 20 Abs. 1 EnWG; vgl. [Jarass 2013, S. 577].
182 [NEP 2023/2, S. 37].
183 Etwa für eine konventionelle Stromproduktion für den Stromexport bei ausreichender erneuerbarer Stromproduktion; dabei müssen die zur Netzstabilisierung unabdingbar erforderlichen konventionellen Kraftwerke sowie Heizkraftwerke ohne Wärmespeicher angemessen berücksichtigt werden.
184 [BNetzA 2015, Ergebnisdokumentation, S. 8].
185 [BNetzA 2015, Ergebnisdokumentation, S. 8].

186 So auch im 2. Entwurf des Netzentwicklungsplans 2025 [NEP 2025/2, Kap. 2.2.4, S. 42-45]; siehe auch [BNetzA 2014a, S. III, 3.].
187 Vgl. hierzu auch Kap. 8.2.1(2).
188 [BayWiMi 2015c, S. 51].
189 Siehe hierzu Kap. 3.2.
190 Vgl. Kap. 3.2.
191 Derartige Anbindungsleitungen müssen zur Reduzierung von zusätzlichen Landschaftsbelastungen als Erdkabel realisiert werden, vgl. Kap. 6.3.2.
192 [Wirth 2015].
193 [Wirth 2015].
194 Vgl. Kap. 3.2.1(1).
195 Der Planfeststellungsbeschluss für die deutsche 12-Seemeilenzone und den Landabschnitt in Schleswig-Holstein erging für NordLink am 30. Juni 2014.
196 [Batteriespeicher 2016].
197 Vgl. Kap. 3.2.2.
198 Eine derartige lokale Speicherung eines Offshore-Stromüberschusses forderte z.B. der Bundesverband der Bürgerinitiativen gegen SuedLink Anfang Juli 2015.
199 Siehe Kap. 3.4 und [Jarass/Obermair 2012, Kap. 3.4.3, S. 86-89].
200 [Smart Grid 2015].
201 [BNetzA 2015a, S. 24/25].
202 Vgl. Kap. 3.5.1.
203 Siehe hierzu z.B. [UBA 2013, Kap. 6.2.2, S.44/45]. Diese Studie des Umweltbundesamts zu "Dezentrale Energieerzeugung in Deutschland bis 2030" untersuchte, wie die veränderten Rahmenbedingungen die Marktentwicklung der dezentralen Energiesysteme beeinflussen.
204 Vgl. Kap. 3.5.2.
205 Genau genommen die maximale Stromdichte [A/mm²] für einen gegebenen Seiltyp [Jarass/Obermair 2012, Kap. 4.1, S. 96].
206 Maximal 0,6 m pro Sekunde senkrecht zur Leitungsrichtung.
207 [Jarass/Obermair 2012, Kap. 4.1.1(1), S. 97].
208 [Jarass/Obermair 2012, Kap. 4.1.1(1), S. 96/97].
209 [Jarass/Obermair 2012, Kap. 4.1, S. 97].
210 [BNetzA 2015a, S. 89].
211 Von ganz seltenen Wetterbedingungen abgesehen.
212 Vgl. Kap. 8.2.2(1).
213 [Lange/Focken 2008, S. 6].
214 Hochtemperaturleiterseile werden von der Bundesnetzagentur als "Hochstrombeseilung" [BNetzA 2015a, S. 137] bezeichnet.
215 Zum Folgenden siehe [Jarass/Obermair 2012, Kap. 4.2, S. 100ff.].
216 [Dena 2010, S. 127/128].
217 [Dena 2010, S. 127/128].
218 [EEG-Umweltausschuss 2008, S. 34].
219 Vgl. auch Kap. 8.2.2(1).
220 [ENTSO-E 2010, S. 145].
221 Die Übertragungsnetzbetreiber sehen hierbei beträchtliche Einschränkungen [NEP 2025/1, Hintergrund, Freileitungsmonitoring].
222 Siehe hierzu auch die Überlegungen zur (n-1)-sicheren Auslegung von Höchstspannungsnetzen in Kap. 5.1.1.
223 [Jarass/Obermair 2012, Kap. 4.3.2, S. 107].
224 [Jarass/Obermair/Voigt 2009, S. 75].
225 [Jarass/Obermair 2012, Kap. 4.3.1(3), S. 106].
226 Siehe zum Folgenden [Jarass/Obermair 2012, Kap. 4.4.1, S. 109-111].
227 Zu technischen Erläuterungen und Begründungen siehe [Jarass/Obermair 2012, Kap. 4.4.2, S. 111-113] und [NEP 2022/2, Kap. 5.4, S. 103-114].
228 § 2 Abs. 2 EnLAG.
229 [Eckpunkte 2015, S. 9]; vgl. Kap. 8.3.2(2).
230 § 43h EnWG.
231 [50Hertz 2015].
232 [ZfK 2015].
233 [ZfK 2015].
234 [Jarass/Obermair 2012, Kap. 5.3, S. 130ff.].
235 Vgl. zum Folgenden [Jarass/Obermair 2012, Kap. 5.1, S. 117ff.].
236 § 43h EnWG.
237 [FFH 2016].
238 Das Bundesverwaltungsgericht hat mit Entscheidung vom 21.01.2016 den Planfeststellungsbeschluss für die Uckermark-Höchstspannungsleitung für "rechtswidrig und nicht vollziehbar" erklärt [BVerwG 2016].
239 HGÜ: Hochspannung-Gleichstrom-Übertragung.
240 [Eckpunkte 2015, S. 9]; vgl. auch Kap. 8.3.2(2).
241 § 2 EnLAG.
242 [Jarass/Obermair 2012, Kap. 5.2.2, S. 127ff.].
243 [Jarass/Obermair 2012, Kap. 5.3.2, S. 133ff.].
244 Siehe hierzu [Fuchs 2015].
245 [BNetzA 2014a, S. 3].
246 Zum Nachfragemanagement siehe Kap. 6.1.3.
247 Siehe Kasten 5.1. Zu einer möglichen Modifizierung des (n-1)-Kriteriums beim Transport von erneuerbarem Strom siehe [Jarass/Obermair 2012, Kap. 3.2.2, S. 73].
248 Siehe Kap. 6.2.

249 Siehe Kap. 6.2.3(1).
250 [FNN 2013, S. 7ff.].
251 Bis zur Abregelung der einspeisenden erneuerbaren Kraftwerke.
252 [Verteilnetzstudie 2014, S. 4].
253 Durch die Umstellung von Einfach-Leiterseilen auf Zweier-Bündel-Leiterseile kann die Übertragungsleistung, also der zulässige Stromtransport, fast verdoppelt werden. Allerdings ist hierfür gegebenenfalls eine Verstärkung der Masten erforderlich.
254 § 43h EnWG; eine neue 110-kV-Leitung ist dann zu verkabeln, wenn sie maximal 2,75-mal so teuer wie eine Freileitungslösung ist.
255 Zu Verkabelung siehe Kap. 6.3.2 und [Jarass/Obermair 2012, Kap. 5, S. 117ff.].
256 Seit 2015 werden von den Übertragungsnetzbetreibern die Netzentwicklungspläne nicht mehr mit dem Jahr der Erarbeitung bezeichnet, sondern mit dem Zieljahr, also z.B. statt bisher Netzentwicklungsplan 2015 (Jahr der Fertigstellung) nun Netzentwicklungsplan 2025 (Zieljahr). In Analogie hierzu werden im Folgenden der Netzentwicklungsplan 2013 (mit Zieljahr 2023) als Netzentwicklungsplan 2023 und der Netzentwicklungsplan 2014 (mit Zieljahr 2024) als Netzentwicklungsplan 2024 bezeichnet.
257 Siehe [BNetzA 2015a, S. 21ff.] sowie [NEP 2024/2, S. 15]. Zukünftig soll der Netzentwicklungsplan nicht mehr jährlich, sondern nur noch alle 2 Jahre erstellt werden [BT 2015]; [NEP 2025/1, S. 17].
258 Geringer, mittlerer und hoher Anstieg der erneuerbaren Energieträger sowie ein Szenario mit CO_2-Begrenzungsvorgabe [NEP 2025/2, S. 19].
259 Am 18. Januar 2016 wurde der Entwurf des Szenariorahmens für die Netzentwicklungspläne Strom 2030 veröffentlicht [BNetzA 2016].
260 Die Marktmodellierung erfolgt nach dem "Prinzip eines optimalen ökonomischen Einsatzes der Kraftwerke" [BNetzA 2015a, S. 24]: Diejenigen Kraftwerke produzieren und speisen Strom ins Netz ein, die dies am preiswertesten können. Strom wird ins Ausland exportiert, "wenn er in Deutschland billiger produziert wird als im Ausland, was typischerweise in Zeiten eines hohen Windstromangebots der Fall ist, aber auch zu extrem sonnenreichen Zeiten auftreten kann" [BNetzA 2015a, S. 24].
261 [NEP 2025/2, S. 19].
262 Siehe zum Folgenden [Jarass 2016].
263 [BNetzA 2015b]. Die Bundesnetzagentur hat, wie üblich, nur für einen Teil der beantragten Leitungen die energiewirtschaftliche Notwendigkeit bestätigt und die in Kap. 8.3.2 erläuterten Regierungs-Eckpunkte in ersten Ansätzen berücksichtigt.
264 [NEP 2024/2].
265 [NEP 2025/2].
266 [NEP 2025/2, S. 55/56]. Im Netzentwicklungsplan werden alle Kohlekraftwerke berücksichtigt, die laut 'merit order' betriebswirtschaftlich konkurrenzfähig sind.
267 Vgl. Kap. 8.2.1(2).
268 [NEP 2025/2, S. 93].
269 [NEP 2025/2, Tab. 22, S. 112].
270 Vgl. Kap. 8.3.2(2).
271 [BNetzA 2015, Ergebnisdokumentation, S. 3]; siehe auch Kap. 4.1.
272 [NEP 2025/2, S. 284-287].
273 [BNetzA 2015a, S. 85/86].
274 Also durch eine sehr niedrige momentane erneuerbare Stromproduktion.
275 Siehe Kap. 4.1.1.
276 Siehe hierzu auch [Jarass 2013a].
277 Vgl. die Jahresdauerlinie der Braunkohlestromproduktion der 50Hertz-Regelzone in 2024 und 2034, mit einem Rückgang der maximalen Braunkohlestromproduktion von 10 GW auf 7,8 GW [BNetzA 2015a, S. 90].
278 Vgl. hierzu auch [Jarass 2014, S. 233].
279 [NEP 2025/1, Kap. 3.1, S. 52].
280 [NEP 2025/1, Kap. 3.1, S. 58].
281 [BNetzA 2015, Ergebnisdokumentation, S. 3]; siehe auch Kap. 4.1.
282 [BNetzA 2014a, S. 3].
283 [NEP 2025/2, Tab. 12, S. 57].
284 Tab. 1.5, Z. (3), Sp. (2).
285 230 TWh ohne CO_2-Begrenzung (Tab. 1.5, Z. (1.2), Sp. (2) plus Tab. 1.5, Z. (1.3), Sp. (2)) minus 135 TWh mit CO_2-Begrenzung (Tab. 1.5, Z. (1.2), Sp. (4) plus Tab. 1.5, Z. (1.3), Sp. (4)).
286 [Shakespeare 1601, 2. Akt, 2. Szene, Polonius].
287 Siehe Kap. 6.2.
288 [NEP 2025/2, S. 89].
289 Siehe Kap. 6.2.1.
290 [NEP 2025/2, S. 89].
291 Siehe Kap. 6.2.2; Hochtemperaturleiterseile werden von der Bundesnetzagentur als "Hochstrombeseilung" [BNetzA 2015a, S. 137] bezeichnet.
292 [NEP 2025/2, S. 89].
293 [Eckpunkte 2015, S. 7].

294 [Eckpunkte 2015, S. 4]; ganz ähnlich [BMWi 2015, S. 84].
295 Siehe [NEP 2025/2, S. 42-43]; zu der im Netzentwicklungsplan verwendeten Verteilernetzstudie siehe [BMWi 2014].
296 [NEP 2025/2, Kap. 2.2.5, S. 44].
297 Tab. 1.2, Z. (2), Sp. (1).
298 Ähnlich wie bei einem Brief, der innerhalb Deutschlands auch gleich viel kostet unabhängig von der Entfernung zwischen Absender und Empfänger.
299 [NEP 2025/2, S. 58].
300 [BNetzA 2015a, S. 24].
301 [BNetzA 2015a, S. 24].
302 Vgl. Kap. 8.2.3(1).
303 [Eckpunkte 2015, S. 2].
304 BayWiMi 2015c, S. 49].
305 Dieses Problem wird auch im kürzlich veröffentlichten Weißbuch des Bundeswirtschaftsministeriums angesprochen: "Effiziente Netznutzung und -ausbau: ... Der Netzausbau wird nicht über den Strommarkt, sondern über Netzentgelte finanziert. Daher muss eine angepasste Netzregulierung das optimale Verhältnis zwischen Nutzung lokaler Flexibilität und Netzausbau herstellen." [BMWi 2015, S. 70].
306 Etwa für Kohlestromexport zeitgleich zu hoher erneuerbarer Stromproduktion.
307 [BNetzA 2015, Ergebnisdokumentation, S. 3]; siehe hierzu auch [Jarass 2015, S. 45].
308 [BNetzA 2015, Ergebnisdokumentation, S. 20].
309 [Energiemonitor 2015].
310 [BayWiMi 2015, S. 2-4].
311 [BayWiMi 2015, S. 13].
312 Siehe dazu auch [FW Bayern 2015].
313 Siehe [Jarass 2015a, S. 23].
314 [Eckpunkte 2015].
315 [BT 2015a].
316 [BayWiMi 2015a, S. 2/3]: "Die jüngsten Verhandlungsergebnisse werden den Übertragungsnetzbetreibern von der Bundesnetzagentur zur Auflage gemacht. Die Übertragungsnetzbetreiber haben diese Ergebnisse bei der Überarbeitung des nächsten Netzentwicklungsplans 2025 zu berücksichtigen."
317 [Eckpunkte 2015, S. 9].
318 So erklärte z.B. der für SuedLink zuständige Übertragungsnetzbetreiber TenneT: "Für SuedLink bedeutet der Erdkabel-Vorrang, dass die Planung möglicher Trassenkorridore neu aufgesetzt werden muss." [TenneT 2015b].
319 [Eckpunkte 2015, S. 9].
320 [BT 2015, Art. 4, § 2, S. 15/16].
321 [BT 2015a].
322 [Eckpunkte 2015, S. 4]; ganz ähnlich [BMWi 2015, S. 84].
323 [Jarass/Obermair 2012, Tab. 7.2, Z. (4.2) und Z. (4.3)].
324 NEP 2025/2, S. 93.
325 Vgl. Kap. 1.2.2.

Quellen

[50Hertz 2015]
Windhose knickt Höchstspannungsmasten bei Eisleben um. 50Hertz, Berlin, 14. Juli 2015.
http://www.50hertz.com/de/Medien/News/Details/newsId/16896/title/Windhose-knickt-Hoechstspannungsmasten-bei-Eisleben-um (30.01.2016)

[Agora 2014]
Power-to-Heat zur Integration von ansonsten abgeregeltem Strom aus Erneuerbaren Energien. Fraunhofer IWES, Kassel, Stiftung Umweltenergierecht, Würzburg, Fraunhofer IFAM, Bremen, im Auftrag von Agora Energiewende, Berlin, Juni 2014.
http://www.agora-energiewende.de/fileadmin/downloads/publikationen/Studien/Power_to_Heat/Agora_PtH_Langfassung_WEB.pdf (21.02.2016)

[Apfelstedt/Jarass/Obermair 1996]
Apfelstedt G, Jarass L, Obermair G M: Die Umweltverträglichkeitsprüfung von Hochspannungsleitungen. In: Handbuch der Umweltverträglichkeitsprüfung (HdUVP), Storm P-C und Bunge Th (Hrsg.), Schmidt-Verlag, Berlin/Bielefeld/München, 19. Lieferung, V/1996.

[Batteriespeicher 2016]
Geheimtipp Batteriespeicher. Studie der Prognos AG im Auftrag des Bundesministeriums für Wirtschaft und Energie – BMWi, Berlin, 18. Januar 2016.
http://www.industr.com/Energy20-Magazin/de_DE/news/779503 (30.01.2016)

[BayWiMi 2015]
Dialogpapier – Schlussfolgerungen aus dem Energiedialog. Bayerisches Staatsministerium für Wirtschaft und Technologie, Energie und Medien, München, 09. Februar 2015.
https://www.regierung.unterfranken.bayern.de/assets/ew-ufr/4/2015_02_02_schlussfolgerungen_energiedialog.pdf (02.01.2016)

[BayWiMi 2015a]
Pressemitteilung der bayerischen Wirtschaftsministerin AIGNER, Bayerisches Staatsministerium für Wirtschaft und Technologie, Energie und Medien, München, 02. Juli 2015.
http://www.stmwi.bayern.de/presse/pressemitteilungen/pressemitteilung/pm/140-2015/ (02.01.2016)

[BayWiMi 2015c]
Bayerisches Energieprogramm für eine sichere, bezahlbare und umweltverträgliche Energieversorgung. Bayerisches Staatsministerium für Wirtschaft und Technologie, Energie und Medien, München, 20. Oktober 2015.
http://www.stmwi.bayern.de/fileadmin/user_upload/stmwivt/Publikationen/2015/2015-21-10-Bayerisches_Energieprogramm.pdf (02.01.2016)

[BDEW 2015]
BDEW-Kraftwerksliste 2015: Inzwischen 53 Prozent aller geplanten Kraftwerksneubauten in Frage gestellt. Bundesverband der Energie- und Wasserwirtschaft – BDEW, Berlin, 13. April 2015.
https://www.bdew.de/internet.nsf/id/bdew-kraftwerksliste-2015-veroeffentlicht-de (29.01.2016)

[BMWi 2014]
Moderne Verteilernetze für Deutschland (Verteilernetzstudie). Forschungsprojekt Nr. 44/12, Abschlussbericht. E-bridge, IAEW, Offis. Studie im Auftrag des Bundesministeriums für Wirtschaft und Energie – BMWi, Berlin, 12. September 2014.
http://www.bmwi.de/BMWi/Redaktion/PDF/Publikationen/Studien/verteilernetzstudie,property=pdf,bereich=bmwi2012,sprache=de,rwb=true.pdf (02.01.2016)

[BMWi 2015]
Ein Strommarkt für die Energiewende. Ergebnispapier (Weißbuch) des Bundesministeriums für Wirtschaft und Energie – BMWi. Berlin, Juli 2015.
http://www.bmwi.de/BMWi/Redaktion/PDF/Publikationen/weissbuch,property=pdf,bereich=bmwi2012,sprache=de,rwb=true.pdf (02.01.2016)

[BMWi 2015a]
Energiedaten Gesamtausgabe. Bundesministerium für Wirtschaft und Energie (Hrsg.) – BMWi, Berlin, Stand 12. Januar 2016.
http://bmwi.de/DE/Themen/Energie/Energiedaten-und-analysen/Energiedaten/gesamtausgabe,did=476134.html (30.01.2016)

[BNetzA 2010]
Netzregelverbund Stromnetze. Bundesnetzagentur ordnet Netzregelverbund für die deutschen Stromnetze an. Bundesnetzagentur für Elektrizität, Gas, Telekommunikation, Post und Eisenbahnen – BNetzA, Bonn, 16. März 2010.
http://www.bundesnetzagentur.de/SharedDocs/Pressemitteilungen/DE/2010/100316NetzregelverbundStrom.html (30.01.2016)

[BNetzA 2012]
"Smart Grid" und "Smart Market". Eckpunktepapier der Bundesnetzagentur zu den Aspekten des sich verändernden Energieversorgungssystems. Bundesnetzagentur für Elektrizität, Gas, Telekommunikation, Post und Eisenbahnen – BNetzA, Bonn, Dezember 2011, veröffentlicht am 02. Januar 2012.
www.bundesnetzagentur.de/SharedDocs/Downloads/DE/Sachgebiete/Energie/Unternehmen_Institutionen/NetzzugangUndMesswesen/SmartGridEckpunktepapier/SmartGridPapierpdf.pdf?__blob=publicationFile&v=2 (20.07.2015)

[BNetzA 2012a]
Leitfaden zur Bundesfachplanung nach §§ 4 ff. des Netzausbaubeschleunigungsgesetzes Übertragungsnetz (NABEG). Bundesnetzagentur für Elektrizität, Gas, Telekommunikation, Post und Eisenbahnen – BNetzA, Bonn, 07. August 2012.
http://www.netzausbau.de/SharedDocs/Downloads/DE/2012/BundesfachplanungLeitfaden.pdf?__blob=publicationFile (01.02.2015)

[BNetzA 2013]
Einflussgrößen auf die Netzentwicklung. Sensitivitätenbericht 2013 der vier deutschen Übertragungsnetzbetreiber aufgrund des Genehmigungsdokuments der Bundesnetzagentur, Az.: 6.00.03.04/12-11-30/Szenariorahmen 2012. Bundesnetzagentur für Elektrizität, Gas, Telekommunikation, Post und Eisenbahnen – BNetzA, Bonn, 01. Juli 2013.
http://www.netzentwicklungsplan.de/en/system/files/media/documents/20130701_Sensitivit%C3%A4tenbericht.pdf (30.01.2016)

[BNetzA 2014]
Feststellung des Reservekraftwerksbedarfs für den Winter 2014/2015 sowie die Jahre 2015/2016 und 2017/2018 und zugleich Bericht über die Ergebnisse der Prüfung der Systemanalysen. Bundesnetzagentur für Elektrizität, Gas, Telekommunikation, Post und Eisenbahnen – BNetzA, Bonn, 02. Mai 2014.
http://www.bundesnetzagentur.de/SharedDocs/Downloads/DE/Sachgebiete/Energie/Unternehmen_Institutionen/Versorgungssicherheit/Berichte_Fallanalysen/FeststellungReservekraftwerksbedarf2014_2015_2016_2017_2018.pdf%3F__blob%3DpublicationFile%26v%3D4 (02.01.2016)

[BNetzA 2014a]
Genehmigung des Szenariorahmens 2025 für die Netzentwicklungsplanung und Offshore-Netzentwicklungsplanung. Bundesnetzagentur für Elektrizität, Gas, Telekommunikation, Post und Eisenbahnen – BNetzA, Bonn, 19. Dezember 2014.
http://www.netzausbau.de/SharedDocs/Downloads/DE/2025/SR/Szenariorahmen_2025_Genehmigung.pdf?__blob=publicationFile (30.01.2016)

[BNetzA 2015]
Feststellung des Reservekraftwerksbedarfs für den Winter 2015/2016 sowie die Jahre 2016/2017 und 2019/2020 und zugleich Bericht über die Ergebnisse der Prüfung der Systemanalysen. Bundesnetzagentur für Elektrizität, Gas, Telekommunikation, Post und Eisenbahnen – BNetzA, Bonn, 30. April 2015.
http://www.bundesnetzagentur.de/SharedDocs/Downloads/DE/Sachgebiete/Energie/Unternehmen_Institutionen/Versorgungssicherheit/Berichte_Fallanalysen/Feststellung_Reservekraftwerksbedarf_1516_1617_1920.pdf?__blob=publicationFile&v=2 (29.01.2016)

[BNetzA 2015, Ergebnisdokumentation]
Ergebnisdokumentation. Systemanalysen der deutschen ÜNB gemäß ResKV. Bundesnetzagentur für Elektrizität, Gas, Telekommunikation, Post und Eisenbahnen – BNetzA, Bonn, 30. April 2015.
http://www.bundesnetzagentur.de/SharedDocs/Downloads/DE/Sachgebiete/Energie/Unternehmen_Institutionen/Versorgungssicherheit/Berichte_Fallanalysen/Systemanalyser_UeNB_1516_1617_1920.pdf?__blob=publicationFile&v=1 (30.01.2016)

[BNetzA 2015a]
Bedarfsermittlung 2024: Vorläufige Prüfungsergebnisse Netzentwicklungsplan Strom (Zieljahr 2024). Bundesnetzagentur für Elektrizität, Gas, Telekommunikation, Post und Eisenbahnen – BNetzA, Bonn, Februar 2015.
http://data.netzausbau.de/2024/NEP/NEP2024_BNetzA-VorlErg.pdf (02.01.2016)

[BNetzA 2015b]
Bedarfsermittlung 2024: Bestätigung Netzentwicklungsplan Strom (Zieljahr 2024). Bundesnetzagentur für Elektrizität, Gas, Telekommunikation, Post und Eisenbahnen – BNetzA, Bonn, 04. September 2015.
http://data.netzausbau.de/2024/NEP/NEP2024_Bestaetigung.pdf (02.01.2016)

[BNetzA 2015c]
Datenmeldungen und EEG-Vergütungssätze für Photovoltaikanlagen. Aktuelle Veröffentlichung der PV-Meldezahlen. Bundesnetzagentur für Elektrizität, Gas, Telekommunikation, Post und Eisenbahnen – BNetzA, Bonn, 30. Dezember 2015.
http://www.bundesnetzagentur.de/DE/Sachgebiete/ElektrizitaetundGas/Unternehmen_Institutionen/ErneuerbareEnergien/Photovoltaik/DatenMeldgn_EEG-VergSaetze/DatenMeldgn_EEG-VergSaetze_node.html (30.01.2016)

[BNetzA 2016]
Szenariorahmen für die Netzentwicklungspläne Strom 2030, Entwurf der Übertragungsnetzbetreiber, Januar 2016. Bundesnetzagentur für Elektrizität, Gas, Telekommunikation, Post und Eisenbahnen – BNetzA, Bonn, 18. Januar 2016.
http://data.netzausbau.de/2030/Szenariorahmen_2030_Entwurf.pdf (19.01.2016)

[BNetzA 2016a]
Monitoringbericht 2015. Stand: 10. November 2015, Korrektur: 21. März 2016. Bundesnetzagentur für Elektrizität, Gas, Telekommunikation, Post und Eisenbahnen – BNetzA, Bonn, 21. März 2016.
http://www.bundesnetzagentur.de/SharedDocs/Downloads/DE/Allgemeines/Bundesnetzagentur/Publikationen/Berichte/2015/Monitoringbericht_2015_BA.pdf?__blob=publicationFile&v=4 (13.04.2016)

[BReg 2015]
Bilanz zur Energiewende 2015. Deutsche Bundesregierung, Berlin, Februar 2015.
http://www.bundesregierung.de/Content/DE/_Anlagen/2015/03/2015-03-23-bilanz-energiewende-2015.pdf?__blob=publicationFile&v=1 (16.09.2015)

[BReg 2015a]
Energiewende – Maßnahmen im Überblick. Deutsche Bundesregierung, Berlin, 2015.
http://www.bundesregierung.de/Content/DE/StatischeSeiten/Breg/Energiekonzept/0-Buehne/ma%C3%9Fnahmen-im-ueberblick.html;jsessionid=F5004A8FD969ADC81D3B7FC55F4C886D.s1t1?nn=392516#doc133618bodyText2 (30.01.2016)

[BSH 2016]
Genehmigte Windparkprojekte in der Nordsee. Bundesamt für Seeschifffahrt und Hydrographie. Hamburg, 08. Januar 2016.
http://www.bsh.de/de/Meeresnutzung/Wirtschaft/CONTIS-Informationssystem/ContisKarten/NordseeOffshoreWindparksPilotgebiete.pdf (11.01.2016)

[BT 2015]
Entwurf eines Gesetzes zur Änderung von Bestimmungen des Rechts des Energieleitungsbaus, BT-Drucksache 18/4655, Berlin, 20. April 2015.
http://dipbt.bundestag.de/dip21/btd/18/046/1804655.pdf (02.01.2016)

Siehe hierzu auch die Stellungnahme des Bundesrats, BR-Drucksache 129/15(B), Berlin, 08. Mai 2015.
http://dipbt.bundestag.de/dip21/brd/2015/0129-15B.pdf (02.01.2016)

[BT 2015a]
Entwurf eines Gesetzes zur Änderung von Bestimmungen des Rechts des Energieleitungsbaus. Beschlussempfehlung und Bericht des Ausschusses für Wirtschaft und Energie. Deutscher Bundestag, BT-Drucksache 18/6909, Berlin, 02. Dezember 2015.
http://dip21.bundestag.de/dip21/btd/18/069/1806909.pdf (02.01.2016)

[Burger 2015]
Burger B: Stromerzeugung aus Solar- und Windenergie im Jahr 2014. Fraunhofer-Institut für Solare Energiesysteme ISE, Freiburg, 07. Januar 2015.
https://www.ise.fraunhofer.de/de/downloads/pdf-files/data-nivc-/stromproduktion-aus-solar-und-windenergie-2014.pdf (30.01.2016)

[BVerwG 2016]
Planfeststellungsbeschluss für Uckermark-Höchstspannungsleitung rechtswidrig und nicht vollziehbar. BVerwG 4 A 5.14 – Urteil, 21.01.2016. Pressemitteilung des Bundesverwaltungsgerichts, Leipzig, 21. Januar 2016.
http://www.bverwg.de/presse/pressemitteilungen/pressemitteilung.php?jahr=2016&nr=4 (22.01.2016)

[BWE 2015]
Umschalten statt Abschalten. Impuls zur sinnvollen Erschließung der Bereiche Mobilität und Wärme mit Erneuerbarer Energie. Bundesverband WindEnergie – BWE, Landesverband Schleswig-Holstein, Kiel, 11. September 2015.
https://www.wind-energie.de/sites/default/files/download/publication/impulspapier-umschalten-statt-abschalten/impulspapier-umschalten-statt-abschlaten-schleswig-holstein.pdf (10.02.2016)

[BWE 2016]
Windenergie auf See in Deutschland: Ausbauzahlen 2015 – Wie erwartet sorgen Nachholeffekte für Rekord bei Offshore-Wind. Bundesverband WindEnergie – BWE, Berlin, 18. Januar 2016.
https://www.wind-energie.de/presse/pressemitteilungen/2016/windenergie-auf-see-deutschland-ausbauzahlen-2015-wie-erwartet-sorgen (30.01.2016)

[Dena 2010]
Dena-Netzstudie-II – Integration erneuerbarer Energien in die deutsche Stromversorgung im Zeitraum 2015-2020 mit Ausblick auf 2025. Deutsche Energieagentur – Dena, Berlin, November 2010.
http://www.dena.de/projekte/erneuerbare/dena-netzstudie-ii.html (30.01.2016)

[Desertec 2014]
DESERTEC: Konzept zur Erzeugung von Ökostrom an energiereichen Standorten der Welt und dessen Übertragung zu Verbrauchsregionen mittels Hochspannungs-Gleichstrom-Übertragung (HGÜ). Wikipedia, 2014.
https://de.wikipedia.org/wiki/Desertec (30.01.2016)

[Eckpunkte 2015]
Eckpunkte für eine erfolgreiche Umsetzung der Energiewende – Politische Vereinbarungen der Parteivorsitzenden von CDU, CSU und SPD, Berlin, 01. Juli 2015.
http://www.bmwi.de/BMWi/Redaktion/PDF/E/eckpunkte-energiewende,property=pdf,bereich=bmwi2012,sprache=de,rwb=true.pdf (02.01.2016)

[EEG-Umweltausschuss 2008]
Beschlussempfehlung und Bericht zu dem Gesetzentwurf der Bundesregierung – BT-Drucksache 1681/48, 16/8393 – zum Entwurf eines Gesetzes zur Neuregelung des Rechts der Erneuerbaren Energien im Strombereich und zur Änderung damit zusammenhängender Vorschriften. BT-Drucksache 16/9477, Berlin, 04. Juni 2008.
http://dip21.bundestag.de/dip21/btd/16/094/1609477.pdf (30.01.2016)

[Energiemonitor 2015]
Deutsche sehen Energiewende in Gefahr. Umfrage (2000 Teilnehmer), Energie-Trendmonitor 2015, Stiebel Eltron, Holzminden, 2015.
https://www.stiebel-eltron.de/de/home/unternehmen/presse/pressemitteilungen/trendmonitor-2015.html (02.01.2016)

[ENTSO-E 2010]
Ten-year Network Development Plan 2010-2020. European Network of Transmission System Operators for Electricity, Paris, 28 June 2010.
https://www.entsoe.eu/fileadmin/user_upload/_library/SDC/TYNDP/TYNDP-final_document.pdf (30.01.2016)

[ENTSO-E 2014]
Ten-year Network Development Plan 2014-2030. European Network of Transmission System Operators for Electricity, Paris, December 2014.
https://www.entsoe.eu/major-projects/ten-year-network-development-plan/tyndp-2014/Pages/default.aspx (30.01.2016)

[EWEA 2010]
Powering Europe: wind energy and the electricity grid. European Wind Energy Association – EWEA, Brussels, November 2010.
http://ewea.org/fileadmin/ewea_documents/documents/publications/reports/Grids_Report_2010.pdf (30.01.2016)

[EU 2006]
Entscheidung Nr. 1364/2006/EG des Europäischen Parlaments und des Rates vom 06. September 2006 zur Festlegung von Leitlinien für die transeuropäischen Energienetze und zur Aufhebung der Entscheidung 96/391/EG und der Entscheidung Nr. 1229/2003/EG.
http://eur-lex.europa.eu/legal-content/DE/TXT/?uri=celex:32006D1364 (02.01.2016)

[EU 2009]
Richtlinie 2009/72/EG des Europäischen Parlaments und des Rates vom 13. Juli 2009 über gemeinsame Vorschriften für den Elektrizitätsbinnenmarkt und zur Aufhebung der Richtlinie 2003/54/EG.
http://eur-lex.europa.eu/LexUriServ/LexUriServ.do?uri=OJ:L:2009:211:0055:0093:de:PDF (02.01.2016)

[EU 2009a]
Verordnung (EG) Nr. 714/2009 des Europäischen Parlaments und des Rates vom 13. Juli 2009 über die Netzzugangsbedingungen für den grenzüberschreitenden Stromhandel und zur Aufhebung der Verordnung (EG) Nr. 1228/2003.
http://eur-lex.europa.eu/LexUriServ/LexUriServ.do?uri=OJ:L:2009:211:0015:0035:DE:PDF (30.01.2016)

[Fell 2015]
Fell H-J: Atomkraftwerk Grafenrheinfeld nun wirklich endlich aus. Berlin/Hammelburg, 26. Juni 2015.
http://www.hans-josef-fell.de/content/index.php/presse-mainmenu-49/schlagzeilen-mainmenu-73/867-atomkraftwerk-grafenrheinfeld-nun-wirklich-endlich-aus (30.01.2016)

[FFH 2016]
Fauna-Flora-Habitatrichtlinie (FFH-Richtlinie, vom 21. Mai 1992, 92/43/EWG) und Vogelschutzrichtlinie (vom 2. April 1979, 79/409/EWG).
http://www.ffh-gebiete.info/ (30.01.2016)

[Fietze 2014]
Fietze D: Vorläufiges Stilllegungsverbot und Weiterbetrieb „systemrelevanter Anlagen" – Rechtsfragen der Stilllegung von Kraftwerken. EWeRK – Zeitschrift für Energie- und Wettbewerbsrecht, Nomos-Verlag, Baden-Baden, Heft 6/2014, S. 351-358.
http://www.ewerk.nomos.de/fileadmin/ewerk/doc/2014/Ewerk_2014_06_01.pdf (08.01.2016)

[FNN 2013]
Vennegeerts H, Schröders C, Holthausen M, Quadflieg D, Moser A: Ermittlung von Eingangsdaten zur Zuverlässigkeitsberechnung aus der FNN-Störungsstatistik. Neue Auswertung der Berichtsjahre 2004-2011. Frankfurt, Stand April 2013.
http://www.fgh.rwth-aachen.de/verein/publikat/veroeff/FGH_IAEW_Eingangsdaten_Zuverlaessigkeitsberechnung_2013.pdf (30.01.2016)

[Fuchs 2015]
Fuchs T: Erhebung zum Ausbaupotenzial der erneuerbaren Energien im Bereich der bestehenden 110-kV-Leitung Oberndorf – Otterbach und der geplanten 110-kV-Leitung Oberndorf – Bischheim sowie benachbarter Gebiete. VBG Kirchheimbolanden, August 2015.

[FVVE 2015]
Erneuerbare Energien im Wärmesektor – Aufgaben, Empfehlungen und Perspektiven. Positionspapier des ForschungsVerbunds Erneuerbare Energien – FVVE, Berlin, September 2015.
http://www.fvee.de/fileadmin/publikationen/Politische_Papiere_FVEE/15.EEWaerme/15_FVEE-Positionspapier_EE-Waerme.pdf (10.02.2016)

[FW Bayern 2015]
Für eine sichere und bezahlbare Stromversorgung: Dezentrale Bürgerenergiewende vor Ort statt Endlosplanungen und Kostenexplosion durch HGÜ-Erdverkabelung. Dringlichkeitsantrag der Fraktion FREIE WÄHLER Bayern, Bayerischer Landtag, München, 08. Juli 2015.
http://fw-landtag.de/fileadmin/user_upload/Antrag_HGUE-Erdverkabelung_.pdf (02.01.2016)

[Greenpeace 2008]
A North sea grid revolution. A vision of offshore grid integration. Greenpeace, Brussels, 2008.
http://www.greenpeace.org/eu-unit/Global/eu-unit/reports-briefings/2009/5/A-North-Sea-electricity-grid-%28r%29evolution.pdf (30.01.2016)

[Gas 2016]
Strategieplattform 'Power to Gas', Deutsche Energieagentur – Dena, Berlin, 2016.
http://www.powertogas.info/ (abgerufen am 29.01.2016

[Jarass 1981a]
Jarass L: Strom aus Wind – Integration einer regenerativen Energiequelle. Heidelberger Taschenbücher Nr. 209, Springer-Verlag, Berlin/Heidelberg/New York, 1981.

[Jarass 2013]
Jarass L: Reform des EEG – Verbrauchsvorrang für Erneuerbare Energien wieder einführen, Einspeisegarantie für Kohlestrom abschaffen. ZNER – Zeitschrift für Neues Energierecht, Ponte-Press, Bochum, Heft 6/2013, S. 572-580.
http://www.jarass.com/home/index.php/DE/energie/aufsaetze/1217-reform-des-eeg (02.01.2016)

[Jarass 2013a]
Jarass L: Stromnetzausbau für erneuerbare Energien erforderlich oder für unnötige Kohlestromeinspeisung? EWeRK – Zeitschrift für Energie- und Wettbewerbsrecht, Nomos-Verlag, Baden-Baden, Heft 6/2013, S. 320-326.
http://www.jarass.com/Energie/B/EWeRK_6_2013_published.pdf (30.01.2016)

[Jarass 2014]
Jarass L: Rechtliche Defizite fördern überdimensionierten Stromnetzausbau. ZNER – Zeitschrift für Neues Energierecht, Ponte-Press, Bochum, Heft 3/2014, S. 231-233.
http://www.jarass.com/Steuer/B/ZNER,%20Manuskript,%20published.pdf (30.01.2016)

[Jarass 2015]
Jarass L: Neue Netzstrukturen für die Energiewende: Kritische Versorgungssituationen durch Export von Kohlestrom. Sonnenenergie, Deutsche Gesellschaft für Sonnenergie – DGS, München, Heft 1/2015, S. 44-46.
http://www.jarass.com/Energie/B/Sonnenergie,%201-2015,%20published.pdf (02.01.2016)

[Jarass 2015a]
Jarass L: Die Notwendigkeit neuer Stromleitungen – Nicht nur Bayern, sondern auch Hessen hat nun Zweifel. PUBLICUS, Boorberg-Verlag, Stuttgart, 4/2015, S. 23-25.
http://www.jarass.com/Energie/B/PUBLICUS,%204-2015,%20published.pdf (30.01.2016)

[Jarass 2016]
Jarass L: Netzentwicklungsplan Strom 2025 – Eine kritische Analyse. ZNER – Zeitschrift für Neues Energierecht, Ponte-Press, Bochum, Heft 1/2016, S. 11-21.

[Jarass 2016a]
Jarass L: Reservekraftwerksbedarf gemäß Bundesnetzagentur. EWeRK – Zeitschrift für Energie- und Wettbewerbsrecht, Nomos-Verlag, Baden-Baden, Heft 2/2016.

[Jarass/Nießlein/Obermair 1989]
Jarass L, Nießlein E, Obermair GM: Von der Sozialkostentheorie zum umweltpolitischen Steuerungsinstrument – Boden- und Raumbelastung von Hochspannungsleitungen. Nomos-Verlag, Baden-Baden, 1989.

[Jarass/Obermair 2005]
Jarass L, Obermair GM: Wirtschaftliche Zumutbarkeit des Netzausbaus für Erneuerbare Energien. ZfE – Zeitschrift für Energiewirtschaft, Springer-Verlag, Berlin/Heidelberg/New York, Heft 1/2005, S. 47-54.
http://www.jarass.com/Energie/B/ZfE,%20v3.200,%20Endfassung.pdf (30.01.2016)

[Jarass/Obermair 2012]
Jarass L, Obermair GM: Welchen Netzumbau erfordert die Energiewende? MV-Verlag, Münster, August 2012.
http://www.jarass.com/home/index.php/DE/energie/buecher-und-umfangreiche-gutachten/460-welchen-netzumbau-erfordert-die-energiewende (30.01.2016)

[Jarass/Obermair 2013]
Jarass L, Obermair GM: Stromnetzausbau – wofür und für wen?
Teil 1: Der Umbau der Elektrizitätsversorgung. PUBLICUS, Boorberg-Verlag, Stuttgart, 8/2013, S. 18-21.
http://www.jarass.com/Energie/B/PUBLICUS,%202013.08,%20Teil%20I,%20published.pdf (30.01.2016)

Teil 2: Defizite und methodische Fehler der Netzausbauplanung. PUBLICUS, Boorberg-Verlag, Stuttgart, 9/2013, S. 10-12.
http://www.jarass.com/Energie/B/boorberg01.c.269814.de.pdf (24.07.2015)

[Jarass/Obermair/Voigt 2009]
Jarass L, Obermair GM, Voigt W: Windenergie – Zuverlässige Integration in die Energieversorgung. 2., vollständig neu bearbeitete Auflage, Springer-Verlag, Berlin/Heidelberg/New York, Juni 2009.
http://www.jarass.com/home/index.php?option=com_content&view=article&id=373%3Awindenergie-zuverlaessige-integration-in-die-energieversorgung&catid=40%3Aenergie-a&Itemid=78&lang=de (30.01.2016)

[Jope 2015]
Jope L: Energieeffizienz: Aktuelle rechtliche und politische Entwicklungen. EWeRK, Zeitschrift für Energie- und Wettbewerbsrecht, Nomos-Verlag, Baden-Baden, Heft 4/2015, S. 173-176.

[Lange/Focken 2008]
Lange M, Focken U: Studie zur Abschätzung der Netzkapazität in Mitteldeutschland in Wetterlagen mit hoher Windeinspeisung. Energy & Meteo Systems, Oldenburg, Juli 2008.
http://www.energymeteo.com (30.01.2016)

[Leitstudie 2010]
Nitsch J et al.: Leitstudie 2010 – Langfristszenarien und Strategien für den Ausbau der erneuerbaren Energien in Deutschland bei Berücksichtigung der Entwicklung in Europa und global. Im Auftrag des Bundesministeriums für Umwelt, Naturschutz und Reaktorsicherheit – BMU, Berlin, Dezember 2010, veröffentlicht am 22. Februar 2011.
http://elib.dlr.de/69139/1/Leitstudie_2010.pdf (30.01.2016)

Quellen

[Leitstudie 2011]
Nitsch J et al.: Leitstudie 2011 – Langfristszenarien und Strategien für den Ausbau der erneuerbaren Energien in Deutschland bei Berücksichtigung der Entwicklung in Europa und global. Im Auftrag des Bundesministeriums für Umwelt, Naturschutz und Reaktorsicherheit – BMU, Berlin, 29. März 2012.
http://www.fvee.de/fileadmin/publikationen/Politische_Papiere_anderer/12.03.29.BMU_Leitstudie2011/BMU_Leitstudie2011.pdf (30.01.2016)

[Linnenfelser/Schuster 2014]
Linnenfelser K, Schuster R: Lastganglinien als Erfolgskontrolle der Energiewende mit Windenergie- und Fotovoltaik-Anlagen. Neustadt/Pfalz. April 2013.

[NEP 2022/1]
Netzentwicklungsplan Strom 2012 (Zieljahr 2022). 1. Entwurf des Netzentwicklungsplans Strom. 50Hertz Transmission GmbH, Amprion GmbH, TenneT TSO GmbH, TransnetBW GmbH, Berlin, 30. Mai 2012.
http://www.netzentwicklungsplan.de/content/netzentwicklungsplan-2012-1-entwurf (09.01.2016)

[NEP 2022/2]
Netzentwicklungsplan Strom 2012 (Zieljahr 2022). 2. Entwurf des Netzentwicklungsplans Strom. 50Hertz Transmission GmbH, Amprion GmbH, TenneT TSO GmbH, TransnetBW GmbH, Berlin, 15. August 2012.
http://www.netzentwicklungsplan.de/content/netzentwicklungsplan-2012-2-entwurf (09.01.2016)

[NEP 2023/1]
Netzentwicklungsplan Strom 2013 (Zieljahr 2023), 1. Entwurf der Übertragungsnetzbetreiber. 50Hertz Transmission GmbH, Amprion GmbH, TenneT TSO GmbH, TransnetBW GmbH, Berlin, 02. März 2013.
http://www.netzentwicklungsplan.de/_NEP_file_transfer/NEP_2013_Teil_I.pdf (30.01.2016)

[NEP 2023/2]
Netzentwicklungsplan Strom 2013 (Zieljahr 2023), 2. Entwurf der Übertragungsnetzbetreiber. 50Hertz Transmission GmbH, Amprion GmbH, TenneT TSO GmbH, TransnetBW GmbH, Berlin, 17. Juli 2013.
http://www.netzentwicklungsplan.de/content/netzentwicklungsplan-2013-zweiter-entwurf (02.01.2016)

[NEP 2024/2]
Netzentwicklungsplan Strom 2014 (Zieljahr 2024), 2. Entwurf der Übertragungsnetzbetreiber. 50Hertz Transmission GmbH, Amprion GmbH, TenneT TSO GmbH, TransnetBW GmbH, Berlin, 04. November 2014.
http://www.netzentwicklungsplan.de/_NEP_file_transfer/NEP_2014_2_Entwurf_Teil1.pdf (02.01.2016)

[NEP 2025/1]
Netzentwicklungsplan Strom 2025 (Zieljahr 2025), Version 2015, 1. Entwurf der Übertragungsnetzbetreiber. 50Hertz Transmission GmbH, Amprion GmbH, TenneT TSO GmbH, TransnetBW GmbH, Berlin, 30. Oktober 2015.
http://www.netzentwicklungsplan.de/netzentwicklungsplan-2025-version-2015-erster-entwurf (02.01.2016)

[NEP 2025/1, Hintergrund]
Netzentwicklungsplan Strom 2025 (Zieljahr 2025), Version 2015, 1. Entwurf der Übertragungsnetzbetreiber. 50Hertz Transmission GmbH, Amprion GmbH, TenneT TSO GmbH, TransnetBW GmbH, Berlin, 30. Oktober 2015.
http://www.netzentwicklungsplan.de/hintergrund-netzentwicklungsplan-strom-2025-version-2015-1-entwurf (30.01.2016)

[NEP 2025/2]
Netzentwicklungsplan Strom 2025 (Zieljahr 2025), Version 2015, 2. Entwurf der Übertragungsnetzbetreiber. 50Hertz Transmission GmbH, Amprion GmbH, TenneT TSO GmbH, TransnetBW GmbH, Berlin, 29. Februar 2016.
http://www.netzentwicklungsplan.de/netzentwicklungsplan-2025-version-2015-zweiter-entwurf (01.03.2016)

[Obermair/Jarass 2010]
Obermair GM, Jarass L: Efficient Grid Extension for Strongly Fluctuating Energy Sources. Zeitschrift für Energiewirtschaft, Springer-Verlag, Berlin/Heidelberg/New York, Volume 34, Issue 3, 2010, S. 223-233.
http://www.jarass.com/home/de/energie/aufsaetze/406-efficient-grid-extension-for-strongly-fluctuating-energy-sources (30.01.2016)

[PV-Strom 2015]
Vorhersage nach Maß: PV-Strom wird planbar. Windkraft-Journal, Oldenbüttel, 02. Juni 2015.
http://www.windkraft-journal.de/2015/06/02/vorhersage-nach-mass-pv-strom-wird-planbar/66966 (31.01.2016)

[Prognos 2015]
Versorgungssicherheit europäisch denken, Chancen und Voraussetzungen einer intensivierten europäi-schen Integration der Strom- und Leistungsmärkte. Prognos AG, Berlin/Basel, Juni 2015.
http://www.prognos.com/uploads/tx_atwpubdb/WEC_Prognos_Endbericht-Versorgungssicherheit_europaeisch_denken_final.pdf (30.01.2016)

[Prius 2013]
Vergleich Toyota Prius Plug-in mit VW Golf Plug-in. Auto Bild, Hamburg, 26. November 2013.
http://www.autobild.de/artikel/vw-golf-plug-in-toyota-prius-plug-in-vergleich-4456651.html (03.01.2016)

[Pumpspeicher 2011]
Situation von Pumpspeicheranlagen in Deutschland. Antwort der Bundesregierung auf die Kleine Anfrage der Abgeordneten Lay C, Höll B, Kipping K, weiterer Abgeordneter und der Fraktion DIE LINKE. BT-Drucksache 17/4636, Berlin, 01. März 2011.
http://dip21.bundestag.de/dip21/btd/17/049/1704968.pdf (29.01.2016)

[Pumpspeicher 2012]
Pumpspeicherkraftwerk, Oberirdische Pumpspeicherkraftwerke, Wikipedia 2012.
http://de.wikipedia.org/wiki/Pumpspeicherkraftwerk (29.01.2016)

[Pumpspeicher 2012a]
Pumpspeicherkraftwerke in Deutschland. Trianel GmbH, Aachen, 2012.
http://www.trianel-rur.de/de/wasserkraftwerk/pumpspeicherkraftwerke-in-deutschland.html (29.01.2016)

[Quaschning 2016]
Quaschning V: Statistiken – Installierte Photovoltaikleistung in Deutschland. April 2016.
http://volker-quaschning.de/datserv/pv-deu/index.php (13.04.2016)

[Rentzing 2016]
Rentzing S: Windstrom für den Tauchsieder. Neue Energie, Bundesverband WindEnergie, Berlin, Heft 02/2016, S. 26-29.
http://www.neueenergie.net/epaper/de/index.html#/14 (10.02.2016)

[Rentzing 2016a]
Rentzing S: Allrounder im Wartestand. Neue Energie, Bundesverband WindEnergie BWE, Berlin, Heft 02/2016, S. 32-39.
http://www.neueenergie.net/epaper/de/index.html#/14 (10.02.2016)

[Schiffer 2016]
Schiffer H-W: Deutscher Energiemarkt 2015. Energiewirtschaftliche Tagesfragen – et, Heft 03/2016, S. 66-79.

[Schuster 2015]
Schuster R: Lastganglinien für Windenergie- und Fotovoltaik-Anlagen Zeitraum 2011 bis März 2015, Neustadt/Pfalz, April 2015.
http://lvbw-wka.de/media/linnen/Web_Einspeisung_WInd_und_Solar_2011_bis_Mrz-2015.pdf (30.01.2015)

[Shakespeare 1601]
Shakespeare W: Hamlet, 1601.
http://shakespeare.mit.edu/hamlet/full.html (02.01.2016)

[Smart Grid 2015]
Intelligentes Stromnetz – Smart Grid. Wikipedia 2015.
https://de.wikipedia.org/wiki/Intelligentes_Stromnetz (30.01.2016)

[Stromversorgung 2009]
Stromversorgung 2020: Wege in eine moderne Energiewirtschaft. Strom-Ausbauprognose der Erneuerbare-Energien-Branche. Bundesverband Erneuerbare Energie e.V. – BEE, Berlin, Januar 2009.
http://www.unendlich-viel-energie.de/media/file/202.Branchenprognose2020_Langfassung.pdf (30.01.2016)

[TenneT 2015]
Suedlink: Vorschlag Trassenkorridor. TenneT, Bayreuth, März 2015.
http://suedlink.tennet.eu/trassenkorridore/vorschlag-trassenkorridor.html (11.07.2015, mittlerweile nicht mehr verfügbar)
Verfügbar ist: http://suedlink.tennet.eu/trassenkorridore/vergleich-trassenkorridore.html

[TenneT 2015a]
Höchstspannungsleitung Wilster – Grafenrheinfeld. Vorhaben aus dem Bundesbedarfsplangesetz (BBPlG) Nr. 4 SuedLink. Allgemein verständliche Zusammenfassung des Antrags nach § 6 Netzausbaubeschleunigungsgesetz (NABEG). TenneT, Bayreuth, 2015.
http://suedlink.tennet.eu/fileadmin/antrag/antrag_texte_final/AVZ_141212.pdf (30.01.2016)

[TenneT 2015b]
SuedLink – die Windstromleitung. Koalitionsbeschluss zu Erdkabel-Vorrang bei SuedLink. TenneT, Bayreuth, Newsletter vom 28. Juli 2015.
http://suedlink.tennet.eu/fileadmin/tennet_sl/suedlink/newsletter/SuedLink_Newsletter_03_2015.pdf (02.01.2016)

[UBA 2013]
Peter S: Modellierung einer vollständig auf erneuerbaren Energien basierenden Stromerzeugung im Jahr 2050 in autarken, dezentralen Strukturen. Im Auftrag des Umweltbundesamtes – UBA, Dessau-Roßlau, September 2013.
https://www.umweltbundesamt.de/sites/default/files/medien/376/publikationen/climate_change_14_2013_modellierung_einer_vollstaendig_auf_erneuerbaren_energien.pdf (30.01.2016)

[UBA 2015]
Entwicklung der spezifischen Kohlendioxid- Emissionen des deutschen Strommix in den Jahren 1990 bis 2014. Climate Change 09/2015, Umweltbundesamt – UBA, Dessau-Roßlau, April 2015.
http://www.umweltbundesamt.de/sites/default/files/medien/378/publikationen/climate_change_09_2015_entwicklung_der_spezifischen_kohlendioxid-emissionen_1.pdf (10.11.2015)

[Vattenfall 2011]
Neubau-Vorhaben Kraftwerk Moorburg. Umwelterklärung 2011. Vattenfall Europe Generation, Cottbus, 01. August 2011.
http://www.vattenfall.de/de/moorburg/file/Umwelterklaerung_KW_Moorburg.pdf_15673617.pdf_19107942.pdf (30.01.2016)

[VDE 2016]
Übersichtsplan "Deutsches Höchstspannungsnetz". Verband der Elektrotechnik Elektronik Informationstechnik e.V. – VDE, Frankfurt, Stand 01.01.2016.
https://www.vde.com/de/fnn/dokumente/seiten/uebersichtsplan.aspx (30.01.2016)

[Verteilnetzstudie 2014]
Verteilnetzstudie Rheinland-Pfalz, Endbericht. Ministerium für Wirtschaft, Klimaschutz, Energie und Landesplanung des Landes Rheinland-Pfalz – MWKEL, Mainz, 22. Januar 2014.
https://mwkel.rlp.de/fileadmin/mwkel/Abteilung_6/Energie/Verteilnetzstudie_RLP.pdf (30.01.2016)

[VGB 2004]
Konzeptstudie Referenzkraftwerk Nordrhein-Westfalen. VGB PowerTech Service GmbH, Essen, 2004.

[Wiese 2008]
Wiese F: Auswirkungen der Offshore-Windenergie auf den Betrieb von Kohlekraftwerken in Brunsbüttel. Diplomarbeit an der Universität und Fachhochschule Flensburg, Energie- und Umweltmanagement, 13. Juni 2008.
http://www.wir-brunsbuettel.de/2umwelt/Doku_Kohle/Wiese_2008_Diplomarbeit.pdf (30.01.2016)

[Windguard 2016]
Status des Offshore-Windenergieausbaus. Deutsche Windguard, Varel, Stand 30. Juni 2015.
http://www.windguard.de/_Resources/Persistent/403468a72459f184ff4b5ef782ddaf70446e5c03/Factsheet-Status-Offshore-Windenergieausbau-1.-Halbj.-2015.pdf (11.01.2016)

[Windguard 2016a]
Status of offshore wind energy development in Germany. Deutsche Windguard, Varel, Stand 31. Dezember 2015.
http://www.windguard.com/_Resources/Persistent/7dd86b6ac530485cccd621808d0736378d6b601b/Factsheet-Status-Offshore-Wind-Energy-Development-in-Germany-Year-2015.pdf (13.04.2016)

[Windguard 2016b]
Status of Land-Based Wind Energy Development in Germany, 2015. Deutsche Windguard, Varel, Stand 31. Dezember 2015.

[Wirth 2015]
Wirth J: Öffentliche Anhörung am 01. Juli 2015 zum Projekt P44 (380 kV Schalkau – Grafenrheinfeld). Email an L. Jarass vom 17. Juli 2015.

[Younicos 2014]
Batteriepark Schwerin, Geschäftsmodell Frequenzregelung: Der erste und größte kommerzielle Batteriepark in Europa. Younicos, Berlin, 2014.
http://www.younicos.com/download/Younicos_Referenzprojekt_Schwerin.pdf (29.01.2016)

[Zenke/Heymann/Poppe 2015]
 Zenke I, Heymann T, Poppe S: Das neue Sondergutachten der Monopolkommission zu den Energiemärkten. ZNER – Zeitschrift für Neues Energierecht, Ponte-Press, Bochum, Heft 6/2015, S. 519-525.

[ZfK 2015]
 Wirbelsturm reißt Masten nieder. ZfK – Zeitschrift für kommunale Wirtschaft, VKU-Verlag, Berlin, 17. August 2015.
 https://www.zfk.de/strom/artikel/wirbelsturm-reisst-masten-nieder.html (30.01.2016)

[Zimmerman 2016]
 Zimmerman J-R: Rettet unsere Lebenswelt – mit Strom! Neue Energie, Bundesverband WindEnergie – BWE, Berlin, Heft 02/2016, S. 23-25.
 http://www.neueenergie.net/epaper/de/index.html#/14 (10.02.2016)